숭실대학교 동아시아 언어문화연구소 **문화총서 3**

식민지 시기 일본어
조선설화집 기초적 연구

김광식 · 이시준 공저

제이앤씨
Publishing Company

본서의 구성

본서에 수록된 논문들은 우선 2012년 5월부터 2013년 6월까지 발표한 논문과 해제를 공간한 것이다. 필자들은 2011년부터 본격적으로 식민지 시기에 간행된 일본어 조선설화집에 관심을 갖고 공동연구를 수행하였다. 우선 2012년 5월에 『숭실대학교 동아시아 언어문화연구소 식민지 시기 일본어 조선설화집자료총서』 5권을 한국어 해제를 더해 일본어 원본을 영인한 이래, 총론을 포함한 개별 설화집 자료 발굴, 영인, 번역, 연구를 진행해 왔다. 조만간 추가적인 영인과 더불어, 번역서, 연구서를 간행할 예정이다.

본서는 2부로 나누어 1부 총론에서는 식민지 시기에 간행된 일본어 조선설화집(이하 일본어조선설화집)에 관한 기초적 고찰을, 2부에서는 초창기 주요 일본어 조선설화집을 고찰한 논고를 정리했다. 초출은 아래와 같다.

1부 총론
제1장 식민지 시기 일본어 조선설화집에 관한 기초적 고찰 1

▶ 李市埈·金廣植(2012)「일제강점기 일본어 조선설화집의 간행과 그 서지(日帝強占期における日本語朝鮮説話集の刊行とその書誌)」,『日本言語文化』第21輯, 韓國日本言語文化學會.

제2장 식민지 시기 일본어 조선설화집에 관한 기초적 고찰 2

▶ 金廣植·李市埈(2012)「식민지기 일본어 조선설화집에 관한 기초적 고찰(植民地期日本語朝鮮説話採集に関する基礎的考察)」,『日語日文學研究』第81輯, 韓國日語日文學會.

2부 개별 설화집 연구
제3장 우스다 잔운(薄田斬雲)과 한국설화집「조선총화(朝鮮叢話)」에 대한 연구

▶ 우스다 잔운 저, 이시준·장경남·김광식 편(2012)『암흑의 조선』, J&C. 해제

제4장 다카하시 도루(高橋亨)의『조선이야기집(朝鮮の物語集)』에 관한 연구

▶ 다카하시 도루 저, 이시준·장경남·김광식 편(2012)『조선이야기집과 속담』, J&C. 해제

제5장 1910년대 조선총독부 학무국 편집과가 실시한 조선 민간전승 조사 고찰

▶ 이시준·김광식(2012)「1910년대 조선총독부 학무국 편집과가

실시한 조선 민간전승 조사 고찰 : 1913년 보고집『전설동화
조사사항(傳說童話調査事項)』을 중심으로」,『일본문화연구』44,
동아시아일본학회.

제6장 다카기 도시오(高木敏雄)의 조선민간전승〈조선동화집〉고찰
➡ 김광식·이시준(2013)「다카기 도시오(高木敏雄)의 조선민간
전승『조선동화집』고찰」,『日本硏究』55, 한국외국어대학교
일본연구소.

제7장 미와 다마키(三輪環)와 조선설화집『전설의 조선(傳說の朝
鮮)』考
➡ 이시준·김광식(2012)「미와 다마키(三輪環)와 조선설화집
『전설의 조선』考」,『일본언어문화』22, 한국일본언어문화학회.

제8장 다나카 우메키치(田中梅吉)와 조선총독부편『조선동화집
(朝鮮童話集)』고찰
➡ 김광식·이시준(2013)「다나카 우메키치(田中梅吉)와 조선총
독부편『조선동화집(朝鮮童話集)』고찰」,『일본어문학』61,
일본어문학회.

제9장 나카무라 료헤이(中村亮平)와『조선동화집(朝鮮童話集)』고찰
➡ 김광식·이시준(2013)「나카무라 료헤이(中村亮平)와『조선동
화집』고찰」,『일본어문학』57, 한국일본어문학회.

위에서 제시한 바와 같이, 제1부 총론은 일본어로 발표한 2개의 논문을 한국어로 번역하여 실었다. 총론에서는 근대 일본어 조선 설화집의 의미와 범위, 선행연구의 문제, 새로운 서지 작성 및 연구 범위의 확정 등을 수행했다. 2012년까지의 선행연구에 대한 총제적인 정리는 제1부 총론에서 구체적으로 다루었기에 본 서문에서는 2013년 이후의 연구 경향을 간단하게 정리하고자 한다.

최근의 연구경향

최근 조선총독부 편『조선동화집(朝鮮童話集)』에 대한 관심이 높아져, 이를 본격적으로 다룬 2편의 박사논문이 제출되었다. 백민정(2013)「일제강점기 3대 전래동화집 연구」(충남대학교 대학원)와 서영미(2014)「북한 구전동화의 정착과 변화양상 연구」(동국대학교 대학원)가 그것인데, 이들 연구는 식민지 시기에 간행된 일본인의 일본어 설화집과 한국인의 한국어 설화집에 대한 단순한 이분법적 접근이라는 태생적 한계는 물론이고, 최근 선행연구를 참고하지 않았다는 치명적인 문제가 있다.

이에 대해 권혁래(2013)는『일제강점기 설화·동화집 연구 - 우리 옛이야기의 정체성 찾기』를 출판하고, 다음과 같이『조선동화집(朝鮮童話集)』선행연구에 대해 다음처럼 지적하였다.

　　오타케 키요미는『조선동화집』등의 자료를 처음 소개하였고, (중략) 권혁래는『조선동화집』을 번역하고 이 동화집의 내용과 특질, 문학사적 위상 등을 자세히 언급하였다. 김광식은 『조선동화집』의 실질적 편찬자가 다나카 우메키치(田中梅吉)임을 처음으로 밝히면서 『조선동화집』이해의 새 지평을 열었고, 다나카가 조선 아동의 교화를 위해 이 작품집을 편찬한 것임을 간파하였다.[1]

권혁래는 위와 같이 연구사를 정리하고, "작품 내적으로 좀 더 세밀한 읽기와 분석이 필요하다"라고 지적하면서, 편자 다나카의 동화관, 인물형상과 식민지 이데올로기를 규명하였다. 본서 5장 및 8장, 9장에서도 고찰했듯이 선행연구의 비 실증적인 텍스트 비판을 뛰어넘어, 이제는 새로운 자료 제시와 실증적 분석 및 해석을 통한 실체에 대한 접근과 성찰이 필요하다. 이것이야말로 이제 곧 해방 70주년을 맞은, 보다 성숙한 연구자의 자세일 것이다.

권혁래는 총 11장으로 구성된 연구서에서 다카하시와 조선총독부 자료집과 더불어, 심의린과 손진태, 박영만과 자료집을 구체적으로 분석하고 이를 바탕으로 한 일제하의 「흥부전」, 「형제담」, 「호랑이, 토끼서사」를 개별적으로 다루고 전래동화의 애니메이션 시나리오 각색까지 시도하였다. 권혁래는 일본어와 한국어 자료집을 발굴 소개하여 이 분야 연구의 필요성을 본격적으로 제시했다는 점에서 후대의 큰 귀감이 되었다.

앞으로는 지금까지 한정되어 연구되었던 자료집을 더 발굴, 분석하여 당대의 전체상에 대한 총체적 해석이 요청된다. 이러한 문

---

1   권혁래(2013), 『일제강점기 설화·동화집 연구 – 우리 옛이야기의 정체성 찾기』, 고려대학교 민족문화연구원, p.126.

제 의식에서 김광식은 2012년 동경학예대학(東京學藝大學)에 제출한 박사논문을 일본에서 단행본으로 출판하였다. 김광식(金廣植, 2014) 의『식민지기 일본어조선설화집의 연구(植民地期における日本語朝鮮説話集の研究—帝国日本の「學知」と朝鮮民俗學—)』(勉誠出版)는 총 3부로 구성되는데, 제1부에서는 식민지 시기에 신라 신화, 전설, 설화가 어떻게 해석되었는지에 대해 당대의 담론과 설화집, 총독부 교과서 삼자를 총체적으로 비교 분석하여 식민지 시기 설화론, 문화사, 교육사에 대한 새로운 지평을 열었다. 제2부에서는 설화연구자 시미즈 효조와 신의주 고등보통학교 일본어 작문집『1923년 조선설화집』(이시이 마사미 편, 최인학 역, 민속원, 2010) 등 초기 연구자의 연구 성과를 검토하였다. 제3부에서는 손진태와 송석하를 중심으로 조선민속학회의 성립과 그 활동을 분석하고 손진태, 송석하의 저작 목록을 제시하였다.

본서의 내용

본서는 제1부의 총론에 이어, 제2부 개별 설화집 연구에서는 초창기 주요 설화집을 실증적으로 검토했다. 초창기 설화집이 후대에 끼친 영향을 고려할 때, 초창기 설화집에 대한 기반 분석이 각별히 요청되며 본서 발간의 의의는 여기에 존재한다.

먼저 〈제3장 우스다 잔운(薄田斬雲)과 한국설화집 「조선총화(朝鮮叢話)」에 대한 연구〉에서는 근대 최초의 일본어 조선설화집 우스다 잔운(薄田斬雲)의 「조선총화」를 본격적으로 다뤘다. 우스다 잔운은 경성일보 기자로 조선에 체류하면서 조선설화를 본격적으로 채집했는데, 수록 작품의 내용과 분류를 통한 그 성격을 명확히 하였다.

〈제4장 다카하시 도루(高橋亨)의『조선이야기집(朝鮮の物語集)』에 관한 연구〉에서는 다카하시 도루의『조선이야기집』등을 실증적으로 고찰했다. 우스다 잔운의 자료집이 지금까지 완전히 잊혀진 자료집인데 반해, 다카하시 도루의 자료집은 후대에 많은 영향을 끼쳤고 최근에는 연구도 활발하다. 본장에서는 우선 선행연구를 정리하고, 다카하시 도루의 자료집이 그의 조선 및 조선인론 연구와 밀접히 연관되어 생성되었음을 밝혀내어, 다카하시의 자료집과 더불어 일본어 조선설화집의 이해에 대한 새로운 시각을 제시하였다.

〈제5장 1910년대 조선총독부 학무국 편집과가 실시한 조선 민간전승 조사 고찰〉은 필자가 발굴한 조선총독부 학무국의 보고서 「전설동화 조사사항」(1913년)을 분석하여 1910년대 학무국의 조선 민간전승 조사의 전체상을 고찰하고 당대의 일본어 조선설화집 보고서에 수록된 「혹부리 영감」, 총독부 교과서를 비교 분석하여 교과서에 수록되는 과정을 실증적으로 복원하여 식민지 상황 아래 의도된 텍스트의 창출 과정을 명확히 하였다.

〈제6장 다카기 도시오(高木敏雄)의 조선민간전승 〈조선동화집〉 고찰〉은 다카기 도시오와 그가 요미우리신문에 연재한 조선동화를 고찰한 것이다. 다카기는 저명한 일본신화학자로, 1910년대에 접어들어 신화에서 민간설화로 그 관심 범위를 확장시켰는데, 이때 조선설화를 다수 신문에 연재하고 연구하게 된다. 본장에서는 다카기 자료의 내용과 구성 및 그 성격을 고찰하고 그 자료 제공자를 추적하여 알려지지 않은 초기 설화연구의 중요한 단서를 포착했다.

〈제7장 미와 다마키(三輪環)와 조선설화집『전설의 조선(傳説の
朝鮮)』考〉에서는 미와 다마키와 그의 자료집을 검토했다. 미와 다
마키의 경력을 복원하고 그의 설화집의 구성과 분류를 행하고 그
내용 및 성격을 명확히 하였다. 미와의 자료집은 초기 자료집으로
북한 설화를 중심으로 한 전설을 다수 수록했다는 점에서 앞으로
구체적인 검토가 요청된다.

〈제8장 다나카 우메키치(田中梅吉)와 조선총독부편『조선동화집
(朝鮮童話集)』고찰〉에서는 선행연구에서 단순히 조선총독부가 편
찬했다는『조선동화집(朝鮮童話集)』을 실증적으로 고찰하였다. 먼
저 다나카의 경력을 추적하고 그 조사활동을 복원하여 자료집 발
간 과정과 개작의 실상을 구체적으로 검증하였다.『조선동화집(朝
鮮童話集)』에 대한 새로운 연구의 기반을 마련했다고 자부한다.

〈제9장 나카무라 료헤이(中村亮平)와『조선동화집(朝鮮童話集)』
고찰〉에서는 나카무라의 경력을 복원하고, 그가 조선동화집을 발간
하게 되는 과정을 실증적으로 검증하였다. 중요한 사실은 조선어를
몰랐던 나카무라는 기존의 선대 자료집을 참고로 하여 이를 개작하
여 자료집으로 완성했음을 명확히 했다. 필자는 선대 자료집을 총
분석하여, 나카무라가 참고한 원전을 실증적으로 전부 발굴하여 제
시할 수 있었다. 이를 통해, 나카무라 자료집을 포함해 1920년대 개
작의 방향성에 대한 새로운 연구 시각을 제공하였다고 자부한다.
특히, 제8장과 제9장에서는 1920년대 개작 과정과 그 의도를 당대
의 원전 발굴을 통해 제시함으로써, 1920년대 식민지 교육과 동화

의 활용이라는 중요한 화두를 엄밀한 연구법을 통해 실증적으로 복원 제시할 수 있었다. 앞으로 본 연구에 기반한 구체적인 성과가 계속되길 바라며 본서의 정밀한 독해와 애정 어린 질정을 바란다.

2014년 8월
저자 일동

식민지 시기 일본어
조선설화집 기초적 연구

제1부

총 론

식민지 시기 일본어

조선설화집 기초적 연구

식민지 시기 일본어 조선설화집에 관한 기초적 고찰 1

식민지 시기 일본어

조선설화집 기초적 연구

식민지 시기 일본어 조선설화집에 관한 기초적 고찰 1

1. 연구 범위와 근대설화

본서에서는 「제국 일본에 의한 식민지 지배기에 간행된 일본어 조선설화집」(이하, 일본어 조선설화집이라 약기함)에 대해 논하고 자 한다. 본고에서 다루는 '조선설화'는 '조선과 관련된 설화'라는 넓은 의미의 해석도 가능하겠지만, 본서에서 다루는 '조선설화집' 이란 조선이라는 공간적 배경 하에서 조선인들 사이에 전승되어온 설화(說話)를 모은 단행본으로 한정한다.

근대 국민국가 체제가 성립되어 가는 와중에서, 민간전승이 가지는 의미의 중요성이 점점 높아지고, 조선설화 안에 조선민족의 심성과 원형의 일부를 발견할 수 있다는 담론이 주류를 이루고 공감대를 형성해 나가면서, 1908년 이래 수많은 일본어 조선설화집

이 간행되었다. 1910년대는 조선(인)을 이해하기 위한 읽을거리로
간행되었었지만, 1920년대에는 아동교육을 위한 '동화(童話)'의 중
요성이 높아졌고, 수많은 동화집이 간행되었다. 이러한 움직임은
즉각적으로 조선총독부 편찬 교과서에도 반영되었다. 조선총독부
교과서를 편찬한 학무국(學務局)은 1924년에 조선 최초의 근대동
화집『조선동화집(朝鮮童話集)』을 간행하였다. 종래에 이 책의 편
자와 그 발행 경위는 해명되지 않았는데, 김광식의 연구에 의해서
『조선동화집』은 학무국 촉탁 다나카 우메키치(田中梅吉)의 주도로,
학무국이 각 지방으로부터 설화를 보고 시킨 자료를 바탕으로 하
였음이 명확해졌다.[1]

뒤에서 서술하겠지만, 학무국은 1912년부터 조선의 민간전승을
통한 교화의 필요성에 주목하였으며, 1913년에는 조선설화(전설
및 '동화'=구전설화)를 수집하고 있었음이 확인되었다. 그 후, 학무
국은 1910년대 각 지방의 보고서를 바탕으로, 제출된 원래의 설화
에 일정한 개작을 더하여 교과서에 반영시켰다. 지금까지의 선행
연구는 1910년대 학무국 조사의 중요성을 간과하였으나, 앞으로
상세한 고찰이 요청된다.

현재 한국에서는 신화 · 전설 · 민담의 총칭으로 「설화」라는 단
어를 사용하고 있다.[2] 삼분법에 기초한 설화의 개념이 아카데미즘

---

1 金廣植(2010), 「近代における朝鮮説話集の刊行とその研究─田中梅吉の研究を手が
   かりにして─」, 徐禎完・増尾伸一郎編『植民地朝鮮と帝国日本』, 勉誠出版을 참고.
2 張德順(1975), 「説話文學개설」, 二友出版社; 崔雲植(2002), 『한국서사의 전통과 설
   화문학』, 民俗苑; 小峯和明(2010), 「東アジアの説話世界」, 小峯和明編『漢文文化圏
   の説話世界』, 竹林舍 등을 참고.

속에서 정착되어 있으며, 좁은 의미로는 신화와 전설을 제외한 민담을 설화로 파악하는 경우도 있다. 「포크테일(Folktale)」의 번역어인 「민간설화(民間説話)」의 생략형으로 성립된 측면이 있다. 반면, 일본에서는 전근대적 「설화」연구와 근대 민속학 혹은 구승문예(口承文芸) 연구 중 하나의 영역으로 「옛날이야기(昔話)」연구가 각각의 영역에서 진행되고 있다. 본서에서 사용하는 「설화」란, 현재 한국에서 사용하는 넓은 의미의 설화 개념을 사용하고자 한다.

　본서에서는 「문헌설화집」이라 불리는 전근대 시기 자료집과는 시기적으로 차이가 있으며, 근대에 들어 1945년 해방에 이르기까지 간행된 일본어 조선설화집을 주요 분석대상으로 삼았다. 여기에서 일본어 조선설화집의 범위를 한정하고자 한다. 일본어 조선설화집 중에서는 한문 문헌설화집을 일본어로 번역한 것, 식민지 시기 한글로 쓰인 설화집을 일본어로 번역한 것이 있는 반면, 조선인들의 일본어 작문 및 현지조사 등을 통해 「구전설화」를 채집한 것도 존재한다. 또한 문헌설화의 근대적인 변용을 드러내는 설화집도 있으며, 문헌설화와 구전설화가 함께 포함된 것도 있다. 본장에서는 우선 그 실상의 단면을 파악하기 위해, 단행본으로 나온 설화집을 대상으로 하고자 한다. 잡지나 신문 자료 등을 검토함으로써, 그 전체상을 구체적으로 파악할 수 있을 것이라 사료되는데, 현단계에서의 선행연구의 부족이라는 현실적 여건과 함께, 잡지나 신문에 비해 단행본의 가독성 및 영향력, 방대한 신문·잡지자료의 범위 설정 및 그 수집의 곤란함 등 여러 문제를 감안하여, 우선 단행본에 한정하여 분석을 시도하고자 한다. 또한 신문·잡지에

게재된 후 단행본 화 자료집도 많으므로, 단행본을 통해 당시 일반
적인 경향을 파악할 수 있을 것으로 판단한다.

조희웅의 선행연구에서 명확히 지적한 대로, 조선설화의 연구는
20세기 초부터 일본인 학자에 의해 선도되었으며 조선설화 연구
방향을 형성한 측면이 있다.[3] 조선설화에 관한 연구는 식민지 시기
에 본격적으로 행해졌으며, 그 후 조선인의 연구에도 자극을 주었
고, 이를 통해 일정한 영향 혹은 반발을 초래하였다고 판단된다. 이
러한 문제를 명확하게 하기 위해서, 필자는 일본어 조선설화집에
관한 연구가 선결되어야 될 필수적 요건이라고 생각한다. 식민지
시기에 일본어로 간행되었다는 점에서, 일본어 조선설화집은 식민
지 지배와 무관하게 발행된 것이 아님은 두말 할 필요도 없다. 그러
나 50종이 넘는 설화집은 각각의 편자에 따라 다양한 사고방식과
가치관, 의식 속에서 편찬된 것 역시 부정할 수 없는 사실이다. 본
고에서는 그러한 다양성에도 주목하여 일본어 조선설화집의 성격
및 그 의의를 고찰하고자 한다

근대 이후 일본 연구자들이 본격적으로 조선설화를 수집하고,
이를 바탕으로 한 설화연구 역시 점진적으로 이루어지게 된다. 또
한 당시의 채집된 자료는 동시대에 많이 이용, 활용되었고, 비교설
화론으로 전개된 측면도 확인된다. 1910년대에 일본인 연구자 다
카기 도시오(高木敏雄, 1876～1922)[4], 미나카타 구마구스(南方熊楠,

---

3 曺喜雄(2005), 「일본어로 쓰여진 한국설화/한국설화론1」, 『語文學論叢』 24輯, 国民
   大學校어문학연구소.
4 高木の日韓比較説話論에 대해서는 金泳南(2006), 『동일성 상상의 계보―근대 일

1867~1941)[5], 니시무라 신지(西村眞次, 1879~1943), 마쓰무라 다케오(松村武雄, 1883~1969), 다나카 우메키치(田中梅吉, 1883~1975), 시미즈 효조(清水兵三, 1890~1965)[6] 등을 시작으로, 1920년대 이후에는 민속학자 손진태(孫晉泰, 1900~?), 중국 민속학자 종경문(鍾敬文, 1903~2002) 등이 연구를 진행하였다.

다카기는 1912년 「일한공통 민간설화(日韓共通の民間説話)」(『東亞之光』7-11, 7-12)을 발표해, 한일 설화연구의 길을 개척했다. 다카기의 논고는 그에 선행하는 다카하시 도루(高橋亨, 1878~1967)의 자료집 『조선이야기집과 속담(朝鮮の物語集附俚諺)』(1910)에 크게 의존하였다. 다카기는 초기 신화연구에 이어서, 『수신교수 동화의 연구와 그 자료(修身教授 童話の研究と其資料)』(1913), 『동화의 연구(童話の研究)』(1916)를 발간하는 등, 1910년대로부터 연구 영역을 민간설화로 확장하였다. 세키 게이고가 명확히 지적했듯이 「현재 설화와 민담이라는 용어가 일반적으로 사용되고 있으나, 처음에는 동화 혹은 민간동화라는 단어가 선호되었다.」[7] 다카기는 민간동화=민간설화라는 용어를 사용하며 본격적으로 조선설화를 연구하였고, 그 이후 일본인 및 조선인들의 연구에 큰 영향을 끼쳤다.[8]

본의 설화 연구에 나타난 '민족'의 발견―」, J&C, 참고.

5 南方の比較説話論에 대해서는 田村義也·松居竜五編(2011), 『南方熊楠とアジア』, 勉誠出版, 참고.

6 田中梅吉と清水兵三에 대해서는 金廣植(2011·5), 「시미즈 효조의 조선 민요·설화론에 대한 고찰」, 『温知論叢』28輯, 온지학회, 앞의 논문.

7 関敬吾(1977), 「解説」, 高木敏雄, 『童話の研究』, 講談社, p.213.

8 방정환과 손진태의 다카기 영향에 대해서는 다음 논문을 참고. 黄善英(2006), 「交錯する童心―方定煥と同時代日本人文學者における「子ども」」, 東大比較文學會『比

다카기는 1922년에 요절하였으나, 그의 영향을 받아 일본어 조
선설화집에 주목한 연구자들로는 나카타 센포(中田千畝, 1895~
1947)『일본동화의 신연구(日本童話の新研究)』(文友社, 1926)와『우
라시마와 날개옷(浦島と羽衣)』(坂本書店出版部, 1926), 아시야 로손
(蘆谷蘆村(重常), 1886~1946)『국정교과서에 나타난 국민설화의
연구(国定教科書に現れたる国民説話の研究)』(教材社, 1936), 시다 기
슈(志田義秀, 1876~1946)『일본의 전설과 동화(日本の傳説と童話)』
(大東出版社, 1941) 등이 있다. 예를 들어 나카타는 다카기의 영향
을 받아 일본, 조선, 「지나」, 인도 등의 자료를 자유롭게 넘너들며
비교 연구하였으며, 수많은 일본어 조선자료집을 제시하였다. 나
카타는 『삼국유사(三国遺事)』(1285), 『삼국사기(三国史記)』(1145)
등의 조선 고서를 비롯하여, 다카하시 도루『조선이야기집과 속담
(朝鮮の物語集附俚諺)』(1910), 이마무라 도모에(今村鞆)『조선풍속
집(朝鮮風俗集)』(1914), 야마사키 겐타로(山崎源太郎)『조선의 기담
과 전설(朝鮮の奇談と傳説)』(1920), 조선총독부『조선동화집(朝鮮
童話集)』(1924), 나카무라 료헤이(中村亮平)『조선동화집(朝鮮童話
集)』(1926) 등을 빈번히 제시하였다.

패전 후 일본에서 식민지 시기에 채집한 자료를 언급하지 않게
된 것은 패전에 따른 식민지 및 그와 관련된 '기억의 상실'과 함께,
성급한 비교연구를 경계한 민속학자 야나기타 구니오(柳田国男)의
영향도 있었다고 판단된다. 야나기타는 1930년『일본 민담집(日本

較文學研究』88과 増尾伸一郎(2010), 「孫晋泰『朝鮮民譚集』の方法」(『韓国と日本を
むすぶ昔話』, 東京學芸大學報告書를 참고.

昔話集)』상권을 편찬하였는데, 나중에『일본의 민담(日本の昔話)』으로 서명이 바뀌었고 문고화 되면서 일본에서 가장 많이 읽히는 민담집으로 기억되고 있다. 이에 비해,『일본 민담집(日本昔話集)』하권에는 아이누 편(긴다이치 교스케(金田一京助))과 류큐(琉球) 편(이하 후유(伊波普猷))과 동시에, 조선 편(다나카 우메키치(田中梅吉)), 대만 편(사야마 유키치(佐山融吉))도 수록되어 있는데,「오늘날까지 전혀 거들떠보지 않는 책이었다.」[9]

고전문학이나 관계사 및 교류사 연구에 비하여 오늘날의 민담연구(昔話硏究)는 비교연구가 적은 상황이다. 이러한 상황을 타개하기 위해 이시이 마사미는 패전 전의 민담 채집에 대해서「역사적 사실을 말살하고서는 민담의 국제적인 비교연구 또한 성립될 수 없을 것이다」라고 지적하며,[10] 패전 전에 행해진 민담 채집 및 연구사에 대한 전면적인 재검토가 필요함을 역설하였다.

반면, 식민지 시기 조선에 대해서는 일본인에 의한 조선설화 연구에 자극을 받아, 손진태 등에 의해서 설화 연구가 수행되었다. 그러나 해방 후 한국 상황에서는 일본어 조선설화집에 관한 연구는 그 대부분이 '식민지 시기에 일본어로 간행'되었다는 이유 등으로 인해 오랜 기간 검토 대상으로 활용되지 않았으나, 최근 뜻있는 연구자들의 노력으로 다양한 연구가 이루어지고 있다.

9 石井正己(2007),『植民地の昔話の採集と教育に関する基礎的硏究』, 東京學芸大學報告書, p.137.
10 石井正己(2007), 前揭書, p.144.

2. 선행연구의 검토

다음으로 선행연구를 정리하고자 한다. 일본어 조선설화집에
관한 선행연구는 크게 나누어 세 가지 방향으로 연구가 진행되어
왔다.

첫 번째는 일본어 조선설화집을 개별적으로 검토하는 연구방법
이다. 개별적으로 검토된 설화집은 우스다 잔운(薄田斬雲(貞敬))
『암흑의 조선(暗黒なる朝鮮)』(1908), 다카하시 도루(高橋亨)『조선
이야기집과 속담(朝鮮の物語集附俚諺)』(1910), 조선총독부(다나카
우메키치田中梅吉)편『조선동화집(朝鮮童話集)』(1924), 나카무라 료
헤이(中村亮平)『조선동화집(朝鮮童話集)』(1926), 오사카 로쿠손(大
阪六村, 오사카 긴타로(大坂金太郎))『경주의 전설(慶州の傳説)』(1927),
손진태『조선민담집(朝鮮民譚集)』(1930), 데츠 진페이(鐵甚平(김소
운의 일본어 필명))『삼한 옛이야기(三韓昔がたり)』(1942),『동화집
석종(童話集 石の鐘)』(1942),『파란 잎(青い葉っぱ)』(1942),『누렁소
와 검둥소(黄ろい牛と黒い牛)』(1943) 등이 검토되어 왔다.[11] 특히, 조

---

11 大竹聖美(2001),「1920년대 일본의 아동총서와「조선동화집」」,『童話와 翻訳』2輯,
동화와 번역 연구소; 西岡健治(2005),「高橋仏焉/高橋亨の『春香傳』について」,『福
岡県立大學人間社會學部紀要』14(1), 福岡県立大學; 權赫来(2008),「근대 초기 설
화·고전소설집『조선이야기집』의 성격과 문학사적 의의」,『韓国言語文學』64, 한
국언어문학회; 權赫来(2003),「조선총독부의『조선동화집』(1924)의 성격과 의의」,
『童話와 翻訳』5輯, 동화와 번역 연구소; 김경희(2008),「『朝鮮童話集』에서 사라진
토끼의 웃음」,『児童青少年文學 研究』12, 한국아동청소년문학학회; 백민정(2008),
「『조선동화집』수록 동화의 부정적 호랑이像 偏載 현황과 원인」,『語文研究』58, 語
文研究學會; 金泳南(2001),「中村亮平『朝鮮童話集』における「美しい朝鮮」の創出」,
『比較文學研究』77, 東大比較文學會; 増尾伸一郎(2009),「孫晋泰の比較説話研究」, 孫
晋泰『朝鮮民譚集』, 勉誠出版; 盧英姬(1993),「김소운의 아동문학 세계」,『同大論叢』

선총독부 학무국의 촉탁이었던 다나카 우메키치(田中梅吉, 1883~
1975)가 편찬한『조선동화집(朝鮮童話集)』(1924년)은 조선 최초의
동화집으로, 다나카가 1917년 총독부 학무국 조사를 바탕으로 작
성한 보고서 내용을 바탕으로 하였다. 그 후 1920년대에 개작을 거
쳐 단행본화 되었고, 동시기에 아시다 에노스케에 의해서 조선총
독부 교과서에도 수록되었다는 점에서, 학무국의 역할과 그 과정
에 대한 실증적 검증이 요구된다. 그러나 중요한 자료집임에도 불
구하고 연구가 행해지지 않은 것도 다수 존재하는 것이 사실이다.

　두번째는 20세기 이후 전개된 조선설화 연구사를 개괄하고, 그
중에서 일본어 자료집의 성격을 검토하는 것과,[12] 일본어 자료집의
서지 연구서다. 지금까지 조선설화 연구사에서는 일본인이 작성한
일본어 자료집은 식민지 정책의 일환으로 연구된 데 비해, 조선인

23輯, 同德女子大學校; 金廣植(2010),「우스다 잔운과 한국설화집「조선총화」에 대
한 연구」,『童話와 翻訳』20輯, 동화와 번역 연구소; 金廣植(2010),「植民地期朝鮮に
おける傳説の発見―大坂金太郎(大坂六村)の新羅・慶州の傳説を中心に―」,『學芸社
會』26, 東京學芸大學; 金廣植(2011),「高橋亨の『朝鮮の物語集』における朝鮮人論に
関する研究」,『學校教育學研究論集』24, 東京學芸大學; 李市埈(2012),「植民地期 在
朝 日本人 作家, 우스다 잔운(薄田斬雲)의 朝鮮 見聞記에 관한 고찰―기생(妓生)관
련 기술을 중심으로―」,『외국문학연구』, 한국외국어대학교 외국문학연구소 등.

12　崔仁鶴(1976),『韓国昔話の研究』, 弘文堂; 張德順(1978),『説話文學概説』, 二友出版
社; 曺喜雄(1989),『説話學綱要』, 새문사; 曺喜雄(2005), 앞의 논문; 李재윤(1988),
「한국설화의 자료 수집 연구사」, 世宗語文學會『世宗語文研究』5·6輯, 세종어문학
회; 申明淑(2000),「설화연구사에 대한 비판적 성찰」, 檀国大學校『国文學論集』17
輯, 단국대학교 국어국문학과; 権泰孝(2006),「개항기에서 일제강점기까지의 문
헌 신화 수집 및 정리 현황과 문제점」,『韓国民俗學』44, 한국민속학회; 崔仁鶴
(2008),「왜정시대 외부요인에 의한 변이양상」, 檀國大學校 東洋學研究所編『韓国
近代民俗의 理解』1, 民俗苑; 大竹聖美(2008),『植民地朝鮮と児童文化』社會評論社;
姜在哲(2009),「설화문학에 나타난 권선징악의 지속과 변용의 의의와 전망」, 檀国
大學校 東洋學研究所編『韓国民俗文化의 近代的変容』, 民俗苑 등.

의 자료집은 말살되어 가는 조선문화를 지키기 위한 민족적 저항
운동으로서의 측면을 강조하여 온 경향성이 짙다. 그러나 신명숙
(申明淑)이 지적하는 대로, 일본인=식민사관, 조선인=저항민족사
관이라는 단순한 이분법을 뛰어넘어 자료집의 한계와 함께 그 가
치를 찾아내는 자세가 필요하다.[13] 그 반면, 사쿠라이 요시유키(櫻
井義之), 스에마쓰 야스카즈(末松保和), 니시오카 겐지(西岡健治),
최인학(崔仁鶴) 등에 의해 상세한 서지연구도 축적돼 왔다.[14] 그러
나 설화연구사 분야에서 선행 서지 업적이 그대로 반영되고 참조
되었는가 하는 부분에 대해서는 의심스럽다 할 수밖에 없다. 예를
들자면, 사쿠라이 요시유키(櫻井義之, 1904~1989)의 서지는 해제
와 함께 목차까지 소개하고 있어 참고할 만하다. 문제는 조선설화
연구사를 열거하고 있는 선행연구들은 사쿠라이의 서지를 전혀 참
조하지 않았다고 하는 커다란 맹점이다. 사쿠라이는 이른 시기
(1979)부터 조선총독부 편 『조선동화집(朝鮮童話集)』(1924)의 해제
속에서 「다나카 우메키치(田中梅吉, 학무국 이후 경성제국대학 교
수)의 집필에 의한 것」이라 명확히 언급하였는데, 선행연구에서
는 전혀 언급하지 않고 있는 것이다.[15] 앞으로의 조선설화 연구사

---

13 申明淑, 앞의 논문, p.191, 197.

14 다음 서지를 참고하였다. 末松保和(1980), 「傳説·民話·諺·民謠(童話·童謠共)」, 『朝
鮮研究文献目録 1868~1945 単行書編』, 影印版, 汲古書院, 初版は1972年; 崔仁鶴
(1974), 「韓国昔話資料文献」, 『朝鮮昔話百選』, 日本放送出版協會; 櫻井義之(1979),
「民俗」, 『朝鮮研究文献誌—明治·大正編—』, 龍渓書舍; 梶井陟(1980·11), 「朝鮮文學
の翻訳足跡(三)—神話,民話,傳説など—」, 『季刊三千里』 24; 大村益夫·布袋敏博編
(1997), 「朝鮮文學関係日本語文献目録 1882.4~1945.8」, 早稲田大學語學教育研究所
大村研究室; 西岡健治(2008), 「日本への韓国文學の傳来について(戰前編)」, 染谷智
幸·鄭炳説編『韓国の古典小説』, ぺりかん社 등.

는 서지를 포함한 선행연구를 기반으로 한 실증적인 연구가 요구
된다.

　세번째는 「혹부리 영감(瘤つき老人)」(혹 떼는 영감)[16], 「선녀와 나
무꾼(きこりと仙女)」(날개옷(羽衣))[17], 「삼년 고개(三年峠)」(삼년 언
덕(三年坂))[18] 등의 개별 설화, 혹은 동물담, 형제담[19] 을 들며, 식민
지 시기에 수집된 자료의 변용을 고찰하는 연구이다. 이러한 연구
는 일본인의 자료 수집 방법에 대한 문제점을 지적하거나, 조선인
의 자료집과의 차이점을 강조하거나, 일본어 조선설화 중에서 각

15　櫻井義之 초판은 1936년 11월부터 1939년 10월까지 朝鮮総督府 잡지 『朝鮮』에 연
　　재한 것을 바탕으로 千惠淑, 「설화의 개작과 식민지근대의 주입」, 安東大學校 人文科
　　學研究所編 『東아시아와 韓國의 近代』 月印로, 1941년 3월에 『明治年間朝鮮研究文
　　献誌』(京城書物同好會)로 간행되었다. 初版에는 아직 「民俗」이라는 항목이 없고,
　　高橋亨의 『朝鮮物語集』만을 소개하였다. 「民俗」 항목이 추가되는 것은 1979년 이
　　후다.

16　金宗大, 南根祐訳(2003), 『トケビ 韓国妖怪考』, 歴史民俗博物館振興會; 張貞姫(2011·
　　3), 「일제강점기 교과서 『조선어독본』에 수록된 단형 서사물의 변화 양상과 그 특
　　징」, 『아시아文化研究』 21輯, 暻園大學校; 張貞姫(2011), 「『조선어독본』의 '혹부리
　　영감' 설화와 근대 아동문학의 영향 관계 고찰」, 『韓国児童文學研究』 20; 金容儀
　　(2011), 『혹부리 영감과 내선일체』, 全南大學校出版部 등.

17　金歡姫(2007), 「「나무꾼과 선녀」와 일본 「羽衣」 설화의 비교연구가 안고 있는 문제
　　점과 가능성」, 『洌上古典研究』 26輯; 金和經(2007·3), 「일본날개옷 설화의 연구」,
　　嶺南大學校 『語文學』 95輯, 한국어문학회 등.

18　千惠淑(2009), 「설화의 개작과 식민지근대의 주입」, 安東大學校 人文科學研究所編
　　『東아시아와 韓国의 近代』 月印; 三ツ井崇(2008), 「「三年峠」をめぐる政治的コンテ
　　クスト―朝鮮総督府版朝鮮語教科書への採用の意味―」, 『佛教大學総合研究所紀
　　要』, 佛教大學総合研究所, 2008別冊; 三ツ井崇(2011), 「三年峠」, 板垣竜太他編 『東ア
　　ジアの記憶の場』, 河出書房新社 등.

19　大竹聖美(2003), 「「조선동화」와 호랑이」, 『童話와 翻訳』 5輯, 童話와 翻訳 연구소;
　　金容儀(2009), 「식민지 지배와 민담의 월경」, 『日本語文學』 42輯, 한국일본어문학
　　회; 朴美京(2009), 「일본인의 조선민담 연구고찰」, 檀国大學校 『日本學研究』 28輯,
　　단국대학교 일본학연구소 등.

각의 공통점과 차이점을 검토하는 방향으로 행해져 왔다. 근대 초기에 간행된 수많은 설화를 비교 분석하여, 그 변용 및 성격을 검토하는 것은 중요하지만, 이들 연구는 애초에 자료집의 서지가 갖춰지지 않은 상태에서 성립된 것임으로, 단행본뿐만 아니라 잡지·신문 등에 연재된 자료까지를 포함하여 검토하지 않으면 안 된다는 과제가 산적해 있다. 뒤에 서술하는 바와 같이, 「선녀와 나무꾼」(날개옷)은 한일 공통의 설화로 주목되어, 식민지 시기에 가장 많이 채집된 이야기이다. 종래의 연구와 같이 그 일부를 열거하여 성급한 결론을 내리는 것이 아니라, 전체를 상세히 검토하여 시대별로 「선녀와 나무꾼」이 어떠한 변용을 거치며 수집되었는가를 실증적으로 검토하는 작업이 요구된다고 판단된다.

지금까지 살펴본 바와 같이, 기존의 선행연구는 근대 초기에 채집된 자료의 중요성을 인식하고, 그 내용을 검토한 점에서 일단 평가할 만하다. 그러나 선행 서지연구를 참고하지 않고 수행되었다는 치명적인 약점 또한 불완전한 목록과 서지임에도 불구하고 그 내용 및 성과마저도 연구사에 제대로 참조·반영되지 못했다는 커다란 문제를 안고 있다. 이에 본고에서는 우선 단행본으로 간행된 자료를 중심으로 한 전체상을 제시하는 것부터 시작하고자 한다. 또한 한글, 국한문 등으로 간행된 자료집 역시 연구 범위에 넣어, 일본어 자료집과 비교하여 그 관계 및 차이점을 검토하고자 한다. 그리고 필자들이 새로이 발견한 일본어 자료집을 정리하여, 앞으로의 연구의 기초자료로 학계에 제공하고자 한다.

3. 근대 일본어 조선설화집의 간행

최근, 식민지 시기 조선설화집에 관한 연구가 잇따르고 있다. 식민지 시기와 한국전쟁 등을 거친 한국에서는 전근대 문헌뿐만 아니라 근대에 간행된 문헌 역시 사라진 것이 많으며, 그 전체상을 파악하는 것이 곤란한 상황이다. 이러한 상황 속에서도 뜻 있는 연구자들의 노력에 의해 많은 문헌이 정리되고 있는 것 또한 엄연한 사실이다. 전근대의 설화집은 김기동 편『한국문헌설화전집』전 10권(민족문화사, 1981), 정명기 편『한국야담자료집성』전 23권(고문헌연구회, 1987), 박용식·소재영 편『한국야담사화집성』전 5권(국학자료원, 1995), 김현룡 편『한국문헌설화』전 7권(건국대학교 출판부, 1998~2000) 등으로 정리되었다.[20]

이에 비해, 근대에 간행된 설화집에 관한 본격적인 연구는 비교적 늦어졌다. 이에 정명기는 재담·소화집을 다수 발견하여『한국재담자료집성』전 3권(보고사, 2009)를 간행하였다. 정명기의 연구에 따르면, 한글 및 한문현토 등으로 나온 소화 중심의 설화집이 식민지 시기에 20종 이상 간행되었음이 확인되었다. 식민지 시기 20종 이상의 재담집이 나왔는데, 그 중 약 절반가량은 1920년대에 간행되었으며, 식민지 내에서 기담·소화가 널리 소비되고 있었음을 알 수 있다.[21] 정명기가 지적하고 있듯이, 한글, 국한문 등으로 간행

---

20 상세한 목록은 李市埈(2010),「韓国における説話文學の研究の現況」,『説話文學研究』45, 説話文學會를 참고.

21 鄭明基(2008),「일제치하 재담집에 대한 재검토」,『国語国文學』149号; 李胤錫·鄭

된 설화집은 1910년부터 『매일신보』에 연재된 것이 많으며, 그 영
향이 강했음을 알 수 있다. 반면, 조선총독부 편의 조선어 교과서를
담당한 다지마 야스히데(田島泰秀, 1893~?)는 『온돌야화(溫突夜
話)』(1923)를 간행하였는데, 이것은 『요지경』(1910)과 『개권희희
(開卷嬉嬉)』(1912)를 일부 발췌하여 간행한 것이다. 김준형은 이러
한 자료는 골계류를 포함하는 「패설(稗說)」적 경향을 띤 작품집으
로 규정하고, 전대의 야담집과 직접적으로 관련을 가지고 근대에
출판된 「활판본」만 하더라도 10종이 있다고 지적하였다.[22]

　조선의 재담집에 영향을 받아, 한글본을 참조한 다지마 야스히
데 『온돌야화』(1923)가 간행되는 한편 한글, 국한문 등으로 간행된
근대야담집 역시 그 일부가 일본어로 번역되었다. 1923년에는 최
동주 『오백년기담(五百年奇譚)』이 초역되었으며, 한글 등으로 간행
된 근대설화집과 일본어 조선설화집은 일정한 관계를 맺고 있음을
확인할 수 있다. 한편, 스에마쓰 야스카즈(末松保和)가 작성한 서지
에 따르자면, 1928년 박건회의 『반만년간 조선야담집(半万年間 朝
鮮野談集)』(京城, 39쪽)이 간행된 것으로 되어 있다.[23] 박건회의 『반
만년간 조선야담집』은 같은 해 영창서관에서 간행되었으며, 그 페
이지 수는 93페이지다. 스에마쓰는 93페이지를 39페이지로 잘못
적은 것이 아닌가 추측된다. 또한 김준형이 지적한 것처럼, 박건회

明基(2001), 『旧活字本 野談의 変異樣相 研究』, 寶庫社.

22　金埈亨(2008), 「근대전환기 야담의 전대 야담 수용 형태」, 『韓国漢文學研究』 41, 한
　　국한문학회.

23　末松保和, 前揭書, p.300.

『반만년간 조선야담집』은 일본어가 아니라 한문현토로 간행된 것이다. 이상에서 보는 바와 같이, 식민지 시기에 간행된 30종 이상의 기담·소화·야담을 모두 포함하는 〈재담·야담집〉과 함께, 종래 그 소재가 불명확하던 심의린(1926)과 박영만(1940)의 이야기집(昔話集) 역시 최근 복각되어, 연구 환경이 정비되었다.[24]

근대 조선설화의 전체상을 파악하기 위해서는, 한글로 작성된 것뿐만 아니라, 일본어 조선설화집 역시 검토할 필요가 있다. 선행 연구의 지적대로, 조선설화에 대한 관심은 일본의 연구자들에 의해 선도되었으며, 20세기 초부터 본격적인 자료집이 수많이 간행되었다.[25] 그 중에서는 조선인이 간행한 자료 역시 17종이나 되어 주목할 만하다.

이에 본장에서는 우선 식민지 시기에 간행된 일본어 조선설화집의 목록을 작성하고자 한다. 필자들은 새로이 자료를 발굴하여 서지를 보충하여, 1945년 해방에 이르기 까지 52종(개정판을 제외한 판본을 확인한 자료에 한정함)이 간행되었고, 그 중 다수가 판을 거듭한 것을 확인할 수 있었다.[26] 〈표 1〉일본어 조선자료집 목록은 그

24 朴英晩(権赫来訳)(2006),『화계 박영만의 조선 전래동화집』, 韓国国學振興院; 沈宜麟(신원기訳解)(2009),『朝鮮童話大集』, 寶庫社; 沈宜麟(崔仁鶴翻案)(2009),『朝鮮童話大集』, 民俗苑.

25 曺喜雄(2005), 앞의 논문.

26 다음 서지를 참고하였다. 末松保和(1980),「傳說·民話·諺·民謠(童話·童謠共)」,『朝鮮研究文献目録1868~1945単行書編』, 汲古書院; 崔仁鶴(1974),「韓国昔話資料文献」,『朝鮮昔話百選』, 日本放送出版協會; 櫻井義之(1979),「民俗」,『朝鮮研究文献誌—明治·大正編—』, 龍渓書舎; 梶井陟(1980·11),「朝鮮文學의 翻訳足跡(三)—神話,民話,傳說など—」,『季刊三千里』, 24号, 三千里社; 大村益夫·布袋敏博編(1997),『朝鮮文學関係日本語文献目録 1882.4-1945.8』, 早稲田大學語學教育研究所大村研究室; 西

것을 정리한 것이다.

필자들은 국립 중앙도서관(서울시), 한국 국립 국회도서관(서울시), 서울대학교 부속 중앙도서관(서울시), 부산대학교 도서관(부산시), 일본 국립 국회도서관(국제 어린이도서관(国際子ども図書館)을 포함, 도쿄 도), 도쿄 도립 중앙도서관(도쿄 도립 다마(多摩) 도서관을 포함), 재단법인 동양문고(도쿄 도), 도쿄경제대학 도서관(사쿠라이 요시유키(櫻井義之) 문고·시가타 히로시(四方博) 조선문고를 포함, 도쿄 도), 오사카 부립 중앙도서관(大阪府立中央図書館(국제 아동문학관(国際児童文學館)을 포함)), 재단법인 산코 문화연구소(三康文化研究所) 부속 산코도서관(三康図書館(도쿄 도)), 공익재단법인 일본근대문학관(도쿄 도), 가나가와 근대문학관(공익재단법인 가나가와 문학진흥회 운영, 요코하마 시), 오슈 시 시립 사이토 마코토 기념관(奥州市立斎藤實記念館), 시가대학 경제경영연구소(滋賀大學経済経営研究所(히코네 시)), 임업문헌센터(林業文献センター(공익사단법인 대일본산림회(大日本山林會), 도쿄 시)) 등을 중심으로 자료집을 직접 찾아가 원본조사를 행하였다. 도서관 자료의 특성상 대부분의 단행본이 초판이었으나, 재판이 거듭된 경우에는 이를 명기하고, 소장관명을 추가하였다. 또한, 이번에 새로이 발견된 19종의 자료집에는 ※표시를 붙였다. 출판된 경우에는, 다카하시 도루『조선이야기집과 속담(朝鮮の物語集附俚諺)』과『조선속담집과 이야기(朝鮮の俚諺集附物語)』와 같이, 도쿄에서

岡健治(2008),「日本への韓国文學の傳来について(戦前編)」, 染谷智幸·鄭炳説編『韓国の古典小説』, ぺりかん社 등.

인쇄되어 경성에서 발행된 경우도 있기에 발행지를 기록하였다. 게다가 간행되기까지의 배경을 고찰하는 데에 서문이 중요한 역할을 하기 때문에, 서문이 적혀 있는 자료집에는 각각 이를 덧붙였고, 서문이 없는 자료집에는 〈서문 없음〉이라 기록하였다.

〈표 1〉 일본어 조선자료집 목록

※1	薄田斬雲(薄田貞敬)著, 『암흑의 조선(暗黒なる朝鮮)』, 日韓書房, 1908年10月, 京城(1909年再版)〈序〉
2	高橋亨著, 『조선이야기집과 속담(朝鮮の物語集附俚諺)』, 日韓書房, 1910年9月, 京城(1914年6月에는 『朝鮮の俚諺集附物語』)〈萩野由之序, 自序〉.
※3	石井研堂編述, 『日本全国国民童話』, 同文館, 1911年4月, 東京(1917年12月六版, 日本近代文學館所蔵)〈著者の告白〉.
4	青柳綱太郎編, 『朝鮮野談集』, 朝鮮研究會, 1912年1月, 京城〈序〉.
5	楢木末実著, 『조선의 미신과 속전(朝鮮の迷信と俗傳)』, 新文社, 1913年10月, 京城(1919年再版)〈明石元二郎序, 今村鞆序, 緒言〉.
※6	稲垣光晴著, 『온돌 토산(オンドル土産)』慶南印刷株式會社), 1918年2月, 釜山〈自叙〉.
※7	榎本秋村(榎本恒太郎)著, 『世界童話集東洋の巻』, 実業之日本社, 1918年4月, 東京〈萩野由之序, 自序〉.
8	三輪環著, 『전설의 조선(傳説の朝鮮)』, 博文館, 1919年9月, 東京〈はしがき〉.
※9	松本苦味(圭亮)編, 『世界童話集 たから舟』, 大倉書店, 1920年7月, 東京〈序〉.
10	山崎日城(山崎源太郎)著, 『조선의 기담과 전설(朝鮮の奇談と傳説)』, ウツボヤ書籍店, 1920年9月, 京城〈加藤房蔵序, 巻頭言〉.
※11	八島柳堂(行繁)著, 『동화의 샘(童話の泉)』, 京城日報代理部, 1922年3月, 京城(5月再版)〈서문 없음〉

※12	樋口紅陽訳著,『동화의 세계여행(童話の世界めぐり)』, 九段書房, 1922年5月, 東京〈はしがき, 巌谷小波するせん〉.
※13	崔東州著述, 清水鍵吉抄訳,『五百年奇譚』, 自由討究社, 1923年8月, 京城(細井肇編 鮮満叢書十一巻, 1936年에는 細井肇編 朝鮮叢書三巻에 再収録)〈五百年奇譚を読みて〉.
※14	田島泰秀著,『温突夜話』, 教育普成株式會社, 1923年10月, 京城〈小倉進平序文, 玄櫶ハングル序文, 自序〉.
15	朝鮮総督府(田中梅吉),『朝鮮童話集』, 大阪屋号書店, 1924年9月, 京城〈서문 없음〉.
16	松村武雄著,『第十六巻日本篇 日本童話集』, 世界童話大系刊行會, 1924年9月, 東京(1929年11月『朝鮮・台湾・アイヌ童話集』近代社版, 1931年6月『日本童話集下』誠文堂版(1933年1月 十版, 神奈川近代文學館所蔵), 1934年1月『日本童話集下』金正堂版(1938年5月 十版, 大阪府立中央図書館所蔵))〈解説〉.
17	中村亮平編,『朝鮮童話集』, 冨山房, 1926年2月, 東京(1938年3月 五版, 韓国東国大學校所蔵, 1941年11月再版, 大阪府立中央図書館所蔵)〈はしがき〉.
※18	大塚談話會同人(立川昇蔵),『신실연 이야기집(新実演お話集 蓮娘)』第1集, 隆文館, 1926年5月, 東京〈大塚談話會同人巻頭言, 自序〉.
19	青柳南冥(青柳綱太郎)著,『조선사화와 사적(朝鮮史話と史蹟)』, 朝鮮研究會, 1926年7月, 京城(1926年9月再版, 東京都立中央図書館所蔵)〈序〉.
20	朝鮮山林會慶北支部編,『조선에서의 산림과 전설(朝鮮に於ける山林と傳説)』, 1926年9月, 大邱〈緒言〉.
21	鄭寅燮著,『温突夜話』, 日本書院, 1927年3月18日, 東京(22日 三版, 東京都立中央図書館所蔵)〈日夏耿之介序, レイモンド・バントック序, 序〉.
22	大阪六村(大坂六村)著,『경주의 전설(慶州の傳説)』, 芦田書店, 1927年4月, 東京(1932年版「改版に際して」에 따르면, 1930年六版을 내고, 1932年 慶州 田中東洋軒版(1939年3月 八版, 東京経済大學 所蔵), 1942年 京都 桑名文星堂 増補版)〈序文〉.
23	今村鞆著,『歴史民俗 朝鮮漫談』, 南山吟社, 1928年8月, 京城(1930年6月 二版)〈志賀潔序, 和田一郎序, 序〉.

24	中村亮平他編, 『支那·朝鮮·台湾神話傳説集』, 近代社, 1929年1月, 東京 (1934年4月 誠文堂版, 1938年12月 大洋社版五版, 大阪府立中央図書館所蔵, 1935年9月 大京堂『支那·朝鮮·台湾神話と傳説』)〈朝鮮神話傳説概観〉.
※25	萬里谷龍児編著, 『佛教童話全集 第七巻 支那篇三 附朝鮮篇』, 鴻盟社, 1929年2月, 東京〈서문 없음〉.
26	田中梅吉, 金聲律訳, 『興夫傳 朝鮮説話文學』, 大阪屋号書店, 1929年2月, 京城〈序, 興夫傳について〉.
27	田中梅吉他著, 『日本昔話集下 朝鮮篇』, アルス, 1929年4月, 東京〈朝鮮篇について〉.
28	近藤時司著, 『史話傳説 朝鮮名勝紀行』, 博文館, 1929年5月, 東京〈坪谷水哉序, 自序〉.
※29	永井勝三著, 『咸北府郡誌遺蹟及傳説集』, 會寧印刷所出版部, 1929年9月〈自序〉.
30	孫晋泰著, 『朝鮮民譚集』, 郷土研究社, 1930年12月, 東京〈自序〉.
31	八田己之助著, 『낙랑과 전설의 평양(楽浪と傳説の平壤)』, 平壤研究會, 1934年11月〈澤村五郎序, 自序〉.
※32	八田蒼明(八田己之助)著, 『전설의 평양(傳説の平壤)』, 平壤名勝旧蹟保存會, 1937年3月〈平壤名勝旧蹟保存會序, 序〉.
※33	八田蒼明(八田実)著, 『전설의 평양(傳説の平壤)』, 平壤商工會議所, 1943年7月〈自序, 八木朝久跋〉.
※34	社會教育會編(奥山仙三), 『日本郷土物語下』, 社會教育會, 1934年12月, 東京(1939年6月 五版)〈序〉.
※35	細谷清著, 『満蒙傳説集』, 満蒙社, 1936年6月, 東京(11月 三版)〈序〉.
※36	満洲帝国政府特設満洲事情案内所(谷山つる枝)編, 『만주의 전설과 민요(満洲の傳説と民謡)』, 満洲事情案内所, 1936年11月, 新京(1938, 1940年8月 改訂版, 1838年6月 東京松山房에서 谷山つる枝著 『満洲の習俗と傳説·民謡』)〈序〉.
※37	朴寛洙著, 『新羅古都 경주의 사적과 전설(慶州の史蹟と傳説)』, 博信堂書店, 1937年3月, 大邱(朝鮮語版『新羅古都 慶州附近の傳説』(京城清進書館, 1933年) 増補日本語版)〈巻頭言〉.

※38	曺圭容著, 『조선의 설화소설(朝鮮の説話小説)』, 社會敎育協會, 1940年 9月, 東京〈서문 없음〉.
39	張赫宙著, 『朝鮮古典物語 沈淸傳 春香傳』, 赤塚書房, 1941年2月, 東京 〈後記〉.
40	張赫宙著, 『童話흥부와 놀부(フンブとノルブ)』, 赤塚書房, 1942年9月, 東京〈読者におねがひ〉.
41	鐵甚平(金素雲)著, 『삼한 옛이야기(三韓昔がたり)』, 學習社, 1942年4月, 東京〈はしがき〉.
42	鐵甚平著, 『童話集 석종(石の鐘)』, 東亞書院, 1942年6月, 東京〈「石の鐘」のはじめに〉.
43	鐵甚平著, 『파란 잎(青い葉つぱ)』, 三學書房, 1942年11月, 東京〈「青い葉つぱ」のはじめに〉.
44	金素雲著, 『朝鮮史譚』, 天佑書房, 1943年1月(1943年8月再版), 東京〈序〉.
45	鐵甚平著, 『누렁소와 검정소(黄ろい牛と黒い牛)』, 天佑書房, 1943年5月, 東京〈はしがき〉.
46	三品彰英著, 『일선신화전설의 연구(日鮮神話傳説の研究)』, 柳原書店, 1943年6月, 大阪〈序〉.
47	申来鉉著, 『조선의 신화와 전설(朝鮮の神話と傳説)』, 一杉書店, 1943年9月, 東京〈河竹繁俊序, 秋葉隆序, はしがき〉.
48	金海相徳編, 『半島名作童話集』, 盛文堂書店, 1943年10月, 京城〈はじめに〉.
49	金海相徳編, 『朝鮮古典物語』, 盛文堂書店, 1944年6月, 京城(1945年再版)〈東原寅變序, 自序〉.
50	森川清人編著, 『朝鮮野談・随筆・傳説』, 京城ローカル社, 1944年3月〈はしがき〉.
51	豊野実(崔常壽)著, 『조선의 전설(朝鮮の傳説)』, 大東印書館, 1944年10月, 京城〈서문 없음〉.
52	朝日新聞社編(張赫宙), 『大東亜民話集』, 朝日新聞社, 1945年3月, 東京〈編者の言葉〉.

〈그 외〉

『傳説童話調査事項』(朝鮮総督府學務局調査報告書, 1913年, 釜山大學校図書館 所蔵).[27]

寺門良隆編『大正十二年傳説集』(1923, 新義州高等普通學校 2학년 日本語作文集).[28]

渋沢青花『朝鮮民話集』(社會思想社, 1980年)1927年頃 出版予定.[29]

〈版本未確認資料〉

野口小蟹『家庭教育 조선 옛이야기(朝鮮お伽噺)』, 日韓書房, 京城, 1914年6月 전후로 추정됨.[30]

『朝鮮童話』全三巻, 活文社, 京城, 1925年1月 전후로 추정됨.[31]

『民謡 童話 봄 친구(春の友)』, 1934年4月17日, 兵庫, 金基憲, 1,700部発行.[32]

27 김광식(金廣植)이 발굴한『傳説童話調査事項』은 1913년에 朝鮮総督府 學務局이 조선의 각도군에「朝鮮傳説·童話」을 보고시키고, 學務局 編輯課의 編修書記 오구라 심페이(小倉進平, 1882~1944년)가 관리했다고 판단되는 보고서 철이다. 현재 확인할 수 있는 자료는 함경북도, 강원도, 경상북도, 경기도의 일부 보고이지만, 1910년대 민간 전승을 정리한 자료집으로 그 가치가 높다. 1913年報告書는 조선어 및 일본어 교과서 수록과도 밀접하게 연관되어 있어 중요한 사료적 가치가 있다. 1913年報告書는 부산대학교 도서관에 소장되어 있는데, 해당 도서관에는 京畿道仁川府編『朝鮮傳説及童話』(p.155)도 소장되어 있었으나 현재는 행방을 알 수 없는 상태다. 다행히 강재철은 이 자료의 복사본을 소장하였고, 이를 번역 영인 출간하였다. 상세한 내용은 다음을 참고. 김광식(2013)「일본 문부성과 조선총독부 학무국의 구비문학 조사와 그 활용―1910년대, 1920년대 편집과 관계자의 경력을 중심으로―」, 『淵民學志』20, 연민학회; 강재철(2012)『조선전설동화』상하, 단국대학교 출판부.

28 石井正己(2007),『植民地の昔話の採集と教育に関する基礎的研究』, 東京學芸大學報告書의 자료편及び解説을 참고.

29 渋沢青花(1926),『台湾童話五十篇』, 東洋童話叢書第3編(東京第一出版協會에서「支那」, 티벳에 이어 속간되었고, 그 권말 광고에 第4編『朝鮮童話四十篇』을 예고했는데「출판사가 망해서」예정대로 간행할 수 없었다고 한다.)

30 高橋亨(1914),『朝鮮の俚諺集附物語』, 日韓書房의 권말広告에 보이는데, 広告掲載는 이 책에서만 보이며, 실제로는 간행되지 않았을 가능성이 높다.

31 『朝鮮童話』전 3권은 朝鮮総督府(田中梅吉),『朝鮮童話集』(1924年)을 바탕으로 삽화를 추가한 것으로 보인다. 金廣植(2010), 앞의 논문(「近代における朝鮮説話集の刊行とその研究」)을 참고.

32 梁永厚(2005·3),「戦前の在日朝鮮人の新聞,雑誌目録」,『関西大學人權問題研究室紀要』50, 関西大學人權問題研究室, p.60을 참고.

일찍이 조선설화에 주목한 이는 이와야 사자나미(巖谷小波, 1870~
1933)다. 사자나미는 연산인(漣山人)이라는 필명으로 1895년에「조
선의 옛날이야기(朝鮮のお伽話)」(『少年世界』)를 연재하였다.[33] 또
한, 사자나미는 1899년부터 간행된『세계의 옛날이야기(世界お伽
噺)』(博文館)와 1908년부터 간행된『세계의 옛날이야기 문고(世界
お伽文庫)』에도「돌의 행방(石の行方)」(아르노스(Arnous)의 독일어
판『조선 옛날이야기 및 구비(朝鮮お伽噺及口碑)』(1893)에 실린「신
기한 술통(不思議な酒樽), 일명(一名), 개와 고양이가 싸우는 유래
(犬猫不和の由来)」의 번안,「용궁의 사자(龍宮の使者)」(이인직의 일
본어역을 개작),「커다란 뱀의 꿈(大蛇の夢)」(아르노스의 홍길동전
번안),「별의 인연(星の縁)」(아르노스의「별의 사랑(星の愛)」을 번
안한 것으로, 견우와 직녀, 백학선전 등을 합성)을 소개하였다. 이
들은 청일전쟁 후 한반도에 대한 관심이 높아짐과 동시에 나타난
것이다.[34] 또한, 다카시마(高島捨太)편『화문영역집(和文英訳集)』(英
學新報社, 1903)에도「조선의 옛날이야기(朝鮮のお伽噺)」,「세 가지
소원(三の願)」의 두 이야기가 소개되어 있다. 최신담이지만, 요코
야마 겐노스케(横山源之助) 역시 1906년에「조선기담(朝鮮奇談)」
(『문예 구라부(文芸倶楽部)』11月~12月)을 연재하였다. 도리고에
신(鳥越信)편『일본 아동문학사 연표(日本児童文學史年表)』를 통독

33 鳥越信編(1975),『講座日本児童文學別巻1 日本児童文學史年表』1, 明治書院을 참고.
34 大竹聖美(2003),「巖谷小波と「朝鮮」」,『日本言語文化』3, 韓国日本言語文化學會와
    大竹聖美(2008),「이와야 사자나미와 근대한국」,『韓国児童文學研究』15, 한국아
    동문학학회를 참고.

하기만 해도 조선의 이야기를 산견할 수 있다. 선행연구에서는 언급되지 않았지만, 조선설화집으로써 가장 먼저 간행된 것은 우스다 잔운(薄田斬雲) 『암흑의 조선(暗黒なる朝鮮)』(1908)이다. 우스다는 「조선총화(朝鮮叢話)」라는 제목으로 「어리석은 토끼(兎の頓智)」, 「토끼의 꾀(兎の妙計)」, 「조선 우라시마(朝鮮浦島)」, 「뇌물의 시작(賄賂の始まり)」, 「말 도둑(馬盗人)」, 「궁수의 실수(弓ひきの失策)」 등 27화를 수록하였다.[35]

〈그 외〉에 추가로 기재한 데라카도 요시타카(寺門良隆, 1885~?) 편 『대정12년 전설집(大正十二年 傳説集)』은 신의주 고등보통학교의 2학년 학생들의 일본어 작문집이다. 이 작문집은 교원이었던 데라카도가 손수 엮은 것이다. 출판되지는 않았으나, 일본어 교육과 설화채집의 관계를 보여주는 자료로써 그 가치가 높다. 또한 데라카도는 야나기타 구니오(柳田国男)와 다카기 도시오(高木敏雄)가 편집한 『향토연구(鄉土研究)』에 보고를 행한 일도 있어 주목할 만한 가치가 있다.[36]

〈표 1〉과 마찬가지로, 52종의 자료집에는 설화, 전설, 동화, 야담, 기담, 야화, 사화, 사담, 만담, 민담, 옛날이야기 등의 용어를 사용되었고, 그 외에도 미신(속신), 수필, 가요, 속담집, 연구서 등도 포함

---

35 우스다의 경력에 대해서는 金廣植(2010), 「우스다 잔운과 한국설화집「조선총화」에 대한 연구」, 『童話와 翻訳』 20, 동화와 번역 연구소을 참고.

36 石井正己(2007), 『植民地の昔話の採集と教育に関する基礎的研究』, 東京學芸大學報告書; 石井正己編 崔仁鶴訳(2010), 『1923年 朝鮮説話集』, 民俗苑; 金廣植(2011), 「新義州高等普通學校作文集『大正十二年傳説集』に関する考察」, 石井正己編 『南洋群島の昔話と教育』, 東京學芸大學報告書를 참고.

되어 있다. 조선민속학을 확립시킨 자로 평가되는 손진태는 1927 년에 신화, 전설, 동화(옛날이야기(昔話)) 등 이론상의 구별이 필요 함을 인정하면서도, 현재 민담 속에 남아있는 신화, 전설, 동화, 고 담, 잡설 등을 통틀어 민담설화로써 취급할 수 있다고 서술하였 다.[37] 식민지 자료집의 특징 중 하나는, 신화, 전설, 옛날이야기 등 의 구분이 불명확한 채로 채집된 것이 많다는 점이다.[38]

그러나 이 52종 중에서 화자를 명시한 것은 2종에 불과하다. 이 런 점에서 근대 초기에 채집되긴 하였지만, 근대자료집으로는 일 정한 한계를 가지고 있는 것이 사실이다. 오늘날, 정보제공자가 확 인 가능한 자료는 20.조선산림회 경북지부『조선의 산림과 전설(朝 鮮に於ける山林と傳説)』(1926), 21.정인섭(鄭寅燮, 1905~1983)『온 돌야화(温突夜話)』(1927), 30.손진태(孫晋泰, 1900~?)『조선민담집 (朝鮮民譚集)』(1930)뿐이다. 20.조선산림회 경북지부는 응모당선작 을 모은 것으로, 1927년에 출판된 21.정인섭의 저서에서는 정보제 공자가 명시되어 있지 않지만, 해방 후에 간행된 개정판에서 그 출 처가 밝혀졌다. 식민지 시기에 정보제공자를 명기한 유일한 편자 (編者)는 손진태『조선민담집(朝鮮民譚集)』뿐으로, 그 자체만으로 도 가치가 높은 자료집이라 할 수 있다.

학생들의 일본어 작문을 엮은 데라카도의 자료집을 제외하고,

---

37 孫晋泰(1927·7),「朝鮮民間説話의 研究—民間説話의 文化史的 考察(1)—」,『新民』 27号, 신민사, p.122.

38 大正期까지는 帝国日本에 있어서도 神話·傳説·민담昔話의 구분은 불분명한 상황 이었다(久野俊彦(2009),「書きとめられた傳説—地誌·郷土誌と傳説集—」, 笹原亮二 編『口頭傳承と文字文化』, 思文閣出版, p.330).

일본인이 작성한 자료집 중에서 채집경로를 기록한 것은, 전후 출판된 시부사와 세이카(渋沢青花, 1889~1983)『조선민담집(朝鮮民話集)』(社會思想社, 1980)이 유일하다. 시부사와의 자료집에는 40화가 수록되어 있는데, 이것은 조선인으로부터 청취한 것, 한문, 일본어, 영문판에서 다시 모아놓은 것이다. 다카하시 도루(高橋亨), 오사카 긴타로(大坂金太郎) 등 한국어를 유창했던 구사할 수 있었던 편자도 있었으나, 거의 대부분의 일본인 편자들은 채집자로서 필요한 언어적 한계를 가지고 있었으며, 일본어를 구사할 수 있는 조선인(주로 학생, 조선인 교원)이나『삼국사기(三国史記)』(1145) 혹은『삼국유사(三国遺事)』(1285) 등의 고서를 의존하여 자료집을 펴냈음을 알 수 있다. 또한 김소운(金素雲)과 같이 직접 채집한 것이 아니라, 손진태(孫晋泰)나 오사카 긴타로(大坂金太郎) 등의 자료를 바탕으로 이를 개작한 자료집도 있는 등, 다양한 방법으로 간행되었음을 확인할 수 있다. 더욱이, 김소운(1908~1981)은 1933년 이와나미서점(岩波書店)에서『조선민담선(朝鮮民謠選)』과『조선동요선(朝鮮童謠選)』을 일본어로 번역하는 한편, 스스로 민요를 수집하여 일본어 번역의 기초가 되었고, 650페이지에 달하는『언문조선구전민요집(諺文朝鮮口傳民謠集)』(東京第一書房)을 한글로 간행하였다. 민요의 수집에 이어, 1940년대에는 조선설화를 수집하여 중앙공론사(中央公論社)에서 간행할 예정이었는데, 계획대로 진행되지 않았던 모양이다.[39]

---

39 김소운은 한글 잡지『문장(文章)』(1940년)의 광고란에「朝鮮傳説資料」이라는 제목 하에 다음처럼 資料提供을 요청했지만 기대와 달리 원고가 적었던 것으로 보인다.

이상과 마찬가지로, 식민지 시기 조선에서 한글과 일본어로 수
많은 조선설화집이 간행되었는데, 한글 등으로 간행된 설화집은
전근대적 〈재담·야담집〉의 전통이 강했음에 비해, 일본어로 간행
된 조선설화집은 소화가 많이 수록되어 있음에도, 옛날이야기집
(昔話集)과 전설집을 의식하여 간행되었음을 알 수 있었다. 그리고
이들의 편자는 조선총독부 학무국의 관계자와 조선의 교원이 많았
으며, 설화의 채집이 식민지 교육과 깊게 관련되어 있었음에도 유
의할 필요가 있다. 더불어, 한글과 일본어로 간행된 설화집의 편자
는 모두가 남성이었다. 이번 조사에 따르면, 식민지 시기에 조선설
화집을 간행한 여성은 없었다. 송금선(宋今璇, 1905~1987)은 1979
년에 조선동화를 「일본어로 정리하여, 1930년 경성일보(京城日報)
에 연재한 것」을 일본의 출판사에서 간행하였다.[40] 송금선의 『경성
일보(京城日報)』 연재를 제외한 모든 조선설화집은 남성이 편찬한
것임을 다시 한 번 인식할 필요가 있다.

4. 결론

본장에서는 한글, 국한문 등으로 간행된 조선설화집을 검토하
고, 일본어 조선설화집의 선행연구 및 서지를 분석하였다. 최근의
연구에 따라, 식민지 시기 한글 등으로 20종 이상의 〈재담·야담집〉

40　宋今璇(1979), 『お日さまとお月さま 韓国童話選』, 新教出版社, p.3; 宋今璇 編著, 『朝
鮮童話集』, 徳成女子大學出版部, 1978년.

이 간행되었음이 명확해졌다. 하지만, 일본어 조선설화집에 대한 선행연구는 서지를 포함해 기초적 연구가 미비한 상황이다. 이에 본장에서는 선행연구사를 비판적으로 검토하고, 새로운 자료 발굴을 통해 일본어 조선설화집에 대한 서지를 바로 잡아, 관련 설화 목록을 학계에 제공하였다.

더불어 한글설화집을 비교 검토하여, 새롭게 발견한 일본어 조선설화집과의 관련양상을 명확히 하였다. 새롭게 발견한 설화집의 내용을 전체적으로 개관하고, 그 성격을 논하였다. 일본어 조선설화집은 식민지 시기 간행되었으며, 조선설화가 제국일본 안에 존재하는 「일개 지방」의 설화로 자리 잡은 자료가 존재함에 유의하고자 한다. 자료집 중에서는 「제국일본설화집(帝国日本説話集)」 안에 조선 편으로 조선설화를 수록한 책이 적지 않게 간행되었다. 하지만, 이러한 제국설화집 안의 틀은 일관적인 것이 아니며, 식민지화 된 조선의 설화가 세계설화집 혹은 일본을 다루지 않는 동양설화집에 들어가는 경우도 있다. 일본어 조선설화집의 편자 및 출판사에게 있어서, 조선설화를 인식하는 틀은 공통되어 있지 않으며 조선설화가 제국일본설화 안에 편입되거나 세계 혹은 동양설화집에 편집되는 등 유동적인 성질을 가지고 있었음을 확인하였다. 중요 개별 설화집에 대한 구체적인 논의는 제2부에서 다루고자 한다.

참고문헌

〈한국어 단행본〉

金泳南(2006), 『同一性 想像의 系譜―近代 日本의 説話研究에 나타난 '民族'의 発見―』, J&C.

金容儀(2011), 『혹부리 영감과 내선일체』, 全南大學校出版部.

魯成煥(2010), 『日本神話와 古代韓国』, 民俗苑.

檀国大學校東洋學研究所編(2008), 『韓国近代民俗의 理解』1, 民俗苑.

安東大學校 人文科學研究所編(2009), 『東아시아와 韓国의 近代』, 月印.

安龍植編(2002), 『朝鮮総督府下 日本人官僚研究』全5卷, 延世大學社會科學研究所.

張德順(1978), 『説話文學概説』, 二友出版社.

曹喜雄(1989), 『説話學綱要』, 새문사.

崔雲植(2002), 『韓国叙事의 傳統과 説話文學』, 民俗苑.

〈한국어 논문〉

権赫来(2008), 「近代初期 説話·古典小説集 『朝鮮物語集』의 性格과 文學史的 意義」, 『韓国言語文學』64. 한국언어문학회.

朴美京(2009), 「日本人의 朝鮮民譚研究 考察」, 『日本學研究』28輯. 檀国大學校 日本學研究所.

申明淑(2000), 「説話研究史에 대한 批判的 省察」, 檀国大學校 『国文學論集』17輯, 단국대학교 국어국문학과.

李基勲(2002·6), 「1920年代'어린이'의 形成과 童話」, 『歴史問題研究』8号, 역사문제연구소.

石井正己編, 崔仁鶴訳(2010), 『1923年 朝鮮説話集』, 民俗苑.

任東權(1964·8), 「朝鮮総督府의1912年에 実施한『俚謡·俚諺及通俗的読物等調査』에 대하여」, 国語国文學會 『国語国文學』27, 국어국문학회.

張信(2006), 「朝鮮総督府 學務局 編輯課와 教科書 編纂」, 『歴史問題研究』16, 역사문제연구소.

張貞姫(2011), 「『조선어독본』의 '혹부리 영감'설화와 근대 아동문학의 영향 관계 고찰」, 『韓国児童文學研究』20, 한국아동문학회.

曹喜雄(2005), 「日本語로 쓰여진 韓国説話/韓国説話論」1, 『語文學論叢』24, 国民大學校 어문학연구소.

許敬震·임미정(2009), 「尹致昊『우순소리(笑話)』의 性格과 意義」, 『語文學』105, 한국어문학회.

金廣植(2010), 「우스다 잔운과 한국설화집『조선총화』에 대한 연구」, 『童話와 翻訳』20, 동화와 번역 연구소.

李市埈(2012·2), 「植民地期 日本人 作家, 우스다 잔운(薄田斬雲)의 朝鮮 見聞記에 관한 고찰―기생(妓生)관련 기술을 중심으로―」, 『외국문학연구』45, 한국외국어대학교 외국문학연구소.

〈일본어 단행본〉

『朝鮮総督府及所属官署 職員録』1910年~1943年(復刻版全33巻, 2009年, ゆまに書房)

渡部學·阿部洋編(1986~1991), 『日本植民地教育政策史料集成』(朝鮮篇)全69巻, 龍溪書舎.

石井正己(2007), 『植民地の昔話の採集と教育に関する基礎的研究』, 東京學芸大學報告書.

李淑子(1985), 『教科書に描かれた朝鮮と日本─朝鮮における初等教科書の推移[1895-1979]─』, ほるぷ出版.

薄田斬雲(薄田貞敬)(1908), 『暗黒なる朝鮮』, 日韓書房.

大阪国際児童文學館編(1993), 『日本児童文學大事典』全3巻, 第日本図書株式會社.

大村益夫·布袋敏博編(1997), 『朝鮮文學関係日本語文献目録 1882.4-1945.8』, 早稲田大學語學教育研究所大村研究室.

小倉進平(1943), 『言語と文字の上から見た内鮮関係』, 中央協和會.

貴田忠衛編(1935), 『朝鮮人事興信録』, 朝鮮人事興信録編纂部.

近代アジア教育史研究會編(1999), 『近代日本のアジア教育認識·資料篇[韓国の部]』全8巻, 龍溪書舎.

駒込武(1996), 『植民地帝国日本の文化統合』, 岩波書店.

小峯和明·増尾伸一郎編訳(2011), 『新羅殊異傳 散逸した朝鮮説話集』, 平凡社.

小峯和明編(2010), 『漢文文化圏の説話世界』, 竹林舎.

櫻井義之(1979), 『朝鮮研究文献誌─明治·大正編─』, 龍溪書舎.

末松保和(1980), 『朝鮮研究文献目録1868~1945 単行書編』, 影印版, 汲古書院初版1972年.

徐禎完·増尾伸一郎編(2010), 『植民地朝鮮と帝国日本』, 勉誠出版.

染谷智幸·鄭炳説編(2008), 『韓国の古典小説』, ぺりかん社.

孫晋泰(1930), 『朝鮮民譚集』, 郷土研究社(復刻版, 勉誠出版, 2009年).

高木敏雄(1974), 『増補 日本神話傳説の研究2』, 平凡社.

高崎宗司(2002), 『植民地朝鮮の日本人』, 岩波書店.

崔仁鶴(1976), 『韓国昔話の研究─その理論とタイプインデックス─』, 弘文堂.

朝鮮総督府(田中梅吉)(1924), 『朝鮮童話集』, 大阪屋号書店.

豊野実(崔常壽)(1944), 『朝鮮の傳説』, 大東印書舘.

金廣植(2014), 『植民地期における日本語朝鮮説話集の研究─帝国日本の「學知」と朝鮮民俗學─』, 勉誠出版.

〈일본어 논문〉

飯倉照平編(2003·3), 「南方熊楠·高木敏雄往復書簡」, 『熊楠研究』第5号, 南方熊楠資料研究會.

植田晃次(2010·3), 「朝鮮語研究會(李完応會長·伊藤韓堂主幹)の活動と民間団体としての性格」, 『言語文化研究』36, 大阪大學大學院言語文化研究科.

上田崇仁(1999), 『植民地朝鮮における言語政策と「国語」普及に関する研究』, 広島大學博士學位論文.

梶井陟(1980·11),「朝鮮文學の翻訳足跡(三)—神話,民話,傳説など—」,『季刊三千里』24
　　号, 三千里社.

齊藤純(1994·6),「傳説集の出版状況について—近現代の傳説の位置づけのために—」,
　　『世間話研究』5号, 世間話研究會.

増尾伸一郎(2010),「孫晋泰と柳田国男—説話の比較研究の方法をめぐって—」,『説話文
　　學研究』45, 説話文學會.

松田利彦(2010·1),「内務官僚と植民地朝鮮」,『思想』1029号, 岩波書店.

三ツ井崇(2008),「『三年峠』をめぐる政治的コンテクスト—朝鮮総督府版朝鮮語教科書
　　への採用の意味—」,『佛教大學総合研究所紀要』, 佛教大學総合研究所, 2008別冊.

金廣植(2011),「高橋亨の『朝鮮の物語集』における朝鮮人論に関する研究」,『學校教育學
　　研究論集』24, 東京學芸大學.

李市埈(2010),「韓国における説話文學の研究の現況」,『説話文學研究』45, 説話文學會.

金廣植,李市埈(2012),「植民地期日本語朝鮮説話採集に関する基礎的考察」,『日語日文學
　　研究』第81輯, 韓国日語日文學會.

李市埈,金廣植(2012),「日帝強占期における日本語朝鮮説話集の刊行とその書誌」,『日本
　　言語文化』第21輯, 韓国日本言語文化學會.

金廣植(2013),「帝国日本における「日本」説話集の中の朝鮮と台湾の位置付け—田中梅
　　吉と佐山融吉を中心に—」,『日本植民地研究』25, 日本植民地研究會.

식민지 시기 일본어 조선설화집에 관한
기초적 고찰 2

식민지 시기 일본어
조선설화집 기초적 연구

식민지 시기 일본어 조선설화집에 관한 기초적 고찰 2

1. 서론

본서에서는 「식민지 시기에 채집된 일본어 조선설화집」(이하, 일본어 조선설화집이라고 약기함)의 서지를 밝히고, 그 내용 및 성격을 고찰하고자 한다. 본서에서 다루고자 하는 「조선설화집」은 조선에서 조선인 사이에 전승된 설화(구전설화, 문헌설화)를 의미하며, 일본어 단행본에 국한된다.

일본어 조선설화집 중에는 전근대 혹은 근대야담집을 일역한 것이 있는가 하면, 조선인 학생의 일어 작문 및 현지조사를 통하여 「구전설화」를 채집한 것도 있다. 선행연구가 지적한 바와 같이 조선설화 연구는 20세기 초부터 일본인 학자에 의해 선도되어, 연구의 방향이 결정된 측면이 있다.[1] 조선설화에 관한 연구는 식민지 시기에 본격적으로 행해져 그 후의 조선인 연구에도 자극을 주어 일정한 영향을 주기도 하였고 반발을 사기도 하였다. 식민시기에 일본어로 간행되었다는 점에서, 일본어 조선설화집은 식민지 지배와 무관하게 출판된 것이 아니라는 점은 이론의 여지가 없다. 그러나 후술하는 50종의 설화집은 각각 편자의 다양한 의도로 편찬되었다는 사실도 간과할 수 없는 사실이기도 하다. 본장에서는 그러한 다양성을 염두에 넣고 각각의 설화집의 성격 및 내용을 정리하고자 한다.

해방 후, 일본어 조선설화집에 관한 연구는 장기간 진척이 없었지만, 근년 관심있는 연구자에 의해 서서히 주목받기 시작하고 있다. 이제까지의 선행연구는 근대초기에 채집된 자료의 중요성을 인식하여 그 내용을 검토했다는 점에서 큰 의의가 있다고 하겠으나, 서지에 관해서는 불충분한 점이 있어 치명적인 문제점을 안고 있다. 이에 본장에서는 우선 단행본으로 간행된 자료를 중심으로 구체적인 서지를 작성하는 일부터 시작하고자 한다.[2] 단 최근에 식민지 시기간 중에 한글로 쓰인 소화(笑話) 중심의 〈才談·野談集〉이 30종 이상 간행된 사실이 밝혀졌다.[3] 이에 본고에서는 한글로 간

---

1 曺喜雄(2005),「日本語로 쓰여진 한국설화/한국설화론(1)」,『語文學論叢』24, 국민대학교 어문학연구소.

2 식민지 시기일본어 조선설화집에 관한 선행연구 및 그 서지에 관한 것에 대해서는 李市埈·金廣植(2012),「植民地期における日本語朝鮮説話集の刊行とその書誌」,『日本言語文化』21輯, 韓国日本言語文化學會 참조(본서에 수록됨).

3 鄭明基(2008),「日帝治下 才談集에 대한 再檢討」,『国語国文學』149号, 국어국문학회.; 金埈亨(2008),「近代轉換期 野談의 前代野談 受容態度」,『韓国漢文學研究』41, 한국한문학회를 참조.

행된 설화집도 시야에 넣고자 한다.

2. 식민지 시기 일본어 조선설화집의 서지

필자는 새로운 자료를 발견하여 서지를 보충하였으며, 1945년 해방까지 52종(개정판을 제외한 확인이 된 판본자료에 국한해서)이 간행되어, 많은 경우 판을 거듭한 사실을 확인할 수 있었다. 우선 식민지 시기에 간행된 일본어 조선자료집의 전체상을 앞의 제1장 〈표 1〉 일본어 조선자료집 목록과 같이 작성해 보았다.

조선 설화에 일찍 주목한 사람은 아동문학가 이와야 사자나미(巖谷小波, 1870~1933)이다. 사자나미는 연산인(漣山人)이라는 필명으로 1895년에 「조선의 동화(朝鮮のお伽話)」(『少年世界』)를 연재했다.[4] 이것은 청일전쟁 후의 조선 반도에 대한 관심이 고조된 사실과 무관하지 않다. 조선설화집으로써 처음으로 간행된 것은 우스다 잔운(薄田斬雲(貞敬), 1877~1956)의 『암흑의 조선(暗黑なる朝鮮)』이다.[5]

52종의 자료집은 설화, 전설, 동화, 야담, 奇談(譚), 夜話, 史話, 史

---

4 鳥越信編(1975), 『講座日本兒童文學別卷1 日本兒童文學史年表』1, 明治書院을 참조.
5 정확하게는 『암흑의 조선(暗黑なる朝鮮)』에 수록된 「조선총화」. 薄田에 대해서는 金廣植(2010), 「薄田斬雲과 韓国説話集『朝鮮叢話』에 대한 연구」, 『童話와 翻訳』20, 동화와 번역 연구소를 참조.

譚, 漫談, 民譚, 무카시바나시(昔話), 모노가타리(物語) 등의 용어를
사용하여 간행되었고, 그 외 미신(俗信)·隨筆·歌謠·俚諺集, 硏究書
등도 포함되어 있다. 식민지자료집의 특징 중의 하나로 神話·傳説·
민담 등의 구분이 명확하지 않은 채로 채집된 경우가 많다는 점을
들 수 있겠다.[6]

제1장 〈표 1〉 일본어 조선자료집 목록은 자료집에 국한하여 쓴
것인데, 〈목록 1〉과 같이 자료집으로써 분류할 수는 없지만 조선설
화를 일부 수록한 단행본도 다수 간행되었다.

〈목록1〉 일본어 조선설화가 일부 수록된 단행본 목록

---

1. 遲塚麗水(金太郎), 「新羅国の三王」, (高橋省三編『少年雅賞』學齡館,
   東京, 1893年5月)
2. 福島史朗(北溟), 『李朝と全州』, 共存舍, 全州, 1909年9月(太祖에 관
   한 일화)
3. 足立栗園, 『朝鮮新地誌』, 積善館, 大阪, 1910年12月(兪氏와 호랑이,
   명나라 太祖出身地, 호랑이와 孝子, 義狗塚과 義牛塚)
4. 竹内直馬, 『朝鮮金剛山探勝記』, 冨山房, 東京, 1914年8月(楡岾寺傳
   説)
5. 酒井政之助, 『発展せる水原』, 坂井出版部, 水原, 1914年9月(1923年
   10月, 傳説)
6. 今村鞆, 『朝鮮風俗集』, 斯道館, 京城, 1914年11月(1915年10月再版,
   朝鮮人의 俗傳 등)

---

6 大正期(1912-1926)까지는 제국일본에서도 신화, 전설, 민담의 구분이 명확하지
  않았다. 久野俊彦(2009), 「書きとめられた傳説─地誌·郷土誌と傳説集─」, 笹原亮二
  編『口頭傳承と文字文化』, 思文閣出版, p.330 참조.

7. 小田原正人(萬里), 『平壤風景論』, 朝鮮研究會, 京城, 1917年6月(平壤의 古事傳説)

8. 飯塚啓, 『趣味の動物』, 日進堂, 東京, 1921年2月(까치 다리)

9. 藤澤衛彦, 『日本傳説研究』全8巻, 大鐙閣(1-2巻), 六文館(3-6巻), 三笠書房(7-8巻), 東京, 1921-1935年(선녀와 나무꾼 등)

10. 三井兵治編, 『ポンユウ』, 東京新進堂, 1922年7月(까치 다리, 고구마(孝行薯))

11. 松本苦味(圭亮)編, 『馬の玉子 滑稽童話集』, 実業之日本社, 東京, 1923年7月(大佛의 재채기)

12. 玄公廉編, 『日鮮雑歌及才談』上, 大昌書院, 京城, 1923年12月(1924年2月版, 笑話)

13. 青柳南冥(青柳綱太郎)編, 『朝鮮文化史 大全』, 朝鮮研究會, 京城, 1924年2月(野談)

14. 廣瀬憲二, 『古朝鮮と平壤』, 平安南道教育會, 平壤, 1924年5月(壇君 등)

15. 川口卯橘, 『咸北雑俎』, 京城済世協會, 1924年8月(咸北傳説)

16. 吉岡堅太郎, 『鶏の林』, 大海堂, 京城, 1924年12月(新羅傳説, 不死의 薬水)

17. 芦田恵之助, 『尋常小學国語小読本』全10巻, 芦田書店, 東京, 1924-7年

18. 이사벨라 버드 비숍(工藤重雄抄訳), 『三十年前の朝鮮』, 東亜経済時報社, 京城, 1925年1月(7月再版, 金剛山楡岾寺仏像)

19. 高木敏雄, 『日本神話傳説の研究』, 岡書院, 1925年5月(1927年9月再版, 1943年9月荻原星文館版)

20. 加藤美侖編, 『一二年生の小供に聞かせる話』, 誠文堂書店, 東京, 1925年6月(불가사의한 대불大仏)

21. 松本武正·加藤倹吉(松林), 『金剛山探勝案内』, 亀屋商店, 京城, 1926年4月(선녀와 나무꾼, 楡岾寺傳説)

22. 亀岡栄吉, 『四季の朝鮮』, 朝鮮拓殖資料調査會, 京城, 1926年10月(12月五版, 新羅傳説 등)

23. 亀岡栄吉, 『咸鏡線』, 朝鮮拓殖資料調査會, 京城, 1927年3月(傳説 기

요마사淸正와 기생)

24. 西村眞次,『神話學槪論』, 早稻田大學出版部, 1927年11月(선녀와 나무꾼)

25. 朝鮮総督府鉄道局,『金剛山探勝案内』, 1928年5月(선녀와 나무꾼)

26. 難波專太郎,『朝鮮風土記』, 大阪屋号書店, 京城, 1928年10月(불효 청개구리, 내기 장기將棋 등)

27. 岡田貢,『日常生活上より見たる内鮮融和の要諦』, 京城出版舍, 京城, 1928年10月(1929年1月에 朝鮮事情調査會에서 二版을 냄, 선녀와 나무꾼, 호랑이 이야기 등)

28. 淸水兵三,『朝鮮料理を前にして』, 京城旅行案内社, 1928年10月(기 생 情話)

29. 島津久基,『羅生門の鬼』, 新潮社, 東京, 1929年6月(竹王型傳説)

30. 中村亮平,『朝鮮慶州之美術』, 芸艸堂, 京都, 1929年8月(慶州傳説)

31. 高橋源太郎,『対話漫談 朝鮮ってどんなとこ』, 朝鮮印刷株式會社, 京 城, 1929年9月(1930年4月九版, 慶州傳説)

32. 萩森茂編,『京城と仁川』, 大陸情報社, 京城, 1929年12月(1930年5月에 同出版社에서『朝鮮の都市 京城と仁川』 출판 1931年4月二版, 선녀와 나무꾼, 협기俠妓 논개論介)

33. 小西栄三郎,『最新朝鮮満洲支那案内』, 聖山閣, 東京, 1930年7月(慶州傳説)

34. 栗田茂治,『朝鮮の話』, 玉川學園出版部, 東京, 1930年8月(부모를 버 린 남자)

35. 前野福藏,『朝鮮の文化と迷信』, 柳生堂, 山口県, 1930年8月(檀君, 済州島의 시조 등)

36. 田中万宗,『朝鮮古蹟行脚』, 泰東書院, 東京, 1930年10月(梵魚寺, 平壌傳説)

37. 孫晋泰,『朝鮮神歌遺篇』, 郷土研究社, 東京, 1930年10月

38.『小田幹治郎遺稿』, 中外印刷株式會社, 神戸市, 1931年3月(檀君, 언 니의 꿈을 산 김유신의 여동생, 三姓穴)

39. 遠捨藏,『慶北沿線発展誌』, 東洋印刷株式會社, 東京 1931年5月(金泉傳説紗帽岩, 韓池=阿也池, 韓丈者墟)

40. 大坂六村,『趣味の慶州』, 慶州古蹟保存會, 1931年9月(1934年10月再版, 1939年7月版, 慶州傳説)

41. 前田寛,『金剛山』, 朝鮮鉄道協會, 京城, 1931年9月(선녀와 나무꾼)

42. 孫晋泰,『莫葉志諧』, 三文社, 東京, 1932年4月(笑話)

43. 雄山閣編輯局,『異説日本史 傳説編』, 第11巻, 東京, 1932年5月(선녀와 나무꾼)

44. 平安南道教育會,『平壌小誌』, 平安南道教育會, 平壌, 1932年7月(1933年7月版, 1936年1月版, 1938年9月版, 平壌府에서 1938年9月版, 檀君 등)

45. 吉川萍水(文太郎),『妓生物語』, 半島自由評論社, 京城, 1932年12月

46. 奥山盛孝・増子俊・中山豊喜,『平安北道郷土誌』, 平安北道教育會, 1933年5月(1934年2月二版)

47. 大態瀧三郎,『金剛山探勝案内記』, 谷岡商店印刷部, 京城, 1934年8月(젊는 스님 浄然과 蛇精, 선녀와 나무꾼, 五十三仏의 유래)

48. 朝鮮総督府鉄道局,『朝鮮旅行案内記』, 京城, 1934年9月(선녀와 나무꾼 등, 金剛山傳説)

49. 田中正之助, 加藤安正,『浦項誌』, 朝鮮民報社浦項支局, 1935年10月(慶州, 浦項傳説)

50. 公州公立高等普通學校々友會(軽部慈恩)編,『忠南郷土誌』, 京城, 1935年11月(忠清南道傳説)

51. 朝鮮総督府(村山智順),『民間信仰第一部 朝鮮の鬼神』, 朝鮮総督府, 1929年3月(1929年7月版, 鬼神説話19話)

52. 朝鮮総督府(村山智順),『民間信仰第二部 朝鮮の風水』, 朝鮮総督府, 1931年2月(風水傳説12話)

53. 朝鮮総督府(善生永助),『生活状態調査其四 平壌府』, 朝鮮総督府, 1932年4月

54. 朝鮮総督府(善生永助),『生活状態調査其七 慶州郡』, 朝鮮総督府, 1934年2月

55. 朝鮮総督府(村山智順),『朝鮮の郷土神祀第一部 部落祭』, 朝鮮総督府, 1937年5月(祭神・神域・祭祀에 관한 由来傳説)

56. 今村鞆,『人蔘神草』, 朝鮮総督府専売局, 1933年5月(5月二版, 人参의

59

神話傳説)

57. 朝鮮総督府中枢院(今村鞆),『朝鮮風俗資料集説 扇 左繩 打毬 匏』, 朝鮮総督府中枢院, 1937年3月(바가지에 관한 동화적인 이야기)

58. 今村鞆,『人蔘史』, 六巻, 朝鮮総督府専売局, 1939年3月(朝鮮의 人蔘傳説)

59. 小栗信蔵,『載寧郡郷土誌』, 載寧郡教育會, 1936年9月(傳説 및 俚謡)

60. 佐藤武, 三木格二共著,『朝鮮版 宗教の知識』, 稲光堂書店, 東京, 1936年10月(鬼神, 風水説話)

61. 大邱府教育會(竹尾款作),『大邱読本』, 大邱府教育會, 1937年1月(李公堤, 七星岩, 미꾸라지 우물)

62. 禮山郡教育會,『禮山郡誌』, 禮山郡教育會, 1937年3月(傳説)

63. 京畿道,『京畿地方の名勝史蹟』, 朝鮮地方行政學會, 京城, 1937年7月(京畿道傳説)

64. 黄海道教育會編,『黄海道郷土誌』, 帝国地方行政學會朝鮮本部, 京城, 1937年12月(黄海道傳説)

65. 赤松智城, 秋葉隆編,『朝鮮巫俗の研究』上下, 大阪屋号書店, 京城, 1937-8年

66. 今村鞆,『古稀自祝記念出版 螺炎随筆 鼻を撫りて』, 朝鮮印刷株式會社, 京城, 1940年7月(笑話, 李朝太祖太宗에 관한 傳説 등)

67. 朝鮮研究社編,『躍進之西鮮』, 朝鮮研究社, 京城, 1940年10月(檀君 등)

68. 朝鮮総督府情報課編,『前進する朝鮮』, 朝鮮総督府情報課, 1942年3月(三姓穴, 선녀와 나무꾼)

69. 難波専太郎,『朝鮮風土記』上下, 建設社, 東京, 1942-1943年(도깨비 관련 傳説 등)

70. 上田龍男(李栄根),『すめら朝鮮』, 日本青年文化協會, 東京, 1943年11月(檀君, 三姓穴, 선녀와 나무꾼 등)

71. 鈴木栄太郎,『朝鮮農村社會踏査記』, 大阪屋号書店, 東京, 1944年5月(義興 朴氏의 由来전설)

〈목록 1〉과 같이 朝鮮総督府의 調査報告書, 紀行文, 郷土誌·地方誌 등에서 조선설화가 소개되어, 조선을 이해하기 위한 자료로써 크게 주목을 받고 있음을 확인할 수 있다. 그 중에서도 慶州관련 전설 및 선녀와 나무꾼 설화가 많이 채집되었다. 선녀와 나무꾼 설화가 개별설화로는 가장 많이 수록되었는데, 이는 일본과 조선에서 공통적인 유형의 설화로써 주목을 받았기 때문이다.

3. 일본어 조선설화집의 시대구분과 분류

본 절에서는 일본어 조선설화집 간행을 시대적으로 구분해 보고자 한다. 박현수는 제국일본의 조선조사의 시대별 전개를 다음과 같이 5기로 나누고 있다.[7] 제 1국면(1868~1894)은 조선의 개항 및 침략을 위한 모험적인 탐정을 행한 시기. 제 2국면(1894~1905)은 조사의 조직화와 전문적인 조사단체가 나타난 시기. 제 3국면(1905~1919)은 식민지 통치체제의 확립을 위해 연구를 행한 시기. 제 4국면(1919~1931)은 사회문화의 실태에 대한 경험적인 조사를 행한 시기. 제 5국면(1931~1945)은 통치체제 강화를 위한 조사를 행한 시기 등이다.

박현수의 시대구분은 조선에 대한 제국일본의 학지(學知)의 전

---

7 朴賢洙(1993), 『日帝의 朝鮮調査에 관한 研究』, 서울대학교 대학원 박사학위논문; 朴賢洙(1998), 「韓国文化에 대한 日帝의 視角」, 『比較文化研究』 4号, 서울대학교 비교문화연구소, p.38 참조.

개를 잘 드러내고 있다. 박현수는 제1국면부터 제5국면까지를 1894年, 1905年, 1919年, 1931年을 분기점으로 나누고 있어 연도의 중복이 생겼는데, 필자는 자료 분석의 편의상, 연도의 중복을 피하여 구분하고자 한다. 한편, 제1국면(1868~1894)과 제2국면(1894~1905)의 시대구분은 분명 의미가 있지만, 근대 일본어 조선설화집 중에서 가장 빠르게 간행된 설화집이 1908년임을 염두에 두고, 다음과 같이 3기로 나누고자 한다.

제1기(1908~1918)는 일본어 조선설화집의 성립기로 조선(인)의 안내서로써 설화집이 간행된 시기이다. 전술한 바와 같이 1894년의 청일전쟁 전후에 조선에 대한 관심이 고조되어 이와야 고나미(巖谷小波) 등에 의해 처음으로 조선설화가 일본에 소개되기 시작했는데, 조선 현지에서의 채집을 통한 설화집의 간행은 1908年부터이다. 이 시기의 자료집은 조선 및 조선인을 알리기 위한 목적으로 간행되었으며, 설화 속에서 조선의 민족성의 원형을 찾을 수 있다는 주장 하에, 조선(인)론으로써의 자료집이 간행되었다는 특징이 있다.[8] 제1기에 속하는 7종의 일본어 조선설화집 중, 才談·野談集이 2종, 구전설화집 5종이 간행되었다.

제2기(1919~1930)는 일본어 조선설화집의 발전기로, 아동중심주의 영향을 받아 동화 및 구전설화가 주목을 받은 시기이다.[9] 1919

---

8 초기설화집과 조선(인)론과의 관계에 대해서는 다음의 논문을 참조. 金廣植(2010), 「우스다 잔운(薄田斬雲)과 韓国説話集『朝鮮叢話』에 대한 연구」, 동화와 번역 연구소; 金廣植(2011), 「高橋亨の『朝鮮の物語集』における朝鮮人論に関する研究」, 『學校敎育學硏究論集』 24, 東京學芸大學 등.

9 1920年代에 조선에서 전개된 아동중심주의 교육에 관해서는 다음의 논문을 참조.

年3月에 일어난 '3.1 운동'에 의해 조선총독부는 '무단 정치'에서 '문화 정치'로 식민지정책을 수정하지 않을 수 없었다. 1920년대에는 아동중심주의가 식민지 조선에서도 주목을 받게 되어, 자연히 '동화교육'의 중요성도 커짐에 따라 조선설화가 주목을 받은 시기이다. 또 제2기는 가장 많은 일본어 조선설화집이 간행된 시기이기도 하다. 23종의 자료집 중, 才談·野談集 5종, 구전설화집 10종, 전설집 7종, 그 외 1종이 간행되었으며, 구전설화집이 가장 많이 간행되었다. 〈목록 1〉에서도 알 수 있듯이 많은 자료가 제2기에 간행되었으며, 조선설화가 가장 광범위하게 채집된 시기이다.

제3기(1931~1945)는 일본어 조선설화집의 확대기로, 조선(인) 안내서 및 식민지 아동을 위한 교육서로의 성격이 약화되고, 대륙침략의 확대와 함께 전시체제강화를 위해 설화가 활용된 시기이다. 제3기는 22종의 자료 중, 才談·野談集 1종, 구선설화집 5종, 전설집 10종, 그 외 6종이 간행되었으며, 傳說集이 가장 많이 간행된 시기이다. 또 1931年에서 1941年까지는 구전설화집이 1종도 간행되지 않았다.

일본어 조선설화집의 내용과 성격을 검토함에 있어, 우선 52종의 자료집의 성격을 기준으로 분류해 보고자 한다. 〈표 2〉는 일본어 조선설화집의 내용을 분석하여 그 성격에 의해 분류를 시도한 것이다. 자료집의 3분의 2이상이 구전설화·傳説集을 의식해서 간행된 것임을 알 수 있다.

伊東沙織(2009), 「植民地朝鮮における「児童中心主義教育」の展開―1920年代の官·公立普通學校を中心に―」, 東京大學大學院人文社會系研究科석사학위 논문.

<표 2〉 일본어 조선설화집의 분류

	才談·野談集	구전설화집昔話集	傳説集	그 외
資料集	4.青柳綱太郎 5.楢木末実 10.山崎日城 13.崔東州 14.田島泰秀 19.青柳綱太郎 23.今村鞆 50.森川清人	1.薄田斬雲 2.高橋亨 3.石井研堂 6.稲垣光晴 7.榎本秋村 9.松本苦味 11.八島柳堂 12.樋口紅陽 15.朝鮮総督府) 16.松村武雄 17.中村亮平 18.立川昇蔵 21.鄭寅燮 27.田中梅吉 30.孫晋泰 42, 43, 45.鐵甚平 48.金海相徳 52.朝日新聞社	8.三輪環 20.朝鮮山林會 21.大坂金太郎 24.中村亮平 25.萬里谷龍児 28.近藤時司 29.永井勝三 31.八田己之助 32.八田蒼明 33.八田蒼明 34.社會教育會 35.細谷清 36.満洲事情案内所 37.朴寬洙 41.鐵甚平 47.申来鉉 51.豊野(崔常壽)	26.田中梅吉 38.曺圭容 39.張赫宙 40.張赫宙 44.金素雲 46.三品彰英 49.金海相徳
計	8	20	17	7

제1장〈표1〉의 항목과 동일

우선, 한글 등으로 간행된 〈才談·野談集〉과 어느 정도 관계가 있
는 일본어 조선자료집은 8종임을 확인할 수 있다. 〈표 2〉의 13.崔東
州는 초역본이며, 4.아요야기 쓰나타로(青柳綱太郎)는 주로『青邱野
談』에 수록된 한문설화를 일본어로 훈독한 것이다.[10] 또 14.다지마
야스히데(田島泰秀)는 한글본『瑤池鏡』(朴熙寬, 1910)과『開卷嬉嬉』

10 西岡健治(2008),「日本への韓国文學の傳来について(戰前編)」, 染谷智幸·鄭炳説編
『韓国の古典小説』, ぺりかん社, p.305.

(崔昌善, 1912)에서 많은 소재를 가져왔고, 그 외 5, 10, 19, 23, 50의 경우도 조선의 당시 상황과 밀접하게 관련되어 있으며, 이들 8종 모두가 경성에서 출판되었다는 점이 이를 잘 설명해주고 있다.

한편, 이른 시기에 채집된 일본어 조선설화집을 분석해보면 조선의 민간에서 소화笑話·神異談이 많이 채집되었음을 알 수 있다. 가령 우스다 잔운(薄田斬雲)의 『암흑의 조선(暗黒なる朝鮮)』의 경우, 총 26화 중, 소화가 11화, 신이담이 10화가 수록되어 있다. 또한 다카하시 도루(高橋亨)의 『조선이야기 및 속담(朝鮮の物語集附俚諺)』의 경우 총 28화 중, 소화가 9화, 신이담이 8화가 수록되어 있다.[11] 또한 30.손진태의 경우도 寓話·頓智説話·笑話에 속하는 계47화의 설화를 수록하고 있는 것을 고려해 볼 때, 소화가 널리 민간에 전승되고 있음을 확인할 수 있다. 수록된 설화가 소화적 요소는 강하지만, 그 내용은 근대적 구전설화·傳説集을 의식해서 간행되었다고 할 수 있겠다. 한글 설화집과 일본어 조선설화집의 상관관계를 나타낸 것이 〈그림 1〉이다.

〈그림 1〉과 같이 식민지 시기 조선에서 한글로 간행된 자료집은 〈才談·野談集〉이 중심이며, 한편 일본어 조선설화집에는 소화 등이 많이 수록되어 있지만, 구전설화·傳説集이 많아 내용상으로 차이가 있다는 사실을 명확히 알 수 있다. 특히 52종의 일본어 조선설화집 중, '傳説'이라는 용어가 제목으로 사용된 설화집이 17종에 이르고 있어, 전설에 대한 관심이 높았음을 확인할 수 있다. 이에 반해

---

11 金廣植(2010), 「우스다 잔운(薄田斬雲)과 韓国説話集「朝鮮叢話」에 대한 연구」, 동화와 번역 연구소를 참조.

한글설화집 중 '전설'이라는 용어를 제목으로 사용하는 예는 찾아볼 수 없다.[12] '전설'에 이어 '동화'라는 용어가 사용된 예는 12종인데, 그 대부분은 구전설화로 분류될 수 있는 것이다.

〈그림1〉 한글 설화집과 일본어 설화집과의 관계

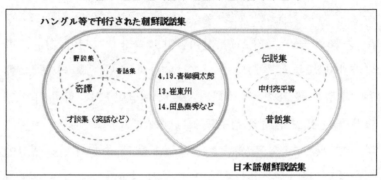

4. 일본어 조선설화집의 범위 및 추이

일본어 조선설화집은 우스다 잔운『암흑의 조선(暗黑なる朝鮮)』을 제외하고, 모두 식민지 시기에 간행된 것으로 식민지라는 시대적 배경 속에서 탄생한 것이다. 당시의 조선은 제국일본에 강제로 편입되

---

12 이제까지의 조사에 의하면, 1945년 해방 전에 한글로 간행된 설화집 중, 傳說이 붙는 설화집은【표2】의 37.朴寬洙『新羅古都 慶州の史蹟と傳說』이전에 한글로 간행된『新羅古都 慶州附近の傳說』(1933, 京城淸進書館), 金松編(1943)『傳說野史集』(野談社), 李弘基(1944)『朝鮮傳說集』(朝鮮出版社) 3권뿐이다.

었으며, 조선설화의 편집이 조선의 '지지(知)의 지배'의 연장선에서 전개되었다는 사실을 고려하지 않으면 안 된다. 제국일본설화집 안에 조선설화가 포함된 사실 자체가 이러한 점을 단적으로 말해주고 있는 것이다. 〈그림 2〉와 같이 3.이시이 겐도(石井研堂, 1865~1943)는 '내지(=일본 본토)' 설화뿐 아니라 계속해서 류큐(琉球), 대만(台湾), 홋카이도(北海道), 가라후토(樺太)의 설화와 함께, 「비새는 낡은 집(古屋の漏り)」으로 알려진 조선의 설화 「호랑이의 실책(虎の失策)」을 수록하고 있다.[13] 또한 16.마쓰무라 다케오(松村武雄)와 27.다나카 우메키치(田中梅吉)에도 '일본'설화집에 조선설화가 포함되었다.

〈그림 2〉 조선설화집의 범위

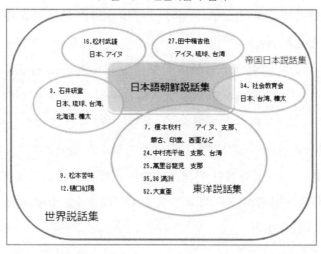

67

　이상과 같이 '한국병합'과 함께 제국일본설화집에 강제수록된 자료집이 있는가 하면, 1920년대 초에는 9.마쓰모토 구미(松本苦味, 1890~1923)와 12.히구치 고요(樋口紅陽)를 같이 세계설화집에 포함시켜, 조선설화를 독자적으로 파악하고 있어 주목된다. 세계설화집과 함께 동양('支那', '満洲', '大東亜') 설화 속에 포함된 것도 6종이 있다. 7.에노모토 슈손(榎本秋村), 24.나카무라 료헤이(中村亮平), 25.만리야 류지(萬里谷龍児)의 경우는 내지(內地)의 설화는 포함되지 않고, 조선과 대만등의 외지 및 아이누 설화가 수록되었다. 35.호소야 기요시(細谷清), 36.満洲事情案内所(다니야마 쓰루에(谷山つる枝)), 52.朝日新聞社(張赫宙)는 총력전체제가 강화되는 과정의 산물로써 특히 만주설화집에는 고구려의 설화가 만주설화에 편입되었으며, 만주국 성립에 의해, 고구려 설화가 다시 주목을 받게 되었음을 확인할 수 있다.

　〈그림 2〉와 같이 조선설화는 시대적 상황에 의해 그 범주가 유동적이며, 편자나 출판사의 의도에 의해 변동될 수 있었던 것이다. 이와 같이 조선설화는 상황에 따라 때로는 제국일본의 설화집에, 때론 세계 혹은 동양설화집에 포함되는 가변적인 것이었다.

　일본어 조선설화집의 간행은 1910年代까지 8종에 머물렀지만, 1920年代는 18종이나 간행되었고, 1930年代에 6종, 1940년대에 16종이 간행되었다.

〈그림 3〉 地域別発行数

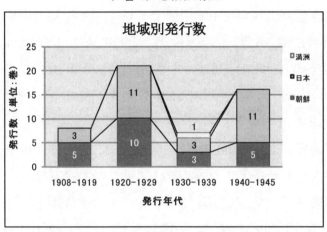

또한 발행된 장소는 조선이 23종, 일본이 28종, 만주가 1종이다. 〈그림 3〉과 같이 조선과 일본의 경우 큰 차이는 없지만, 1940年代는 일본에서 2배 이상 간행된 점이 주목된다. 1930年代 중반 이후, 총력전체제가 강화되는 과정 속에서 검열이나 물가 부족 등으로 조선에서의 출판사정이 어려워졌다. 한편, 내지(內地) 일본에서는 1930년대 중반이후 조선의 고전 「春香傳」등을 비롯해서 '조선 붐'이 일어나, 문학(소설, 시 등), 영화와 함께 조선설화집이 많이 간행되었다고 판단된다.[14]

---

14 1940년대 제국일본의 조선 붐에 대해서는 다음 논문을 참고 하였다. 신하경 (2011), 「日帝末期'조선붐'과 植民地映画人의 欲望」, 『아시아 文化研究』 23輯, 暻園大學校; 梁東国(2011), 「帝国日本 속의〈朝鮮詩 붐〉」, 『아시아 文化研究』 23輯, 暻園大學校; 김계자(2011), 「近代日本文壇과 植民地의 文學者」, 『아시아 文化研究』 22輯, 暻園大學校 등. 植民地期의 関連目録은 大村益夫·布袋敏博編(1997), 『朝鮮文學関係

『모던 일본モダン日本』(모던일본사(モダン日本社))은 1939년에 '조선예술상'을 창설하여 1940년에 조선판 특집호를 내고, 「春香傳」, 「沈清傳」, 「洪吉童傳」, 「淑英娘傳」을 '전설'로 해서 연재하였다.[15] 총력전체제가 강화되는 과정에서 "병참기지로서의 '조선'의 중요성이 인식되어, 그 과정 속에서 '조선 붐'이 일어났다"는 점에 주의하지 않으면 안 된다.[16]

일본어 조선설화집의 분류별 발행수는 〈그림 4〉와 같이 1920년대까지는 한글 등으로 간행된 같은 경향의 〈才談·野談集〉이 간행되었지만, 처음부터 구전설화·전설집이 주로 간행되었다. 또 전술한 바와 같이 1940년대에는 '조선 붐' 속에서 조선인이 편찬한 자료집도 많이 출판되었다. 처음으로 간행된 조선인의 자료집은 시미즈 겐키치(清水鍵吉) 초역에 의한 13.崔東州인데, 번역인 아닌 집적 일본어로 씌여진 자료집은 21.鄭寅燮이다. 그 후 30.孫晋泰와 37.朴寬洙가 간행되었는데 대부분 1940年代에 집중되어 있다. 1940年代에 간행된 16種의 자료집 중 13종이 조선인에 의한 것이다. 장혁주(張赫宙)와 데쓰 진페이(鐵甚平(김소운(金素雲)))을 비롯해서 조규용(曺圭容), 긴카이 소토쿠(金海相徳(金相徳)), 신래현(申来鉉) 등에 의해 많은 자료집이 간행되었다. 특히 장혁주(張赫宙)는 39와 40에 이어

日本語文献目錄 1882.4-1945.8」, 早早稻田大学 語学教育研究所 大村研究室을 참고.

15 『모던일본モダン日本』은 1943년부터는 『新太陽』으로 잡지명이 변경되었고, 같은 해 11월호는 「特大号·戦ふ朝鮮特輯」을 발간했다. 『모던モダン日本』에 대해서는 다음을 참고. 洪善英, 「雑誌『モダン日本』と『朝鮮版』の組み合わせ,その齟齬」(徐禎完·増尾伸一郎編(2010), 『植民地朝鮮と帝国日本』, 勉誠出版).

16 신하경(2011)앞의 논문, p.88.

52에도 「장님의 눈이 뜨인 이야기(めくらの目があいた話)」(沈清傳)을 싣고 있고, 「春香傳」,[17]에 이어 「심청전」을 반복해서 소개하였다. 가장 많은 자료집을 소개한 사람은 김소운이다. 김소운은 총 6종의 자료집을 간행했는데, 그 중 5종은 鐵甚平이라는 필명으로 간행하였다.

<그림 4> 분류별 발행수

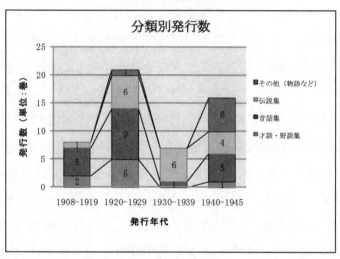

<그림 4>는 일본어 조선설화집의 각 시대구분에 따라 자료집의 내용을 분류한 것이다. 제1기(1908~1918)에는 7종, 제2기(1919~1930)에 23종, 제3기(1931~1945)에 22종이 간행되었는데, 제1기까지 전설

---

17 일본어로 번역된 「春香傳」에 대해서는 三枝壽勝(1997), 『韓国文學を味わう』, 国際交流基金アジアセンター를 참고.

집은 간행되지 않았다. 제2기에는 전설집이 7종, 구전설화집는 10종
이 간행되었고, 제3기의 1931年부터 41年까지는 구전설화집이 1종도
간행되지 않았다. 그 대신 제3기에는 10종의 전설집이 간행되었다.

사이토 준(齊藤純)은 제국일본에서 가장 많이 전설집이 간행된
시기는 1931년부터 35년까지라고 지적하면서 지바 도쿠지(千葉德
爾)의 코멘트를 소개하였다. 지바(千葉)는 1927년부터 공황대책(恐
慌對策)의 일환으로 마을의 활력을 높이기 위해서, 향토애를 함양
해야 한다고 주장되던 점을 지적한다.[18] 지바의 지적은, 향토 및 전
설에 대한 관심이 한편으로는 국가주의적 이데올로기에 지배되어
있으며, 정치성에 관련된 중요한 시사점을 내비추고 있다. 실제로
일본어 조선설화집의 경우 역시, 1931년부터 1941년에 이르기까지
옛날이야기집(昔話集)은 간행되지 않았으며, 전설집이 7종 간행되
었다. 1930년대 초반, 조선총독부는 조선 농촌사회가 입은 경제적
타격을 개선하기 위하여, 농촌진흥운동(정식명칭은 농산어촌진흥
운동, 1932~1940)을 실시하였다. 그러한 도중 향토오락 역시 그 개
선책이 강구되었다.[19] 쇼와 공황(昭和恐慌)의 대책과 함께 대륙 침
략 확대에 따른 후방의 역할 역시 그 중요성이 강조되는 속에서, 향
토문화는 개선과 진흥의 대상이 되었고, 그러한 상황에서 전설집

---

18 齊藤純(1994),「傳說集の出版狀況について」,『世間話硏究』第5, 世間話硏究會.

19 農村振興運動の中で推進された郷土娛樂振興政策に對しては 이상현(2008),「日帝
    强占期'舞台化된 民俗'의 登場背景과 特徵」,『比較民俗學』35輯, 비교민속학회; 김
    난주·송재영(2011),「日帝强占期 郷土娛樂 振興政策과 민속놀이의 展開樣相」,『比
    較民俗學』44輯, 비교민속학회를 참고.

이 간행된 점에 유의해야 한다.

마지막으로, 일본어 조선자료집의 편자들의 관계를 보여주는 것이 〈그림 5〉이다. 〈그림 5〉와 〈표 3〉에 나타난 바와 같이, 편자 대다수는 조선의 교원, 조선총독부 학무국 관계자, 그리고 조선과 일본의 민속학 관계자이다. 다카하시 도루(高橋亨)와 같이 조선에서 교원 일을 하면서, 조선총독부 학무국에서 근무한 인물도 있어, 그러한 관계를 표시하였다. 조선의 교원과 학무국 관계자 대다수가 설화에 주목한 점이 확인되었다. 1910년 8월부터 1919년 8월까지 1,109명에 이르는 일본인 교육자가 조선에 건너와 교원이 되었다.[20] 그 중 교원 일부가 일본어 조선설화집을 간행하였다는 점은, 국어(일본어)교육과 설화채집이 강하게 연관되어 있었음을 보여준다. 또한, 1920년도에 실시된 조선총독부 및 각 지방 주최의 주요 강습회 강사로써, 오쿠야마 센조奧山仙三(朝鮮語), 다카하시 도루(高橋亨(朝鮮ノ教政)), 나라키 스에자네(楢木末実(国語)), 박관수(朴寬洙) 등이 활약하였으며, 설화집의 편자 중에는 조선 교육에 영향력을 가진 인물이 있었다는 점에도 주의해야 한다.[21]

20 安龍植編(2002), 『朝鮮総督府下 日本人官僚研究』I, 延世大學社會科學研究所; 松田利彦(2010), 「内務官僚と植民地朝鮮」, 『思想』1029号, 岩波書店, p.102을 참고.

21 「講習會一束」(1920), 『朝鮮教育研究會雜誌』59号, 朝鮮教育研究會, pp.46−49.

〈그림 5〉 일본어 자료집 편자의 관계도

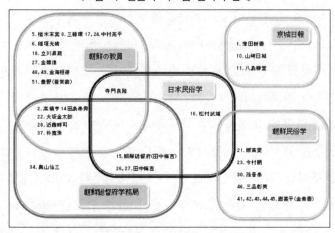

〈표 3〉 일본어 조선설화집 편자의 근무처 및 재직기간(공립학교 교원, 학무국 직원)

氏名	勤務先	在職期間	備考
楢木末実	官立平壤日語學校など	1908-24	1935朝鮮敎育會奨學部
三輪環	平壤高等普通學校	1915-19	
稲垣光晴	慶尚南道河東普通學校など	1915-30	
中村亮平	蔚山普通學校など	1924-26	
立川昇蔵	忠清南道師範學校	1924-25	
寺門良隆	新義州高等普通學校など	1922-44	
金聲律	京畿道昌信普通學校など	1919-36	
金海相徳 (金相徳)	新義州普通學校など	1920-32	
朴寛洙	大邱普通學校など	1921-38	1939學務局視學官など

高橋亨	官立漢城高等學校など	1904-20	1921~25學務局視學官, 1924~40京城帝国大學予科教授など
大坂金太郎	咸鏡北道會寧普通學校など	1907-29	1938~41學務局社會教育課など
近藤時司	大邱高等普通學校	1917-23	1923學務局編修官, 1924~京城帝国大學予科教授歷任
田島泰秀	咸鏡北道鏡城普通學校など	1915-25	1921~34學務局編輯課など
田中梅吉	學務局編輯課	1916-21	1924~44京城帝国大學予科教授など
奧山仙三	學務局學務課	1913-22	1932~40學務局社會課など

『조선총독부 및 소속 관공서 직원록(朝鮮総督府及所属官署 職員録)』(1910~1943), 안용직 편(2001)『조선제국하 일본인관료 연구(大韓帝国下 日本人官僚研究)』(연세대학교 사회과학연구소), 안용직 편(2002)『조선총독부하 일본인관료 연구(朝鮮総督府下 日本人官僚研究)』전 5권 등을 참조하여 작성.

조선과 일본의 민속학 관계자들에 의해 많은 자료집이 간행되었다. 일본 민속학의 카테고리에 분류된 다나카 우메키치(田中梅吉, 1883~1975), 마쓰무라 다케오(松村武雄, 1883~1969), 데라카도 요시타카(寺門良隆, 1885~？)는 모두 야나기타 구니오(柳田国男)와 다카기 도시오(高木敏雄)가 편집한 『향토연구(郷土研究)』(第1期)에 논문 및 보고를 게재하였다. 기존 연구에서는 초기 일본 민속학이 가졌던 조선설화의 관심에 대해 충분한 검토가 이루어지지 않았으나, 이 세 명은 초기 일본 민속학의 관심이 넓어져, 조선설화에 대한 관심으로 이어졌다는 점이 주목된다.

5. 맺음말

지금까지 일본어 조선설화집의 서지를 명확히 하고 내용과 성격을 분석하였다. 일본어 조선설화집 중에는, 한글 등으로 간행된 재담·야담집의 영향을 받아, 이를 번역한 것도 8종이 존재하는데, 그 중 많은 수는 민간전승을 채집한 것으로, 이들 자료집이 근대설화 연구에 미친 요영향은 매우 크다고 판단된다. 본장에서는 우선 단행본을 중심으로 조선설화가 수록된 자료집의 전체상을 제시하였다. 앞으로 본장에서 제시한 자료를 기초로 한 체격적인 연구가 요청된다.

한편, 일본어 조선설화집은 식민지 시기 간행되었기 때문에, 조선설화가 제국일본 내의 「지방」의 설화로 자리잡은 자료가 있다는 점을 유의하고자 한다. 자료집 중에서는 「제국일본설화집(帝國日本説話集)」 내에 조선편(朝鮮編)으로 조선설화를 수록한 책이 간행되었다. 그러나 이러한 분류체계는 일관된 것이 아니며, 식민지화 된 조선의 설화가 세계설화집, 혹은 일본을 포함하지 않는 동양설화집에 들어가 있는 경우도 있다. 일본어 조선설화집의 편자 및 출판사를 보자면, 조선설화라는 분류는 공통된 것이 아니라, 조선설화가 제국일본 설화집 안에 편입되어 있기도 하고, 세계 혹은 동양설화집에 편집되어 있기도 하는 등 유동적인 성질을 보인다. 편자 다수는 조선총독부 학무국의 직원 혹은 조선총독부 공립학교의 교원이었으며, 조선인 아동 교육에 깊게 관련되어 있는 점에 주의해야 한다. 본장에서 발굴 소개한 자료는 120권을 넘는 방대한 양으로, 이에 대한 구체적인 고찰은 이후의 과제로 삼고자 한다.

참고문헌

⟨한국어 문헌⟩

金泳南(2006), 『同一性 想像의 系譜—近代 日本의 説話研究에 나타난 '民族'의 発見—』, J&C

金容儀(2011), 『혹부리 영감과 내선일체』, 全南大學校出版部

権赫来(2008), 「近代初期 説話·古典小説 『朝鮮物語集』의 性格과 文學史的 意義」, 『韓国言語文學』 64, 한국언어문학회.

朴美京(2009), 「日本人의 朝鮮民譚研究 考察」, 『日本學研究』 28輯, 檀国大學校 日本學研究所

曺喜雄(2005), 「日本語로 쓰여진 韓国説話/韓国説話論1」, 『語文學論叢』 24輯, 국민대학교 어문학연구소.

金廣植(2010), 「우스다 잔운과 한국설화집 『조선총화』에 대한 연구」, 『童話와 翻訳』 20輯, 동화와 번역 연구소.

李市埈(2011), 「植民地期 在朝 日本人 作家, 우스다 잔운(薄田斬雲)의 朝鮮 見聞記에 관한 고찰—기생(妓生)관련 기술을 중심으로—」, 『외국문학연구』 45, 한국외국어대학교 외국문학연구소.

⟨일본어 문헌⟩

石井正己(2007), 『植民地の昔話の採集と教育に関する基礎的研究』, 東京學芸大學報告書

大村益夫·布袋敏博編(1997), 『朝鮮文學関係日本語文献目録 1882.4-1945.8』, 早稲田大學語學教育研究所大村研究室

小峯和明編(2010), 『漢文文化圏の説話世界』, 竹林舎

櫻井義之(1979), 『朝鮮研究文献誌—明治·大正編—』, 龍渓書舎

徐禎完·増尾伸一郎編(2010), 『植民地朝鮮と帝国日本』, 勉誠出版

染谷智幸·鄭炳説編(2008), 『韓国の古典小説』, ぺりかん社

齊藤純(1994), 「傳説集の出版状況について—近現代の傳説の位置づけのために—」, 『世間話研究』 第5号, 世間話研究會.

李市埈(2010), 「韓国における説話文学の研究の現況」, 『説話文學研究』 45, 説話文學會.

李市埈, 金廣植(2012), 「日帝強占期における日本語朝鮮説話集の刊行とその書誌」, 『日本言語文化』 第21輯, 韓国日本言語文化學會

金廣植,李市埈(2012),「植民地期日本語朝鮮説話採集に関する基礎的考察」,『日語日文學研究』第81輯, 韓国日語日文學會

金廣植(2011),「高橋亨の『朝鮮の物語集』における朝鮮人論に関する研究」,『學校敎育學研究論集』24, 東京學芸大學

金廣植(2013), 「帝国日本における「日本」説話集の中の朝鮮と台湾の位置付け―田中梅吉と佐山融吉を中心に―」,『日本植民地研究』25, 日本植民地研究會.

金廣植(2014),『植民地期における日本語朝鮮説話集の研究―帝国日本の「學知」と朝鮮民俗學―』, 勉誠出版

제2부

개별 설화집 연구

식민지 시기 일본어

조선설화집 기초적 연구

우스다 잔운(薄田斬雲)과 한국설화집 「조선총화(朝鮮叢話)」에 대한 연구

식민지 시기 일본어

조선설화집 기초적 연구

우스다 잔운(薄田斬雲)과 한국설화집
「조선총화(朝鮮叢話)」에 대한 연구

1. 서론

조희웅은 「20세기 초 설화연구의 상당부분이 일본인에 의해 선도된 감이 적지 않다. 오늘날까지 일본어로 쓰여진 설화 관계 논저들은 헤아릴 수 없이 많다. 개중에는 연구의 원 목적이 일제 강점기의 통치를 위한 방편에서 이루어진 것이든, 학자적 양심에 의한 순수한 비교연구에서 쓰인 것이든, 거론할 만한 논저가 상당히 많」[1] 다고 지적하고, 통사적 관점에서 방대한 자료를 분석하며 일본어로 행해진 한국설화론과 설화집을 검토하였다.

식민지 시기에 채록되었고 일본어로 작성되었다는 점에서 일본

---

1 조희웅(2005·2), 「일본어로 쓰여진 한국설화/한국설화론(1)」, 『어문학논총』 24
집, 국민대 어문학 연구소, pp.1-2.

어로 간행된 한국설화집에 대한 연구가 적었으나, 근년에 들어 연구가 계속되고 있다.[2] 최인학의 지적 이후,[3] 선행 연구에서는 일본어 최초의 설화집으로 다카하시 도루(高橋亨, 1878~1967)의 『조선이야기집(朝鮮の物語集附俚諺)』(日韓書房, 이하 『이야기집』으로 약기)을 들고 있다.[4] 물론 다카하시의 『이야기집』은 1910년에 간행된 자료집으로도 그 가치가 있다.

　　그러나 조희웅의 지적대로 수많은 일본어 한국설화가 존재하므로, 그 서지(書誌)를 명확히 하고, 그 공과를 자리매김할 필요가 있

2　大竹聖美(2001), 「1920년대 일본의 아동총서와 『조선동화집』」, 『동화와 번역』제2집, 동화와 번역 연구소.
　　권혁래(2003), 「조선총독부편 『조선동화집』(1924)의 성격과 의의」, 『동화와 번역』제5집, 동화와 번역 연구소.
　　권혁래(2008), 「근대초기 설화·고전소설집 『조선이야기집』의 성격과 문학사적 의의」, 『한국언어문학』 64, 한국언어문학회.
　　김환희(2007), 「<나무꾼과 선녀>와 일본 <날개옷> 설화의 비교연구가 안고 있는 문제점과 가능성」, 『열상고전연구』 26집, 열상 고전연구회.
　　김영남(2006), 『동일성 상상의 계보 - 근대 일본의 설화연구에 나타난 '민족'의 발견』, J&C.
　　박미경(2009·9.), 「일본인의 조선민담 연구고찰」, 『일본학 연구』 28집, 단국대학교 일본학연구소 등을 참고.
　　김용의(2009), 「식민지지배와 민담의 월경」, 『일본어문학』 42집, 한국일본어문학회.
　　천혜숙(2009), 「설화의 개작과 식민지 근대의 주입」, 안동대학교 인문과학 연구소 편, 『동아시아와 한국의 근대』, 월인 등을 참고.
3　최인학은 1970년대에 이미 「아마도 일본인이 출판한 것 중 최초」의 자료집이라 평가하고, 「주의를 끄는 점은 발단부분에 〈지금은 옛날(今は昔)〉식의 표현을 각 이야기마다 적용하고 있는데, 이는 일본의 설화집 『今昔物語集』의 수법을 다카하시가 적용하고 있다고 사료된다. 그러나 이런 표현은 한국 설화연구에 대한 오해의 소지가 있다」고 지적하고 있다(崔仁鶴, 『韓国昔話の研究-その理論とタイプインデックス』(東京: 弘文堂, 1976年, 13-14쪽). 이하 일본어 번역은 필자에 의하며, 「지나(支那)」 등 부적절한 표현은 원문에 충실하게 직역함을 양해 바람.
4　조희웅, 앞의 논문, p.17 등을 참고.

다. 나아가 권혁래의 지적대로 근대 초기 일본학자들이 채집한 한국 설화가 미친 영향을 체계적으로 연구해야 초기 한국 구비문학사를 제대로 기술될 수 있을 것이다.[5] 필자는 일본어로 간행된 새로운 한국설화 자료를 찾던 중, 우스다 잔운(薄田斬雲, 1877~1956)의 『암흑의 조선(暗黑なる朝鮮)』(日韓書房, 1908)에 최초의 설화집이 수록되어 있음을 확인했다. 가지이는 『암흑의 조선』에 대해 다음과 같이 소개하고 있다.

> 이 책은 조선의 풍속이나 민속에 대해 불과 일년여의 조선체류 견문을 바탕으로 쓰인 것인데, 그 안에는 「조선총화」라는 항목이 있고, 야담으로 보이는 작품이 27편, 기타 문학과 관련된 것으로는 「조선의 가요」가 있다.[6]

가지이는 야담으로 보인다고 지적했으나, 필자의 분석에 의하면 소담, 신이담 중심의 설화집으로 판단된다. 이에 본고에서는 경성일보 기자를 역임한 우스다 잔운의 조선체류 시절과 자료집의 내용과 성격을 검토하고자 한다.

---

5 권혁래(2008), 앞의 논문, p.234.
6 梶井陟(1986·7), 「近代における日本人の朝鮮文學觀(第一部) − 明治·大正期」, 『朝鮮學報』, 朝鮮學會, 第119·120輯, p.710.

2. 경성일보 우스다 기자의 조선체류

『경성일보(京城日報)』는 이토 히로부미의 주창으로 창설되어, 조선총독부의 시정방침이나 정치선전은 본지를 중심으로 행해졌다. 원래 『경성일보』는 옛 주한 일본공사관의 기관지였던 『한성신보(韓城新報)』와 『대동신보(大東新報)』를 매수, 합병하여 이토가 『경성일보』라 명명한 것이다.[7] 모리야마는 『경성일보』의 창간에 대해 다음처럼 지적하고 있다.

이토의 의도는 자신의 조선통치 정책의 의도를 조선국민 및 서구인에게 표명하여, 그 정당화를 도모하는 데 있었다. 따라서 『경성일보』의 대상독자는 본국정부나 재한 일본인보다도, 오히려 조선국민 및 서구인이었다.[8]

1906년 9월에 창간된 경성일보는 1907년 4월까지 일본어판과 한글판을 동시에 발간하는 등 조선인을 의식한 신문으로 조선인에게 끼친 영향을 엄밀히 검토할 필요가 있으나, 초기 기사는 소실되었다. 한편 2002년 식물학자 마키노의 표본에 쌓인 신문 중에, 1907년

---

7 李錬(2006·12), 「朝鮮総督府の機関誌『京城日報』の創刊背景とその役割について」, 『メディア史研究』 21, p.89. 경성일보에 관한 연구로는 정진석(2003), 「총독부 기관지 경성일보 연구」, 『경성일보』1, 한국 통계 서적센타; 森山茂徳(1993), 「現地新聞と総督政治−『京城日報』について」, 川村湊他編 『岩波講座　近代日本と植民地7 文化のなかの植民地』, 岩波書店 등을 참고.

8 森山茂徳, 위의 논문, p.7.

부터 1912년에 걸친 20일 여치의 경성일보가 발견되었으나,[9] 초기
상황을 파악하기에는 한계가 있다. 본고에서는 관계 회고기사를
통해 우스다가 재직했던 당시의 상황을 복원해보고자 한다.

　창간 당시 경성일보의 사장은 이토 유칸(伊東祐侃; 前오사카 아
사히신문 편집장)이었다. 당시 신문계는 군웅할거 상황으로 경영
이 곤란하였으나 「점차 안정되어, 1908년 6월　이토 씨가 사직하
고, 오오카(大岡力) 씨가 이를 대신하여 새로운 방침을 정해 적극주
의를 취하고 1909년 4월 곤란을 극복하」[10]였다고 기록하고 있지만,
내무 사정은 복잡했다.

　이토 사장과 경영 담당의 도리고에(鳥越圓次郎) 등에 대한 배척
의 기운이 고조되었는데, 그 중심인물은 주필 핫토리 노보루(服部
暢; 前동경 아사히신문 기자)였다. 핫토리는 편집과 인사권을 쥐고
있었는데, 여기에 마루야마(丸山幹治; 前일본신문 기자, 1920년대
중반 경성일보 주필이 됨)와 마키야마, 마쓰모토 등이 가세하였다.
이런 상황은 경쟁신문사에 의해 가십 거리가 되었고, 결국 이러한
대립이 원인이 되어 이토 사장과 핫토리 주필은 1908년 사직하게
된다.[11]

　앞서 언급했듯이, 초기 경성일보의 인사는 핫토리에 의해 이루
어졌다. 핫토리는 당시 와세다 대학 강사였던 다나카 호즈미(田中

9　정진석(2003), 「해제 식물학자 마키노(牧野富太郎)의 표본에 숨어 있던 경성일
　　보」, 『경성일보 補遺編』, 한국교회사 문헌연구원을 참고.

10　藤村忠助編(1920), 『京城日報社誌』, 京城日報社, pp.2-3.

11　藤村生(藤村忠助)(1924·9), 『京城日報社由来記　歴代社長の能不能と其退社理由』,
　　『朝鮮及滿洲』202號, 朝鮮及滿洲社를 참고.

穗積)의 권유로 경성일보에 전직을 결심하게 되었다. 마루야마도 다나카와 동향 나가노현 출신으로, 다나카가 핫토리에게 추천하여 입사하였다. 한편, 1906년에 와세다 대학 정치경제과를 졸업한 마키야마는 와세다 대학의 설립자의 한 사람인 다카다 사나에(高田早苗)가 핫토리에게 추천하여 입사하였다.[12]

이처럼 초기 경성일보의 인맥은 와세다 대학을 중심으로 한 인맥이 강했다. 우스다 역시 이와 관련되었을 것으로 추정되는데, 구체적 언급은 찾을 수 없었다. 마루야마는 창간 반년 후에 「우스다 잔운(薄田斬雲)이 사회부 담당으로 부임하여 어느 정도 진용이 정비되었다,」[13] 고 진술할 뿐이다.

『일본근대문학대사전』에는 우스다의 항목이 있어 다음처럼 기록되어 있다.

우스다 잔운(薄田斬雲; 1877-1956) 소설가, 저널리스트. 아오모리현 히로사키시 출신. 본명은 사다타카(貞敬). 1899년 동경 전문대학 문학과 선과(選科)를 졸업, 경성일보 기자, 와세다 대학 출판부 편집원이 됨. 1904년부터 1907년 전후에 왕성하게 활동하고, 「몽기(濛氣)」(『太陽』1906.12), 「평범한 비극(平凡な悲劇)」(『新小說』1907.7)등 단편소설 외에, 희곡, 번역, 수필 등을 『태양(太陽)』『신소설(新小說)』『와세다 문학(早稻田文學)』『취미(趣味)』에 집필. 저서로는 『천하의 기자 天

12　丸山幹治(1927·4), 「二十年前を回顧して」, 『朝鮮及滿洲』233號, 朝鮮及滿洲社를 참고.
13　丸山生(1926·9·2), 「創刊當時の思出」(二), 『京城日報』2면, 京城日報社

下之記者(山田一郎君言行録)』(1906.5,実業之日本社),『편운집(片雲集)』
(1906.8,敬文社),『요보기(ヨボ記)』등.[14]

『천하의 기자』는 야마다 이치로라는 언론인의 전기로, 야마다는
동경 전문대학(와세다 대학의 전신)의 설립에 관여한 인물이다.
『천하의 기자』와 수필집『편운집』에는 대학시절의 은사 쓰보우치
쇼요(坪内逍遥, 1859~1935; 근대일본 문학이론의 선구자)의 추천사
가 실려 있다. 우스다는 쓰보우치의 제자로서 문필 활동에 전념하
여, 당시 자연주의 경향의 문인으로 알려져 있었다.

2년 후 우스다는 경성 일한서방에서『요보기』(1908·6)를 간행한
다. 우스다는 '여보'의 일본식 발음인 「'요보'란 '여기야'나 '여기
봐'처럼 사람을 부르는 표현으로, 즉 요보(老耄)[15]는 조선인의 대명
사가 되어 있다」[16]고 주장하였다. 그러나 가지이의 지적대로 '요보'
란 '야' 정도의 호칭으로도 여겨지고, '이 조선 놈'으로도 여겨진다.
즉 여기에서 완전히 본래의 의미를 벗어나, 이질적인 일본어인 '요
보'로 변하는 것이다.[17] 이처럼 차별어로 변형된 '요보'는 식민지 시
기에 널리 정착되었고, 이미 식민지 시기에 요보의 사용은「지극히

---

14 大塚豊子(1977),「薄田斬雲」, 日本近代文學館編,『日本近代文學大事典』第一巻, 講
談社.
15 우스다는 여보의 일본식 발음 '요보'에 고의적으로 비슷한 발음인 老耄(노모; 노
망나다, 늙어빠지다)라는 한자를 병용하고 있다. 이러한 병용에도 조선에 대한 차
별의식이 내재해 있었다고 해석된다.
16 薄田斬雲(1908),『ヨボ記』, 日韓書房, p.3.
17 梶井陟(1980),『朝鮮語を考える』, 龍渓書舍, p.35.

잘못된 것임」을 지적하는 주장까지 나올 정도였다.[18] 우스다의『요보기』는 차별용어를 보급시킨 책으로도 기억해둘 필요가 있다.

『요보기』에 수록된 「경성의 일년」에 따르면, 우스다가 「처음으로 경성에 온 것은 1907년 2월」[19]이었다. 1909년 4월 잡지『조선』에 기고한 글에는 귀국했음을 알리고, 「2월 하순의 오후, 왜성대에 올라」[20]경치를 조망했다는 기록이 있어, 우스다는 1907년 2월부터 1909년 3월까지 약 2년간 경성일보 기자를 역임했다고 추정된다.

3.『백학선전(白鶴扇傳)』과 우스다의 조선관

만 30살이 되어 조선에 부임한 우스다는 2년간 일한서방의 월간 종합잡지『조선』에 다음과 같은 글을 기고하고, 3권의 단행본을 일한서방에서 출간했다.

잡지 『조선』 게재 작품	「몰락 沒落」(1卷2號, 1908.4) 「여장군 (백학전) 女将軍(白鶴傳)」(2卷6號, 1909.2) 「여장군 (백학전) (속) 女将軍(白鶴傳)(接前)」(3卷1號, 1909.3) 「변함없는 동경 依然たる東京」(3卷1號, 1909.3) 「여한의 동경 餘寒の東京」(3卷2號, 1909.4)

18 松田甲(1928), 「요보라는 말」,『朝鮮漫録』, 朝鮮総督府, p174을 참고.

19 薄田斬雲,『ヨボ記』, p.112.

20 斬雲(1909·4), 「餘寒の東京」,『朝鮮』3卷2號, 日韓書房, p.77.

	『요보기』(1908.6)
단행본	『암흑의 조선』(1908.10)
	『조선만화』(1909.1)

잡지『조선』에 실린 글 중, 「여장군(백학전)」이 특히 주목된다. 허석은 이와 관련하여 「번역의 저본으로서 주목되는 것은 한국의 고전소설『백학선전(白鶴扇傳)』이다. 현재까지 한국 문학 측의 연구결과를 보면 이『백학선전』에는 필사본이 9종, 목판본이 2종, 활자본이 1종으로 기타 개인 소장품까지 포함할 경우 상당한 이본이 전래된 것을 알 수 있어 이 소설이 당시의 한국 민중에게 폭넓은 사랑을 받은 작품임을 알 수」있다고 지적하고 있다.[21]

허석은『백학선전』의 이본과 우스다의 「여장군(백학전)」은 기본 제목과 서사의 전개에서 상당한 차이가 있음을 지적하고, 기본 제목에 대해서는 역자가 원전을 읽은 후 요약 시 나름대로 제목을 결정했거나, 원전 자체가 「여장군(백학전)」이었을 가능성을 추론했다.[22] 김명한의 연구에 의하면, 「여장군(백학전)」의 표제는 없으며, 「백학전」이라는 표제로 간행된 이본은 2종이 확인되나,[23] 한글을 읽지 못했던 우스다는 조선인에게 초역을 부탁했거나 전해들은 이야기를 바탕으로 개작했다고 여겨진다.[24]

---

21 허석(2007), 「근대 한국 이주 일본인들의 한국문학 번역과 유교적 지(知)의 변용」, 최박광편, 『동아시아의 문화표상』, 박이정, p.544.

22 위의 논문, p.545.

23 김명한(2003), 「「백학선전(白鶴扇傳)」연구」, 한국교원대 대학원 석사논문, pp.8-9.

24 우스다는 평양의 기생학교 교과서를 번역하여 실었는데, 「나는 언문을 읽을 수 없기에 일어학교를 졸업하고 일본어를 잘하는 한인에게 번역시켰다」고 밝히고 있

서사 내용에 대해서『백학선전』은 시대적, 지리적 배경이 명조의 중국으로 되어 있는데,「여장군(백학전)」은 고려시대로 설정되어, 서사를 한국화 했다. 서사의 한국화는 일관성이 결여된 부분도 있지만,「작품의 무대와 등장인물을 완전히 한국과 한국인으로 대치함으로써 중국에 대한 사대사상에서 벗어나고자 하는 강력한 독립지향적인 작가의식을 엿볼 수 있」,[25]다고 주장하고 있다. 그러나 이는 과잉해석의 여지가 있다. 왜냐하면 구한말 부산 세관에 근무했던 아르노스(H.G. Arnous)가 1893년 독일어로 간행한『조선 설화와 전설』에는「견우와 직녀(별들의 사랑)」가 실려 있는데, 그 기본 토대는『백학선전』을 중심으로 이루어져 있다.[26] 이미 1890년대 당시에『백학선전』은 항간에 유포되어, 조선을 무대로 하여 재화되었을 가능성이 높다. 1909년 우스다 역시『백학선전』에 관심을 갖고 이를 개작했다고 여겨진다.

한편『조선만화』의 삽화는 경성일보사에서 그림과 교정을 담당했던 도리고에(鳥越静岐)가 담당했다. 일한서방에서 출간된『한국요람(韓國要覽)』(1909·10)의 뒷면 광고 문안에는『요보기』와『암흑의 조선』의 재판 간행 소식을 전하고 있다. 경성일보의 초기 기사 소실로 인해, 현재로서는 확인할 방법이 없으나, 3권의 단행본은 경성일보에 연재되었을 가능성도 있다.『요보기』에는「횡성수설

다(薄田斬雲(1913),「朝鮮の俗謠」, 青柳綱太郎編,『朝鮮』, 京城:朝鮮研究會, p.117.

25 허석, 앞의 논문, pp.545-546
26 아르노스, 송재용·추태화역(2007),『조선의 설화와 전설』, J&C의 역자 서문을 참고.

한국 이야기(珍紛韓話)」가 수록되어 있는데, 전술한 마키노 식물학
자의 표본에 숨어 있던 1909년 10월 24일치의 5면에는 「횡성수설
한국 이야기」가 계속 연재되고 있음을 확인할 수 있다.

통감부의 어용신문 기자로서 우스다의 조선관은 우월자적 인식
이 군데군데 보인다. 본절에서는 『조선만화』를 중심으로 우스다의
조선관의 특성을 살펴보고자 한다.

첫째로 우스다는 문명인의 척도에서 조선을 부정하고 있다. 우
스다는 조선인을 불결하고 무능하며 게으른 존재로 묘사한다. 「온
돌의 독거」, 「소 잡는 칼」, 「엿장수」, 「조선의 부엌」, 「엽전 계산」,
「조선 인력거꾼」, 「변기 씻기」, 「변기와 세면기」, 「소 아래서 낮잠」,
「거지」 등에서는 거듭해서 조선인의 불결함을 지적하고 있다.

둘째로 오리엔탈리즘적 시선으로 조선 여성을 차별적, 신비적으
로 표상하고 있다. 「하이칼라 기생」, 「갈보집」, 「기생의 춤」, 「유방
의 노출」, 「털 뽑기」, 「부인 풍습」 등에서 「일본의 게이샤보다 기생
은 훨씬 하이칼라」[27]라고 서술하고 있다.

셋째로 「지나」를 모방하는 속국으로 조선을 인식했다. 「옛날 큰
배」, 「옛날 조선 관리」, 「옛날 조선 배」, 「옛날 악기」 등에서 중국을
모방하는 조선을 형상화하고 있다. 일본은 동양주의에 빠지지 않
고 「노련한 국민으로 발달한」 데 비해, 조선은 「항상 지나로부터 압
박받아서, 지나를 숭상하고 떠받들며 섬겨온 일종의 속국」[28]이라

27　薄田斬雲・鳥越静岐(1909), 『朝鮮漫畵』, 日韓書房, p.8. 이 책의 삽화에 대해서는 박
　　양신, 「명치시대(1868-1912) 일본 삽화에 나타난 조선인 이미지」, 『정신문화연
　　구』(101호, 2005겨울호)를 참고.

고 주장하고 있다.

　이처럼 우스다의 조선관은 우월자로서의 차별의식이 뚜렷하지만, 사회부 기자로서 당대의 사회문화를 기록한 측면도 있다. 「한인의 우비(비막이)에 대해 우스다는 배려 있게 만들어졌다」[29]고 기술하고 있다. 또한 무덤을 둘러싼 당대의 상황, 장기와 제기차기 등 놀이문화에 대한 소개, 석전(石戰) 민속에 대한 비교적 객관적인 서술을 엿볼 수 있다. 이를 통해 통감부 시기 한 단면을 제공하고 있다.

4. 「조선총화」=조선설화에 대해

　『조선만화』는 삽화와 더불어 조선의 견문을 키워드 별로 간결하게 정리한 책이고, 『여보기』는 조선 체류 1년간의 경험을 바탕으로 한 수필집이다. 본절에서는 『암흑의 조선』을 살펴보고자 한다. 우스다는 서문에서, 「본서는 조선의 암흑면을 향해 성냥을 한 개비를 태운데 불과하다. (중략)본서는 저서인지 편저인지 모르겠다. 타인의 기록을 발췌한 부분도 있고, 재료 수집(蒐集)상 어쩔 수 없으므로, 양해를 바란다.」고 기록하고 있다.[30] 『암흑의 조선』은 아직 알

28　위의 책, p.69.
29　위의 책, p.114.
30　薄田斬雲(1908), 『暗黑なる朝鮮』, 日韓書房의 서(序). 이하의 인용 페이지는 본문에 직접 기술함.

려지지 않은 조선을 일본인 독자에게 전할 목적으로 간행된 책인데, 군데군데 조선의 풍습을 미신으로 규정하는 등, 근대 문명인 우스다의 차별관이 보이지만, 3권 중 조선의 풍습과 민속을 가장 충실히 기록하고 있다. 귀신의 종류, 무녀, 용신제, 결혼에서 장례까지의 풍습, 양반, 기생, 조선의 가요, 조선인이 지은 하이쿠[31] 등이 실려 있다.

가요와 하이쿠 등도 흥미롭지만, 가장 주목되는 것은 「조선총화(叢話)」이다. 다카하시의 『이야기집』이 '물어(物語; 이야기)'라는 일본식 용어를 사용한 것처럼, 우스다는 '총화'라는 일본식 용어를 사용한 것으로 보인다. 최신판 일본어 사전 『고지엔(広辞苑)』에도 '총화'란 「여러 이야기를 모은 것」이라 설명되어 있는데, 근대 일본 초기에는 동화집 또는 설화집이라는 의미로 사용된 예가 있다. 번역시의 대가로 알려진 우에다 가즈토시(上田万年, 1867~1937)가 번역한 그림 동화 『늑대(おほかみ)』(1889)는 가정 총화(家庭叢話) 1권으로 출판된 적이 있다. 우스다가 이 책의 존재를 인식했는지는 알 수 없지만, 「조선의 총화도 일본과 마찬가지로, 대개는 동물이 사람으로 변하는 것은 있지만, 서양처럼 마술 할머니 이야기 등은 거의 없다」(163쪽)라는 기록으로 보아 '총화'를 설화로 인식했음이 분명하다.

『암흑의 조선』의 본문은 267쪽인데 「조선총화」는 70쪽 분량으로 27편이 수록되어 있다. 전술한 바와 같이, 우스다는 조선의 가요 및

---

31 5, 7, 5조로 구성된 일본의 정형시.

고전소설『백학선전』등에도 관심을 지녔으나, 「조선총화」에는 속담 〈올챙이 시절을 잊지 마라〉를 제외하고는 설화만을 수록했다. 설화의 채집 경로에 대한 언급은 없지만, 「한인 사이의 전설에 의하면」(164쪽), 「한인의 이야기에 의하면」(180쪽), 「유행했다고 전해지고 있다」(202쪽), 「왜냐고 한인에게 물어보니」(221쪽) 등의 표현이 있어, 구전을 채록한 것으로 판단된다. 특히, 「뱀의 기원」의 서두는 「이것도 한인의 이야기에 의한 것」으로 시작되고 있어 이를 보여준다. 수록작품 중에는 불교와 관련된 설화가 많이 있는데, '스님'(僧さん; 184쪽, 197쪽 등), '명승'(名僧; 186쪽), '중'(坊主; 202쪽, 225쪽 등), '땡추중'(賣僧; 218쪽) 등 여러 호칭이 존재하여 있어, 복수의 화자(話者)에 의해 채록되었을 가능성을 시사해준다.

5. 「조선총화」의 수록작품과 분류

수록된 작품과 시간적 공간적 배경은 〈표 1〉과 같다.

〈표 1〉 「조선총화」에 수록된 작품 및 배경

작품명	등장인물명	시간적 공간적 배경	비고
(1) 국왕이 될 상	수리, 탈해	신라 초기	
(2) 올챙이 시절을 잊지마라			속담
(3) 출세한 거지	복동이		

(4) 동대문과 수표교		동대문과 수표교	
(5) 토끼의 지혜			
(6) 낙지 입도			
(7) 불사의 승		신라시대, 경상도	
(8) 전생의 친구	이서방, 김서방	청일전쟁의 40년전	청일전쟁후 객사
(9) 토끼의 간계			
(10) 알에서 탄생했다	단군, 혁거세, 탈해		
(11) 조선 우라시마		경상도 합천 해인사	청일전쟁때 海印분실
(12) 용의 물			
(13) 뇌물의 시작		오백년전	
(14) 불교 개종자	김모씨	전라도 지리산, 용산 노들	
(15) 고양이와 시체	사제	이백 사오십년전	경어체
(16) 까마귀의 말	사제 모제 형제		경어체
(17) 효행의 착오			
(18) 땅속의 부처		고려시대	
(19) 여우의 지혜			
(20) 용의 왕족		고려시대	
(21) 뱀의 기원			
(22) 나병 기담	이모 관찰사	삼백년전	
(23) 뱀 이야기			
(24) 일곱번째 공주			
(25) 준치의 불평			
(26) 말 도둑	이모 명군수	동대문	
(27) 궁수의 실책			

각각의 수록 작품의 줄거리는 〈부록〉을 참고 바라며, 〈올챙이 시절을 잊지마라〉는 속담이므로 26편만을 대상으로 한다.

조희웅과 권혁래는 다카하시 『이야기집』의 선행연구에서 설화류를 동물담, 소담, 신이담, 풍수담, 운명담, 열녀담, 일반담 등으로 분류하고 있는데, 이를 참고로 「조선총화」의 수록 작품을 분류하면 다음과 같다.

> 가) 소담(笑談): 「출세한 거지」, 「동대문과 수표교」, 「낙지 입도」, 「뇌물의 시작」, 「효행의 착오」, 「땅속의 부처」, 「뱀의 기원」, 「나병기담」, 「준치의 불평」, 「말 도둑」, 「궁수의 실책」.
>
> 나) 신이담(神異談): 「국왕이 될 상」, 「불사의 승」, 「알에서 탄생했다」, 「조선 우라시마」, 「용의 물」, 「불교 개종자」, 「고양이와 시체」, 「까마귀의 말」, 「용의 왕족」, 「일곱번째 공주」.
>
> 다) 동물담: 「토끼의 지혜」, 「토끼의 간계」, 「여우의 지혜」, 「뱀 이야기」.
>
> 라) 운명담: 「전생의 친구」.

「조선총화」는 소담과 신이담이 그 중심을 이룬다. 정명기의 연구에 의하면, 일제 치하에 간행된 재담집은 약 30종에 달하는 것으로 확인되는데,[32] 우스다의 자료집에는 이러한 상황이 반영되어 소담 및 재담을 중심으로 구성되었다고 여겨진다.

---

32 정명기(2008·9), 「일제 치하 재담집에 대한 검토」, 『국어 국문학』 149, p.413; 정명기 편(2009), 『한국 재담 자료 집성』 전3권, 보고사 참고.

한편 권혁래는 다카하시의 『이야기집』 또한 소담과 신이담의 비중이 압도적인데, 소담에는 거짓말과 계교를 써서 상대방을 속이는 이야기가 가장 많음을 지적하고 있다.[33] 실제로 『이야기집』에는 「거짓말 겨루기(噓較べ)」, 「가짜 점쟁이(贋名人)」, 「무법자(無法者)」, 「음란한 중(淫僧食生豆四升)」 등 작품의 제목만을 보아도 '거짓말', '가짜' 등이 산재하는데 비해, 「조선총화」에 수록된 작품에는 우선 부정적 제목이 돋보이지 않고, 본문 중에도 거짓말이라는 단어조차 보이지 않는다. 동물담을 제외하면, 「땅속의 부처」에서 땡추중이 신자를 속이고, 「나병 기담」에서는 하인이 관찰사를 속이는 이야기 2편이 있을 뿐이다.

다카하시의 조선연구에 관한 선행연구는 다카하시를 부정적 조선인관 창출의 이데올로그로 평가하고 있는데,[34] 우스다 역시 차별적 조선관을 지녔다. 그러나 『조선이야기집』은 차별적인 조선관을 직접적으로 들어내고 있는데,[35] 「조선총화」에는 한정적으로 서술

---

33 권혁래(2008), 앞의 논문, p.226.

34 이노우에의 지적처럼, 다카하시의 조선 유학관은 시국에 따라 변모를 거듭했다. 다카하시는 당초에 이퇴계를 평가하지 않았으나, 중일전쟁 이후, 그 평가가 급변하여, 일시동인(一視同仁)의 슬로건 아래, 조선인에게도 국가총동원 체제에 편입시키기 위해 일본에 영향을 끼친 이퇴계를 평가하기 시작했다(井上厚史(2010·2), 「近代日本における李退溪研究の系譜學」, 『総合政策論叢』 第18号, 島根県立大學総合政策學會, pp.76−77). 다카하시의 부정적 조선인관에 관한 연구로는 박광현(2003·8), 「경성제대 '조선어학조선문학' 강좌 연구 – 다카하시 토오루(高橋亨)를 중심으로」, 『한국어문학 연구』 제41집, 한국어문학 연구학회; 權純哲(1997·11), 「高橋亨の朝鮮思想史研究」, 『埼玉大學紀要教養學部』 33卷1号 등을 참고.

35 다카하시의 주석만을 살펴보아도 차별적 조선관이 산재하고 있다. 예를 들면 「시간 관념이 없는 한인」(44쪽), 「신라 이후 언제나 지나의 속국이었다」(55쪽), 「이 나라 우민이 믿는 여러 귀신」(91쪽)등을 볼 수 있다.

되어 있다. 차별적 조선관의 소유자라는 공통점에도 불구하고, 설화 서술에 나타나는 이러한 차이에 대해서는 앞으로 보다 정밀한 연구가 필요하다고 생각되나, 시대적 차이와 설화에 대한 근본적인 인식의 차이 등이 작용했다고 판단된다. 이를테면, 우스다는 저널리스트의 입장에서 흥미 본위로 전해들은 내용을 기록한 반면, 다카하시의 자료집은 조선인 연구의 일환으로 수립되었다는 차이가 있다.[36]

6. 「조선총화」의 성격

본절에서는 다카하시의 『조선이야기집』과 비교하여 「조선총화」의 성격을 검토하고자 한다.

우스다는 설화 수록에 앞서 설화 속의 동물에 대해 다음과 같이 주장하고 있다.

> 동물 중에는 선한 것과 악한 것이 있는데, 여우, 호랑이, 멧돼지, 뱀, 두꺼비는 인간에게 해를 끼치고, 토끼, 개구리, 거북이, 용은 반드시 인간을 돕게 마련이다. 호랑이는 조선에서 가장 악한 것으로 젊은 여자로 변해 문을 두드려 유혹하여 사람을 잡아먹는다고 전해지며,

---

36 다카하시의 자료집과 조선인관의 관련에 대해서는 박미경(2006), 「다카하시 도루(高橋亨)의 조선속담연구 고찰」, 『일본문화학보』제28집, 한국일본문화학회를 참고.

이 이야기를 들으면 아이가 울음을 멈춘다고 한다. (중략) 두꺼비는 백살이 되면 인간으로 변해 건장한 사내로 변해 호랑이의 하수인으로 악을 행한다(163-164쪽).

위의 주장처럼, 우스다는 선악 이분법에 빠져, 여우, 호랑이, 멧돼지, 두꺼비 등을 악한 존재로 규정하고 있다. 특히, 호랑이와 두꺼비를 부정적으로만 묘사하고 있다. 그러나 이는 성급한 결론으로, 조선 설화의 다양성을 제대로 인식 못 한 한계를 노정하고 있다. 또한 채록한 설화를 기록하는 과정에서 오해로 보이는 기술이 보인다. 「알에서 탄생했다」는 박혁거세, 탈해와 더불어, 「단군은 야수의 알에서 태어났다는 내력이 있는데」(191쪽)라는 기술이 있어, 착오가 보인다.

「조선총화」의 수록 작품의 첫 번째 성격은 구전설화의 성격이 강하다는 점이다. 전술한 바와 같이 「한인의 이야기에 의하면」 등의 표현이 자주 보이며, 흥미로운 사실은 〈표 1〉과 같이 『암흑의 조선』의 내용 전체가 평어체로 기록된데 비해, 오직 「고양이와 시체」와 「까마귀의 말」만은 경어체로 기술되어 있다. 이들 2편은 사제, 모제[37] 형제와 관련된 설화인데, 편집상의 실수라기보다는 경어체 그 자체가 구전적 색체를 띠고 있다.

---

37 사제, 모제 형제 정승이야기로 익숙한 이 이야기를 한국어를 모르는 우스다는 사챠(サチャ), 모챠(モチャ) 형제로 표기하였다. 참고로 표기는 『한국 구비문학 대계』 3-2(성남시: 한국 정신문화 연구원)의 유사설화 〈새소리를 알아듣는 사제(思齊)의 형제〉(488-493쪽)의 표기에 따랐다. 참고로 『한국 구비문학 대계』7-11의 〈짐승의 말을 알아듣는 사직이〉(722-727쪽)에는 '사직이' 형제로 표기되었다.

그리고 「뇌물의 시작」은 오백 년 전, 「고양이와 시체」는 이백사오 십 년 전, 「나병 기담」은 삼백 년 전 이야기라고 구체적으로 서술하고 있는데, 들은 내용을 표기했을 가능성이 있다. 그밖에 「토끼의 간계」는『삼국사기』의 귀토설화, 「알에서 탄생했다」의 단군, 박혁거세, 탈해 이야기는『삼국유사』에서도 접할 수 있으나, 그 서술방식은 구전적 요소가 강하다.

구전설화의 요소가 강하나, 우스다의 의견이 때때로 개진되는 문제점이 있다. 하지만 이는 비교적 최소한에 머물러 있다. 26편 중 3편에 우스다의 의견이 보이는데, 「국왕이 될 상」에는 신라 3대왕 수리의 이빨이 36개나 있어 왕으로 추대되었음을 기술하고 나서 「상당히 엉터리 및 속임수적 경향이 보이지만 어쨌거나 이런 전설이다」(166쪽)라고 언급하고 있는데, 이러한 감상에는 전설에 대한 우스다의 직설적인 의견이 개진되어 있다.

「동대문과 수표교」의 서두에는 「이용후생에 정통한 한인 좀처럼 무시할 수 없다」(180쪽)고 언급하는 등 우스다 특유의 조소(嘲笑)가 엿보이며, 「뇌물의 시작」에는 한인의 말대로 「불과 5백년 사이에 뇌물 수법이 오늘날처럼 진보했다고 한다면, 조선인도 무시할 수 없이 영리하다」(200쪽)고 언급하고 있다. 이는 우스다가 당시의 조선 사회를 뇌물이 성행한 사회로 인식했음을 보여준다. 이처럼 3편에서 보이는 우스다의 언급은 조선에 대한 우월의식이 엿보인다는 점에서 주의를 요하며, 이러한 서술태도는 전술자의 역할에 일정한 한계를 노정하고 있다고 할 수 있다. 하지만 우스다의 의견개진은 26편 중 3편으로 한정되어 있어, 다카하시가『조선이야기집』에 각

주를 달면서 주관적 의견을 개진하는 것에 비하면 제한되어 있다.

두번째로 개별 설화에는 복합 모티프가 포함되어 내용의 다양성을 반영하고 있다. 「출세한 거지」에는 '가)부모를 여읜 복동이가 염제소에서 일하면서 예언자로 알려진다. 나)경첩의 도움으로 구미호를 죽이고 형제의 어머니를 구한다. 다)노인을 돕고 개와 매를 받게 된다. 라)큰 벌레를 죽이고 왕을 구한다. 마)중국 황후로 변신한 구미호를 죽이는 이야기로 구성되어 있다.' 등 다양한 모티프가 공존하는 흥미로운 설화이다.

「알에서 탄생했다」에는, 단군과 박혁거세, 탈해 탄생담이 동시에 서술되어 있다. 「조선 우라시마」에는 유생이 개의 안내로 용궁에 가서 해인(海印)을 얻어온다는 전반부와 스님이 방문해 해인을 사용해 해인사를 건축한다는 후반부로 구성되었다. 「불교 개종자」는 '가)유생이 선문답을 통해 불교에 개종한다. 나)친척들이 생선 튀김을 먹게 하여 계율을 어기게 한다. 다)이를 내뱉자 물고기로 변해 공치가 생겨났다는 기원담으로 전개된다.' 「효행의 착오」는 '가)천자의 잘못된 효행을 지적한 신하 이야기와 나)약속대로 굽은 등은 폈지만 그 후 죽게 된다는 이야기'가 수록되어 있다.

셋째로 「조선총화」는 식민지 시기의 자료집에 달리, 소위 「일선동조론(日鮮同祖論)」과 일정한 거리를 두고 있으며, 이로 인해 개작의 가능성이 적었다고 보인다.

우스다는 벨츠(Erwin Von Bälz, 1849-1913; 독일 의사) 박사의 한일 비교연구를 인용해, 「한국의 상류층과 일본의 야마토족(大和族)의 용모가 매우 닮았다고 기술하고 있다」(166쪽)며, 「일선동조」

에 관심을 보이고 있지만, 수록한 설화에는 거리를 두었다. 「조선 총화」는 한국병합 이전의 1908년에 간행되었다는 점에서, 의도적으로 조선과 일본의 설화의 친밀성을 강조하는 「일선동조론」적 경향이 적다. 특히 탈해는 일본 열도에서 태어난 것으로 전해져, 식민지 시기 일본인에 의해 「일선동조론」의 증거로 열거되었는데, 「알에서 탄생했다」에는 탈해가 「어느 지방의 왕과 여왕국의 여자」(192쪽)사이에서 태어난 것으로 서술되어 일본에 대한 언급이 보이지 않는다. 아마도 근대 일본인의 기록 중, 석탈해의 탄생을 언급하며 일본과의 관련성 즉, 「일선동조론」을 언급하지 않은 예외적인 서술로 보인다.[38]

권혁래는 일본인이 설화를 채집하여, 이를 활자화하는 과정에서 일본 설화의 요소가 개입된 가능성을 지적한 후, 「토끼의 재판」 유형이 다카하시 이후의 일본인의 자료집에서는 일관되게 토끼 대신 여우가 등장한다고 지적하고 있다. 또한 『조선이야기집』의 「말하는 남생이」는 한국설화가 남생이(거북이)보다는 주로 '개'가 등장하는 데 비해, 「일본 설화에 거북이 등장하기 때문에 다카하시가 '개'를 '거북이'로 바꾸었을 가능성을 배제하기 힘들다」고 지적하고 있다.[39]

「조선총화」에는 「토끼의 재판」이나 「말하는 남생이」가 수록되어 있지 않지만, 「조선 우라시마」에서 용궁으로 안내하는 역할을

---

38 식민지 시기 일본인의 전설집과 「일선동조론」에 대해서는 김광식(2010) 「식민지기 조선에서의 전설의 발견植民地期朝鮮における傳説の発見」, 『學芸社會』(東京學芸大學, 26号)을 참고.

39 권혁래(2008), 앞의 논문, p.230.

'개'가 담당하고 있어 흥미롭다. '우라시마'는 일본의 '우라시마 타
로'로 알려진 설화인데, 어부가 노모와 살다가 거북이를 잡아 풀어
준 덕분에 용궁에서 환대를 받고 3년을 살다가 열면 안된다는 상자
를 받아 돌아와 보니, 어머니는 돌아가신 뒤였다. 상자를 열자 우라
시마가 노인으로 변했다는 이야기이다.[40]

「조선총화」에는 우스다의 주관이 일부 반영되어 있지만, 비교적
채록자의 역할에 충실하게 기술되어 있다. 그리고 설화 속에는 교
훈성이 배제되었다. 이는 문체에도 반영되는데, 기자 겸 자연주의
경향의 소설가였던 우스다에 의해 언문일치체로 재미있고 간결하
게 전개되어 있다. 이에 비해 전술한 바와 같이, 최인학의 지적처럼
『조선이야기집』은 일본 중세 설화집 『금석이야기집』를 의식한 의
고체로 서술되어 있다.

이처럼 「조선총화」는 기자적 관점에서 우스다가 개작을 유보하
고 들은 내용을 충실하게 기록한 것으로 보이며, 당대 항간의 구전
적 경향을 일정 부분 반영하여 소담 및 재담을 중심으로 한 구전설
화집이라 할 수 있었다.

7. 결론

「조선총화」와 『조선이야기집』은 일한서방에서 간행되었음을 기

---

40 三舟隆之(2009), 『浦島太郎の日本史』, 吉川弘文館, pp.9-14.

억할 필요가 있다. 다카하시는『조선이야기집』출간에 앞서「조선
총화」를 읽었을 가능성이 크다. 1908년 수록된「조선총화」는 다음
해 재판을 발간했고, 다카하시도 일한서방의 잡지『조선』에 논문
을 투고하며 일한서방과 관련을 맺고 있기 때문이다. 흥미로운 것
은『조선이야기집』에 수록된 작품 중에는「조선총화」와 공통되는
이야기는 없다는 점이다. 이는 다카하시가「조선총화」를 의식해
중복되지 않는 자료집을 수록했거나, 흥미본위의「조선총화」에 대
한 반발심리가 작용했을지도 모른다. 이에 대해서는 1910년 이후
에 간행된 설화집과의 비교 고찰이 요구된다.

　본고는 지금까지 논의되지 않았던 우스다 잔운의「조선총화」를
소개할 목적으로 작성되었다.「조선총화」의 성격을 명확히 하기
위해서는 우선, 동시대의 우스다의 약력에 대해 살펴볼 필요성이
있어, 그의 조선체류와 조선관에 대한 논의에 중점을 두었다. 그리
고 근년에 진행되고 온 다카하시의 설화집에 대한 구체적인 선행
연구를 참고로 하여, 부분적으로『조선이야기집』과의 비교를 통해
분석하려고 노력했다. 따라서 본고는「조선총화」에 대한 구체적인
분석이 제한적으로 서술되었다는 한계가 있다. 이에 대한 후속 검
토는 금후의 과제이다.

【부록】「조선총화」에 수록된 작품의 줄거리

(1) 국왕이 될 상(國王たるの相)

신라 2대 왕 남해가 사망 후, 세자 수리의 이를 세니 36개 있어 왕으로 추대되었다.

(2) 올챙이 시절을 잊지 마라(オタマジャクシ時代を忘れるな)

속담

(3) 출세한 거지(出世乞食)

부모를 여읜 복동이는 염제소에서 일하면서 소금이 수증기를 흡수하므로, 옷이 젖어 들면 비가 내림을 깨닫고 예언자로 알려졌다. 국왕이 병에 걸려 사신이 찾아와 상경하던 중, 3형제를 만나 병든 어머니를 구해달라는 요청을 받게 된다. 경첩(문짝 등을 다는데 쓰이는 장식)의 도움으로 구미호를 죽여 어머니를 살리고, 거대 벌레를 죽여 왕을 살린다. 이때 「지나」황후가 유행병에 걸려 북경으로 가던 중에 노인을 돕고 개와 매를 선물 받는다. 북경에 도착하자 개는 황후의 목을, 매는 눈을 공격해서 죽이자, 시체가 흰 구미호로 변했다. 귀국할 때 경첩은 압록강에 가라앉고 복동이는 맹인이 되나, 다시는 부름 받지 않고 행복하게 살았다.

(4) 동대문과 수표교(東大門と水標橋)

지금의 동대문은 신축 당시 동쪽으로 기울자, 그 대책으로 단단한 대마줄로 동대문 꼭대기와 수표교를 묶었다. 비가 내려 동대문이 동쪽으로 기울면 대마 줄이 서쪽으로 잡아당겨, 지금은 대마줄 없이도 안전하게 되었다.

(5) 토끼의 지혜(兎の頓智)

토끼가 호랑이를 만나자 "돼지가 있는 곳으로 안내할 테니, 호랑이님은 얼음판 위에 엎드려 신호를 보낼 때까지 기다리세요." 하고 말했다. 시간이 지나 토끼가 불을 지르자, 커다란 꼬리가 얼음판에 달라붙은 호랑이는 불타 죽었다.

(6) 낙지 입도(章魚入道)

신부는 낙지를 목격하고 이를 잡았는데, 신랑은 낙지 머리를 스님으로 오해하여 신부를 돌려보냈다. 낙지였음을 알게 되어 화해하고 낙지 잔치를 열었다.

(7) 불사의 승(不死之僧)

신라시대에 명승이 인도 천축사를 순례하고, 귀국 시 대나무를 가져와 심고 대나무가 마르면 내가 죽었다고 여기라는 말을 남기고 떠났다. 250년 전 난폭한 관찰사가 대나무를 잘라 지팡이로 삼았으나 다시 성장했다. 명승은 운수(雲水) 사이를 계속 행각하는 것 같다.

(8) 전생의 친구(前世の友)

김 서방이 병에 걸려 이 서방을 불렀다. 김 서방의 친구 영혼이 문을 열어달라고 했으나 열어주지 않았다. 영혼은 자신을 방해한 이 서방은 객사할 것이라고 저주했다. 40년이 지나 청일전쟁 후에 도박을 하다 북방으로 추방되어 객사했다.

(9) 토끼의 간계(兎の妙計)

영락한 거북이가 용궁 공주의 병을 고칠 묘약으로 토끼의 간을 얻고 자 토끼를 데려오나 토끼에게 속아 육지로 돌아온다.

(10) 알에서 탄생했다(卵から生れた)

단군은 야수의 알에서 태어났다는 내력이 있고, 혁거세의 알이 박처럼 둥글어서 박씨가 되었다 한다. 한 지방의 왕이 여왕국의 여인 사이에서 큰 알을 낳자, 불길하게 여겨 상자에 넣어 바다에 버렸다. 노파가 이를 발견했을 때 鵲(까치)가 울었는데 까치(鵲)의 鳥를 빼 昔씨로 하고, 상자를 풀어(解) 빼(脫) 석탈해(昔脫解)라 했다.

(11) 조선 우라시마(朝鮮浦島)

유생은 개를 타고 용궁성에 간다. 6개월 뒤, 유생은 육지를 다녀오기를 간청해 목도장을 받아 돌아와보니 20년이 지난 후였다. 수개월 후 스님이 방문해 용궁 이야기가 나오자 목도장에 대해 물었다. 목도장은 필요한 것을 적고 도장을 찍으면 실물이 생겨나는 보물이었다. 스님은 황금을 만들어 절을 세웠는데, 해인(海印)으로 지었다하여 해인사라 명명했다.

(12) 용의 물(龍水)

한 여인이 꿈속에서 벼루 물병에 용이 들어가는 것을 보고, 다음날 과거에 응시하는 아들에게 건네주었다. 아들은 과거에 합격하여 대재상이 되었다.

(13) 뇌물의 시작(賄賂の始り)

오백년 전 가난한 재판소의 부관(副官)을 동정하여 군인 친구가 은으로 인형을 만들어 부관에게 건넸다. 그 후 군인의 부친이 법정에 서자 부관은 부친을 방면해 주었으나 국왕이 이를 알게 되어 파면하였고, 그 후 뇌물을 주고받게 되었다 한다.

(14) 불교 개종자(佛敎改宗者)

유생 김이 과거를 보러 가던 중, 절이 있었다. 김은 중에게 불교가 세상에 퍼지면 인간의 번식이 멈출 거라고 하자, 중은 불교는 자제심을 깨우칠 뿐이라 하였다. 유생은 육식을 금하는 것은 이상하다고 묻자, 소는 경작을 위해 태어난다고 답했다. 늙은 소는 어떠냐고 묻자, 중은 "공자님 왈 모두 고기를 먹지만, 짐승의 심정은 생각치 않네"하고 답했다. 김은 깨달은 바 있어 명승이 되었다. 한편 친척들이 이를 반대하여 용산 노들나루에 김을 맞이해 배를 띄웠다. 생선 튀김을 만들어 계율을 어기게 했으나, 김은 이를 내뱉자, 다시 물고기를 변해 술책이 실패했다. 내뱉은 물고기는 용산 노들의 청천(淸川)에만 사는 공치(コンヂー)이다.

(15) 고양이와 시체(猫と死人) 〈경어체로 작성됨〉

사제(サチャ)라는 유명한 학자가 있었는데, 어린 시절 밤에 검은 것이 방구석으로 들어와, 다음날 보니 관이 있었습니다. 사제는 하인을 불러 마을에 없어진 시체가 있는지 알아보라 하여, 그 주인을 불렀습니다. 주인은 사제를 도둑으로 몰자 사제는 고양이가 관을 뛰어넘어, 화가 난 시체가 날아왔음을 증명했습니다.

(16) 까마귀의 말(烏の言葉) 〈경어체로 작성됨〉

까마귀들이 저쪽에 맛있는 게 있다는 말을 사제가 알아듣고 가보자 시체가 있었습니다. 형제는 시체 도둑으로 몰려 포도청에 갔습니다. 다음날 사제가 사실대로 말했으나, 심문관은 새소리를 알아듣는다는 말을 믿지 않고, 아이가 가지고 놀고 있던 참새로 증명하라 했습니다. 사제는 참새소리는 알아듣지 못했지만, 어미 참새는 새끼는 쓸데가 없으니 어서 돌려달라고 해석하자 심문관은 사제형제와 참새의 신세가 같음을 이해하고, 형제를 방면했습니다.

(17) 효행의 착오(孝行のはき違ひ)

옛날 효자 천자님이 있었다. 모후(母后)를 시중드는 이중에 나쁜 자가 있어 모후를 믿고 오만방자하게 행동했다. 하루는 술집에서 행패를 부려 옥에 갇혔는데, 모후는 이를 알고 법관을 처형하려 했다. 법관은 "등이 굽은 아이의 부모가 굽은 등을 편다는 사내에게 치료를 맡겼는데, 등은 폈지만 아이가 죽자, 사내는 등을 펴는 약속만 했다고 말했다.

111

나 역시 법관의 임무를 다했을 뿐이다."라고 말했다. 이를 들은 천자님은 반성하고 법관을 풀어주었다.

(18) 땅속의 부처(土中の佛)

고려시대에 한 땡추중이 있어, 하루는 스스로 밤중에 부처상을 묻고, 신자들에게 땅을 파게 하여 부처상을 발견하자, 신도들은 나무아미타불을 외쳤다.

(19) 여우의 지혜(狐の頓才)

여우가 호랑이와 마주치자, 숲 속을 산책하다 보면 더 좋은 먹이가 있을 것이라고 달랬다. 숲을 지나다 보니, 멧돼지, 곰 등 야수가 출몰했다. 여우는 모두들 내 친구라고 하자 호랑이는 도주해버렸다.

(20) 용의 왕족(龍の王族)

고려시대의 왕은 용의 혈통을 지키기 위해 혈족끼리 결혼했다.

(21) 뱀의 기원(蛇の起元)

한국에는 뱀이 없었는데, 한 관찰사가 침상 밑에 뱀을 넣고 자면 원기가 생겨 강해진다고 듣고, 인도에서 수입했다 한다.

(22) 나병 기담(癩病奇談)

이상한 관찰사가 있어 나병에 걸리려고 노력하여 나병에 걸렸다. 치료에는 지네 집을 먹고 바로 밤을 먹어야 한다는 전설이 있어, 관찰사는 이를 시행했는데, 하인이 죄를 지어 발각되기 직전이었으므로 다른 것을 먹여 감찰사는 죽고 말았다.

(23) 뱀 이야기(蛇物語)

옛날 사내가 숲을 지나던 중 뱀이 새를 잡아먹으려 하자 지팡이로 뱀을 죽였다. 그 후 숲을 지나자 여인의 안내로 초가에서 쉬던 중, 뱀임을 알고 철포를 사용하여 뱀을 죽였다. 하루는 버섯이 있어 저녁반찬으로 먹자 몸이 부어올랐다. 이때 새가 모여들어 몸을 쪼았다. 작은 뱀이 수없이 나오자 새들이 이를 죽여 은혜를 갚았다.

(24) 일곱번째 공주(七人目の娘)

옛날 왕에게 여섯 공주가 있었는데, 일곱번째도 공주였기에 석관에 넣어 강가에 버렸다. 중이 석관을 발견하고 공주에게 아버지는 대나무 어머니는 오동나무라 알려주며 키웠다. 그 후 황후가 병에 걸리자, 일곱번째 공주가 인도에 가서 천신만고 끝에 약을 구해왔다. 황후가 쾌차한 후 공주는 무녀의 수장이 되었고, 부모가 사망 시 부친은 대나무로, 모친은 오동나무 지팡이를 쓰는 습관이 생겼다.

(25) 준치의 불평(チュンチの不平)

옛날 준치라는 물고기가 있었는데, 등뼈 이외에는 가시가 없었다. 인간에게 포획되어 그 무리가 감소하여, 대회의를 열어 물고기 왕에게 요청해 가시를 받자고 결의했다. 물고기 왕은 잔가시를 준치에게 제공해 가시가 많아졌다 한다.

(26) 말 도둑(馬盜人)

마부가 마구간에 가보니 말 대신 당나귀가 있었다. 군수에게 호소하자, 소금을 당나귀에게 먹여 목마르게 한 뒤 옛 주인을 찾도록 했다.

(27) 궁수의 실책(弓曳きの失策)

옛날 활쏘기 명수가 있었다. 오리가 세 마리 날자, 한 사람이 화살 하나로 세 마리를 맞출 수는 없을 것이라 하였으나 궁수는 이를 맞추었고 그 명성은 팔도에 자자했다. 어느 날 꿈속에서 세 아이가 신세를 지겠다며 인사한 후, 아내가 세쌍둥이를 낳았다. 그러나 천연두에 걸려 모두 죽고 말았다. 궁수가 애통해 하자 영령은 "화살 하나로 죽인 것에 대한 복수다"하고 조롱하였다.

참고문헌

薄田斬雲(1908), 『暗黒なる朝鮮』, 日韓書房.
崔仁鶴(1976), 『韓國昔話の研究 －その理論とタイプインデックス』, 弘文堂.
梶井陟(1986·7), 「近代における日本人の朝鮮文學觀(第一部)－明治·大正期」, 『朝鮮學報』朝鮮學會, 第119·120輯.
권혁래(2008), 「근대초기 설화·고전소설집『조선이야기집』의 성격과 문학사적 의의」, 『한국언어문학』64, 한국언어문학회.
김영남(2006), 『동일성 상상의 계보 - 근대 일본의 설화연구에 나타난 '민족'의 발견』, J&C.
김용의(2009), 「식민지지배와 민담의 월경」, 『일본어문학』42집, 한국일본어문학회.
박미경(2006), 「다카하시 도루(高橋亨)의 조선속담연구 고찰」, 『일본문화학보』제28집, 한국일본문화학회.

박양신(2005), 「명치시대(1868-1912) 일본 삽화에 나타난 조선인 이미지」, 『정신문화연구』101호, 한국학중앙연구원.

정명기(2008·9), 「일제 치하 재담집에 대한 검토」, 『국어국문학』 149, 국어국문학회.

조희웅(2005·2), 「일본어로 쓰여진 한국설화/한국설화론(1)」, 『어문학논총』 24, 국민대 어문학연구소.

허석(2007), 「근대 한국 이주 일본인들의 한국문학 번역과 유교적 지(知)의 변용」, 최박광편, 『동아시아의 문화표상』, 박이정.

이시준(2012), 「植民地期 日本人 作家, 우스다 잔운(薄田斬雲)의 朝鮮 見聞記에 관한 고찰—기생(妓生)관련 기술을 중심으로—」, 『외국문학연구』 45, 한국외국어대학교 외국문학연구소.

김광식(2010), 「우스다 잔운(薄田斬雲)과 한국설화집 「조선총화」에 대한 연구」, 『동화와 번역』 20, 동화와 번역 연구소.

김광식·이시준(2012), 「우스다 잔운(薄田斬雲)의 암흑의 조선(暗黑なる朝鮮) 과 조선만화(朝鮮漫畵) 에 나타난 조선인의 신앙관」, 『日語日文學硏究』 83-2, 한국일어일문학회.

식민지 시기 일본어

조선설화집 기초적 연구

다카하시 도루(高橋亨)의
『조선이야기집(朝鮮の物語集)』에 관한 연구

식민지 시기 일본어
조선설화집 기초적 연구

다카하시 도루(高橋亨)의
『조선이야기집(朝鮮の物語集)』에 관한 연구

1. 서론

　다카하시 도루(高橋亨, 1878~1967)는 일찍부터 조선설화에 주목하여 「한국병합」이 강제 체결된 다음달인 1910년 9월에 『조선이야기집(朝鮮の物語集 附俚諺)』(일한서방, 이하 『이야기집』으로 약칭)을 간행하고, 1914년 6월에는 같은 출판사에서 증보판 『조선의 이언집(朝鮮の俚諺集 附物語)』(일한서방, 이하 『이언집』으로 약칭. 두 자료를 합하여 자료집으로 약칭)을 펴냈다. 다카하시의 자료집은 출판 이후, 다카기 도시오(高木敏雄, 1876~1922) 등 한일 설화 연구자의 기본적 자료로 채택되어, 자주 거론되었다는 점에서 그의 자료집에 대한 본격적인 연구가 요구된다 하겠다.[1]

1　예를 들면 다카기의 「일한공통의 민간설화(日韓共通の民間説話)」(『東亜之光』7권 11·12호, 1912년, 高木敏雄, 『増補 日本神話伝説の研究』2(平凡社, 1974년)에 수록

니시오카 겐지(西岡健治)의 지적처럼, 1904년에 육합관(六合館)에서 간행된 일본어 사전 『언해(言海)』의 「물어(物語)」항목에는

(1) 이야기하는 것. 이야기. 담(談). 설화.
(2) 다음과 같은 물어(이야기)류의 호칭. 「다케토리(竹取)물어」, 「겐지(源氏)물어」

라고 기술되어 있다.[2] 이처럼 다카하시가 사용한 「물어」는 (1)의 「설화」를 말하며, 다카하시가 자료집에 많은 주석을 달았는데, 「淫僧食生豆四升」(1910년판, 63쪽)의 뒤에 "이는 이 나라의 구전을 있는 그대로 옮긴 것이다(こはこの国の口傳へをば有りの儘に綴りしなり)"(밑줄은 니시오카의 원문 그대로)고 기술하였다. 이와 같이 다카하시는 『이야기집』속에 조선의 민간전승인 설화를 수록했음을 확인할 수 있다.

니시오카의 지적대로, 다카하시의 자료집은 민간전승을 모은 설화집이라는 특색을 지니고 있다. 다카하시는 설화라는 용어를 직접 사용하지는 않았지만, 다카기 이후의 선행 연구에 의해 선구적인 설화집으로서 다루어져 왔다. 이에 본서에서는 근대 초기 조선 설화 연구의 출발 시점에 있어서 큰 계기를 부여한 다카하시 및 그의 자료집의 성격과 내용을 개괄하고자 한다.

됨) 등을 참고.
2 西岡健治(2005·12), 「高橋仏焉／高橋亨の『春香伝』について」, 『福岡県立大學人間社會學部紀要』, 第14巻第1号, 福岡県立大學, p.44.

2. 다카하시의 조선 연구 및 설화 연구

다가하시 도오루는 1878년 니가타 현 나카우오누마군 가와지무라(新潟県 中魚沼郡 川治村)에서 시게이치로(茂一郎)와 기이의 장남으로 태어났다.[3] 다카하시는 1898년 도쿄 제국대학 문과대학에 입학, 1902년에 한문학과를 졸업한다. 같은 해 12월에 다케베 돈고(建部遯吾, 1871~1945; 1901년부터 도쿄 제국대학 교수가 되어, 사회학 강좌를 담당)의 추천으로, 규슈(九州)일보의 주필이 되어 후쿠오카에 부임. 1904년 말,[4] 한국 정부의 초대를 받아 시데하라 다이라(幣原坦, 1870~1953)의 뒤를 이어, 관립중학교 외국인 교사가 된다. 1908년 관립 한성 고등학교의 학감으로 승진된 후, 『한어문전(韓語文典)』(1909)을 간행한다. 그 서문에 일본의 '한국경영'에 있어 정부 주도의 시대는 과거가 되었고, 혼연일체로서의 국민을 통해 이에 종사해야 할 것이라고 전제하고, 국민적 경영의 최적 조건은 경제적 교익(交益)과 일한 언어의 교환이라고 주장하였다. 그는 메이지(明治) 내셔널리즘의 강한 영향을 받아, 제국 일본의 교육자로서

---

3 다카하시의 경력에 대해서는 다음을 참고. 權純哲(1997·11), 「高橋亨の朝鮮思想史研究」,『埼玉大學紀要 敎養學部』, 33卷1号, 埼玉大學; 阿部薫編(1935),『朝鮮功労者銘鑑』, 民衆時論社; 「高橋亨先生年 譜略」 및 「高橋亨先生 著作年表」, 朝鮮學會『朝鮮學報』14輯, (1959·10); 「高橋亨先生 年譜略·著作年表」, 朝鮮學會『朝鮮學報』48輯, (1968·7).

4 『朝鮮學報』의 연보에는 「明治36[1903]년 말」도한으로 기록돼 있지만, 다카하시의『韓語文典』(1909)에는 「나는 明治37[1904]년 겨울, 이곳에 와서」(3쪽)라고 적혀있다. 본고에서는 가장 빠른 시기의 기술인 1909년의 회고를 신뢰함과 더불어, 시데하라 다이라(幣原坦)의 뒤를 이어 부임했다는 것을 고려하여 1904년이 타당하다고 판단했다.

한국 경영에 강한 의욕을 보였다.

1910년에는 『이야기집』을 간행하는 한편, 조선총독부 촉탁으로서 '조선의 고서, 금석문 등'을 수집한다. 다음 해에는 '규장각' 도서의 조사를 담당함과 동시에, 경성 고등보통학교의 교사로 근무하게 된다. 그리고 보통학교용 언문철자법을 제정하기 위한 회의에 위원 자격으로 참여하고, 1916년에는 대구 고등보통학교 교장이 되며, 1926년 경성 제국대학의 창립과 함께 교수로 임명된다.

1940년에 경성 제국대학을 퇴임한 후, 야마구치 현(山口縣)에 일시적으로 기거하나, 1945년에 명륜연성소(明倫鍊成所; 1910년 「한국병합」이후 성균관은 경성 경학원, 명륜학원, 명륜전문학원을 거쳐 1942년에 명륜전문학교로 승격되었으나, 1944년에 폐교되어 명륜연성소가 설치됨) 소장이 되어 다시 경성에 돌아왔으나, 패전을 맞아 10월 야마구치 현 하기시(萩市)로 귀환한다. 1949년 후쿠오카 상과대학 교수를 거쳐, 1950년에 덴리(天理)대학 교수로 초빙되어, '조선학회'의 발족에 힘쓰고 그 실질적인 책임자인 부회장이 되어 1960년대 중반까지 실질적으로 조선학회를 이끌었다.

〈표 1〉 조선체류 시 다카하시의 주요 활동

1904년 말	관립중학교 교사로 도한
1910년	『조선이야기집』을 간행
1914년	이언을 증보해 『조선의 이언집』을 간행
1919년	「조선의 교화와 교정(敎政)」으로 박사취득
1921년	조선총독부 시학관에 취임
1926년	경성 제국대학 교수로 부임(조선어학문학 제1강좌를 담당)

박광현은 다카하시의 조선 연구는 세 방면에서 전개되었다고 보고, 다음과 같이 정리했다. 첫 번째는 조선어에 대한 관심이다. 『한어문전』(1909)과 「일한 양어 어법의 흡사한 일례(日韓両語語法の酷似せる一例)」(1910·2)등의 연구가 있는데, 이는 가나자와 쇼자부로(金澤庄三郎)의 『일한 양국어 동계론』(1910)과 같은 이념적인 측면에서 보다는 지극히 실용적인 측면에서 기술된 것이라고 할수 있다.

두번째는 조선인에 관한 서술이다. 조선인의 내면과 생활을 이해하기 위한 민담과 속담을 모아 소개한 『이야기집』과 『이언집』을 간행했다. 그리고 「조선인」이라는 제목을 붙인 논문을 『일본사회학원 연보』(제4년 3, 4, 5합권, 1917·6)에 발표했다. 이 논문에서 "나는 종래 조선의 사상 및 신앙 즉 문학과 철학과 종교의 연구에 종사"(원문, 1-2쪽)해 왔다고 언급하고 있는데, '조선연구자'로서의 자신을 '본국'에 소개하고 있다. 이 시기는 "조선에 사는 일본인은 조선인이 종래 악정의 결과로 양성된 어두운 성질을 선정과 우수

민족의 감화에 의해서 씻어 내고 일본인에게 동화하는 동시에 민족적으로 향상시키는 것을 의무라고 자각하지 않으면 안 된다."(원문, 86쪽)며, 조선의 식민 통치를 위한 조사 사업의 연장선상에서 다카하시의 학문을 형성해 나간 전환기이기도 했다.

세번째는 조선의 교화와 교정(敎政)에 관한 조사다. 이는 본격적으로 조선 총독부의 조사 사업에 종사한 시기에 행해진 성과였다. 그 내용은 주로 조선 교육사와 조선의 유학과 불교를 중심으로 한 사상과 신앙에 관한 연구다. 식민지 통치를 위한 '조사'사업을 '학술'로 승화시키는데 중심적인 역할을 수행했다. 이상의 세 가지 연구 영역은 깊은 관계를 맺으며 유기적으로 연계되어 있었다.[5]

박광현의 지적대로, 세 방면의 연구의 관련성에 주목해 그 전체상을 명확히 하는 연구가 요청되는데, 선행 연구에서는 다카하시의 조선 유학관에 대한 비판에 집중되었다.[6] 최근에 조선 불교관

5 박광현(2003·8), 「경성제대 '조선어학조선문학' 강좌 연구-다카하시 토오루(高橋亨)를 중심으로」, 『한국어문학연구』 41집, 한국어문학연구학회, pp.345-347.

6 예를 들면, 『오늘의 동양사상』(제13호, 2005년 가을·겨울호, 예문동양사상 연구원)은 특집 「해방 60년, 우리 속의 식민지 한국철학」을 마련해 다음처럼 8편의 논문 전부를 다카하시와 관련된 논고로 수록하고 있다.
   최영성, 「다카하시 도오루의 한국 유학관 비판」; 이형성, 「다카하시 도오루의 조선 성리학 연구 영향과 새로운 모색」; 박홍식, 「다카하시 도오루의 조선 양명학 연구에 대한 소고」; 김기주, 「다카하시 도오루의 조선 유학관에 대한 비판과 대안적 논의」; 이상호, 「고등학교 윤리 교과서에 나타난 다카하시 도오루의 영향」; 이성환, 「조선총독부의 지배 정책과 다카하시 도오루」; 고희탁, 「다카하시 도오루 조선사상사론의 양면성」; 홍원식, 「장지연과 다카하시 도오루의 '유자·유학자 불이·불일」 논쟁」. 이상의 논문들은 「비판」, 「양면성」, 「대안」 등의 논문제목에서 알 수 있듯이 다카하시의 유학관에 대해 엄격한 실증적 비판을 행하였다. 이러한 비판의 배경에는 권순철의 지적대로 「그의 연구를 통해 왜곡된 한국 사상상(思想像)을 극복하고, 민족의 자주적인 사상상을 구축해야 한다는 해방 후 한국 사상사학계의 동시대적 과제가 있음에 유의할 필요가 있다」(権純哲, 앞의 논문, pp.73-74.)

및 문학관에 관한 연구가 진행되고 있다.[7] 더불어 다카하시의 초기 연구에서는 그의 유창한 한국어 능력[8]을 활용해 조선(인)을 이해하기 위한 물어·이언에 주목한 만큼, 자료집에 대한 정밀한 검토가 필요함은 두말할 필요도 없다.

3. 『이야기집』에 관한 선행연구

최인학은 일찍이 『이야기집』에 대해서 「아마도 일본인이 출판한 것 중 최초」의 자료집이라고 평가하고, 『금석이야기집(今昔物語集)』류의 원용으로 보이는 첫머리 부분의 「지금은 옛날(今は昔)」이라는 표현에 대해서 「이 표현은 한국 민담 연구에 오해를 줄 우려

이와 더불어 주의할 것은 다카하시의 조선유학관은 일관된 것이 아니라, 시국에 따라 변화했다는 점이다. 이노우에의 지적대로, 다카하시는 초기에는 이퇴계를 평가하지 않았지만, 1937년 중일전쟁 이후 그 평가가 달라졌음을 확인할 수 있다. 이는 조선인 또한 국가총동원 체제에 참여시켜야 했기에 일본 성리학과 관련성이 있는 이퇴계를 높이 평가하기 시작했다. 이는 「식민지 조선인의 동화」와 「개조」, 즉 「반도 사인(半島士人)의 혼을 근본적으로 구하는 양약(良薬)」으로 파악했음이 명백하다(井上厚史(2010), 「近代日本における李退渓研究の系譜學」, 『総合政策論叢』第18号, 島根県立大學総合政策學會, pp.76-77).

7 다카하시와 조선불교, 조선문학에 대해서는 다음 논문을 참고. 川瀬貴也(2009), 「『朝鮮人』『朝鮮宗教』『朝鮮佛教』への眼差し —高橋亨を中心に—」, 『植民地朝鮮の宗教と學知 —帝国日本の眼差しの構築』, 青弓社; 박광현, 앞의 논문.

8 경성제국대학 교수시절, 동료들과 함께 다카하시로부터 조선어를 배운 다카기 이치노스케는 「(다카하시 씨는) 반생을 조선교육에 진력한 사람으로, 특히 조선어 회화가 능숙하여, 고등 보통학교 교장 시절에는 학생 훈시 등에 있어 일체 일본어를 사용 안했다고 하니 대단하다 하겠습니다.」(高木市之助(1967)『国文學五十年』, 岩波書店, 145쪽)고 회상했다.

가 있다」고 지적하면서, 「오늘날 본격적인 민담으로는 완전한 자
료는 아니지만, 적어도 반세기 전에 수집된 자료라는 점에서 그 의
의를 인정할 수 있다. 그리고 외국인에 의한 이러한 자료집의 출판
은 아마도 국내 학자에게 한편으로는 자극을, 또 한편으로는 실망
을 주었을 것으로 것이다」고 지적하였다.[9]

　그 후 김용의, 김환희 등에 의해 근대초기 자료집에 수록된 개별
설화의 변용 및 그 성격을 고찰하는 연구가 계속되었다.[10] 『이야기
집』에 관한 언급은 일부분에 한정되어 있지만, 그 평가는 커다란
차이가 있다. 예를 들면 김용의는 『이야기집』은 식민지 시기에 일
본인이 처음으로 간행한 한국의 민간전승에 관한 자료집이라는 점
에서 주목되며 그 자료적 가치를 인정하는 데 반해,[11] 김환희는 이
른 시기에 간행되었으나 구비문학적인 가치가 의심스럽다며 부정
적이다.[12]

　『이야기집』에 대한 본격적 연구는 권혁래에 의해 행해졌다. 권
혁래는 다카하시가 『이야기집』을 선집하고 작품들을 평가하는

9　崔仁鶴(1976), 『韓国昔話の研究 ―その理論とタイプインデックス―』, 弘文堂, pp.13
　　-14.
10　각각의 논자의 대표적인 논문을 들면 다음과 같다. 김용의(1999), 「민담의 이데올
　　로기적 성격」, 『일본연구』14, 중앙대학교 일본연구소; 大竹聖美(2003), 「「조선동
　　화」와 호랑이―근대일본인의 「조선동화」 인식―」, 『동화와 번역』 5집, 동화와 번
　　역 연구소; 西岡健治(2005), 「高橋仏焉/高橋亨の『春香伝』」, 『福岡県立大學 人間社
　　會學部 紀要』, 第14巻 第1号, 福岡県立大學; 김환희(2007), 「〈나무꾼과 선녀〉와 일본
　　〈날개옷〉 설화의 비교연구가 안고 있는 문제점과 가능성」, 『열상고전연구』 26집,
　　열상고전연구회.
11　김용의, 위의 논문, p.314.
12　김환희, 앞의 논문, p.92.

과정에서 의식적이든 무의식적이든 식민사관에 입각한 편향성
이 개입했을 가능성을 인정하면서도, 「그럼에도 불구하고 다카
하시가 사회관찰자의 의도에서 작품자체의 원형을 함부로 훼손
하지는 않았을 것이라는 추론」을 할 수도 있다고 덧붙였다.[13] 더
불어 『이야기집』의 문학사적 의의에 대해 다음의 세 가지를 들고
있다.

첫째로는 근대 가장 초기에 간행된 설화·고전소설집으로, 『이야
기집』을 통하여 구전설화 전승의 시발점을 살펴볼 수 있다. 둘째로
는 수록된 설화는 긍정적이든 부정적이든 후대에 지속적으로 영향
을 미쳤다는 점이다. 셋째로는 수록된 네 편의 고전소설류 작품을
통하여, 중세 고소설이 근대 고전소설로 인식·형성되어 가는 초기
과정을 파악할 수 있다며, 다카하시 연구의 공과와 더불어 일본어
자료 연구의 필요성을 강조하였다.[14]

박미경은 다카하시의 『이언집』을 한국어로 번역하고,[15] 식민지
시기 자료집에 대한 연구의 중요성을 지적하고 형제담을 분석했
다. 『이야기집』의 「말하는 거북이(解語龜)」라는 이야기에는 「희귀
한 것을 좋아하는 것은 조선인의 특색인데, 시간을 개의치 않고 노
는 것도 이 나라의 국민성(珍しきもの好むは朝鮮人の特色,時間を関
はず遊ぶもこの国の民性)」이라는 표현이 있고, 주석에도 「시간을

---

13 권혁래(2008), 「근대 초기 설화·고전소설집 『조선이야기집』의 성격과 문학사적
    의의」, 『한국언어문학』 64, 한국언어문학회, p.224.

14 권혁래, 위의 논문, pp.239-240.

15 高橋亨, 박미경 역(2006), 『다카하시 도루의 조선속담집』, 어문학사. 이야기(설화)
    를 제외한 속담만을 번역하였다.

개의치 않는 한인(時間を構はぬ韓人)」이라고 부정적으로 부기한 것에 주목해, 작품전체의 원형을 함부로 훼손하지는 않았을 것이라는 권혁래의 추론에 대해, 재고의 여지가 농후하다고 지적하고 있다.[16] 필자는 다카하시가 의도적으로 자료를 훼손했는지에 대해서는 동시대의 다른 자료와의 대비를 통한 엄밀한 분석이 요청된다고 사료된다.

4. 다카하시 자료집과 조선인론

권혁래는『이야기집』의 수록작품의 성격을 파악하기 위해서는 유형분류가 필요함을 지적하고, 〈표 2〉처럼 삼분하였다.『이야기집』에는 번호가 없지만 편의상 번호를 매겨서 기술하기로 한다.

〈표 2〉 수록작품의 분류

유영(편)	작품명
·문헌설화류(5편)	12. 淫僧食生豆四升 16. 盲者逐妖魔 22. 富貴有命,栄達有運 24. 神虎 28. 毒婦

16　박미경(2009·9),「일본인의 조선민담 연구고찰」,『일본학연구』28집, 단국대학교 일본학연구소, p.79.

·구전설화류(19편)	1. 瘤取 2. 城隍堂 3. 貧郡守得銭 4. 嘘較べ 5. 風水先生 6. 巳時下午時発福 7. 得対句半死 8. 解語亀 9. 鬼失金銀棒 10. 贋名人 13. 片身奴 14. 無法者 15. 明者欺盲者 17. 妓生烈女 18. 癬疥病童知雨 19. 双童十度 20. 韓様松山鏡 21. 仙女の羽衣 23. 人と虎との争い
·고전소설류(4편)	11. 興夫傳 25. 長花紅蓮傳 26. 再生縁 27. 春香傳

　1910년판 『이야기집』에는 28편의 물어과 더불어 547편의 이언이 수록되었다. 한편 1914년판 『이언집』에는 이언을 대폭 증보하여 1,298편의 이언을 수록했다. 물어의 수록 수에 대해서 니시오카는 「변화가 없다」[17]고 하였고, 박미경은 「25.長花紅蓮傳」과 「26.再生縁」만이 「제외」되었다고 지적했으나,[18] 조희웅과 권혁래의 지적대

---

17 西岡健治, 앞의 논문, p.43.

로, 「13.반쪽이片身奴」 또한 삭제되어 25편이 수록되었다.[19] 단, 조
희웅과 권혁래의 연구에서도 3편의 삭제에 대해 주목하지 않았지
만, 다카하시의 조선 연구의 변화와 함께 그 삭제의 원인을 규명할
필요가 있다고 사료된다. 본서에서는 이에 대한 구체적인 고찰은
생략하지만, 이언의 대폭적인 증보로 인해 장편인 「25.長花紅蓮傳」
과 「26.再生緣」이 삭제된 것은 이해할 수 있다고 해도, 단편인 「13.
반쪽이片身奴」마저 삭제된 것은 납득이 되지 않는다. 권혁래의 지
적대로, 반쪽이는 트릭스터(trickster) 유형의 설화로 매우 주목되
는데, 이 작품이 1914년에 삭제된 것은 다카하시의 조선인의 특성
및 성격과 부합되지 않았기 때문으로 판단되며, 앞으로 엄밀한 고
찰이 요구된다.

더불어 선행연구에서는 설화와 이언을 분리해 연구해왔으나, 적
어도 다카하시에게 둘은 깊게 연결된 것이었다. 설화와 이언의 관
련성에 주목하여 고찰해야 할 것이다.[20] 필자의 분석에 의하면, 다
카하시의 이언은 물어와 깊이 관련을 맺고 있다. 다카하시는 이언
을 소개하고 나서 자세한 해설을 추가하였는데, 이언의 발생이 이
야기(물어)와 깊이 관련됨을 거듭해서 언급하고 있다. 1914년판의
이언 〈65飢えて錦が一度の飯〉, 〈134豚は自分の番に湯を沸せと言ふ〉,
〈410大學を敎へてやらうか〉, 〈438おれはパダロプンと言ふが, お前はパ

---

18 박미경, 앞의 논문, p.77.
19 조희웅(2005), 「일본어로 쓰여진 한국설화/한국설화론(1)」, 『어문학논총』 24집,
    국민대 어문학 연구소, p.17; 권혁래(2008), 앞의 논문, p.233.
20 설화와 이언의 관련에 대해서는 조희웅의 연구를 참고(『증보개정판 한국설화의
    유형』, 일조각, 1996년, 67쪽.

ダロプンと言へ〉, 〈445背負ひ込むだ坊主〉, 〈579盲人が自分の鷄を捉めて食ふ〉, 〈993桑も亀も言を慎まずして殃に罹れり〉, 〈1005甕商人が九々をする〉, 〈1161懷仁郡に監司が来た〉, 〈1163尹君来る時に泣き,去る時に復た泣く〉, 〈1194西門の門番餅を搗く〉, 〈1203すどろが寧辺へ往つて戻つて来た様だ〉의 열두 개의 이언은 모두 물어에 기원을 두고 있다. 또한 〈828祈祷はしたいが,嫁が巫女の舞のまねをして舞ふが憎らしい〉과 〈832鷄卵に骨がある〉에서는 각각의 이언을 해설하고 나서 독립된 제목으로 각기 「嫁達の姑の悪口」, 「鷄卵有骨」을 두어, 조선의 「이화(俚話)」로 언급하고 있다. 이상의 14편의 이언은 소담으로 분류할 수 있는 설화=「이화(俚話)」와 깊이 관련된다.

『이야기집』은 1910년 9월에 출판되었는데, 같은 해 8월호 『帝国文學』에 다카하시의 「한국의 이언(韓国の俚諺)」이 수록되었다. 여기에서 다카하시는 「조선의 사회연구의 일부로서 여러 방법으로 경성지방의 이언을 수집했다,[21]고 적고 있다. 다카하시의 조선 민간전승 채집은 조선사회 연구의 일환이었음을 잊어서는 안 될 것이다.

전술한 박광현의 정확한 지적처럼, 다카하시의 자료집은 조선인론과 깊은 관련을 맺고 있는데, 다카하시가 조선인의 성격에 대해 논한 글을 시기별로 정리하면 〈표 3〉과 같다.

---

21 高橋亨(1910·8), 「韓国の俚諺―京城地方の俚諺一般―」, 『帝国文學』16巻8号, 帝国文學會, p.65.

<표 3> 조선인의 성격에 관한 다카하시의 논고의 목차 및 내용

『이언집』「自序」(1914)	「朝鮮人特性之研究」유인본 (1915.5.11稿了)	「조선사정」『講習會講演集』(1915)	「조선인」『日本社會學院年報』(1917)	총독부학무국『조선인』(1920)
	총론		총설	第一 총설
사상의 고착성, 사상의 무창견(無創見), 창기(暢氣), 문약(文弱), 당파심, 형식주의	각론 1 사상상의 고착성 2 사상상의 비독립성 3 극단적 형식주의 4 불성실 5 당파심 6 문약 7 심미관념의 결핍 8 공사혼효 9 관옹응양 (寬雍鷹揚) 10 종순(從順) 11 낙천적	공사혼효 (公私混淆) 관유응양 (寬裕鷹揚)	각론 1 사상의 고저(固著) 2 사상의 종속 3 형식주의 4 당파심 5 문약 6 심미관념의 결핍 7 공사혼효 8 관용, 응양 9 종순 10 낙천적	第二 각론 1 사상의 고저 2사상의 종속 3 형식주의 4 당파심 5 문약 6 심미관념의 결핍 7 공사혼효 8 관용, 응양 9 종순 10 낙천적
	여론(餘論)		여론	第三 여론 第四 후론(後論)

<표 3>처럼 조선인의 성격에 대해 다카하시가 처음으로 언급한 것은 『이언집』의 「자서(自序)」이다. 다카하시는 조선민족의 「육성(六性)」(사상의 고착성, 사상의 무창견, 창기, 문약, 당파심, 형식주의)을 부정적으로 언급하고, 2천 년의 조선사는 현재도 육궤도(六

軌道) 위를 돌고 있는데, 이는 「상식적 해설」이라며 정체론을 주장하였다. 그러나 근대 일본인의 조선관을 대표하는 부정적 조선민족 六性이라는 「상식적 해설」은 처음부터 존재한 것이 아니라, 다카하시의 담론에 의해 창출된 면이 있으며, 「그가 구축한 '진보 없는 조선의 사상과 종교'라는 스테레오 타입은 '만들어진 전통(invention of tradition)'이라 할 수 있다」.[22]

한편 다카하시 도루 述의 「조선인특성지연구(朝鮮人特性之硏究)」(1915)라는 제목의 유인본(油印本, 도쿄대학 경제학부 도서관 소장)이 유통되었는데, 이는 1917년 『日本社會學院年報』에 게재되기 전 단계의 원고다.[23] 이 글은 1920년에 조선총독부 단행본으로 증보 간행된다. 총독부의 『조선인』에는 후론이 추가되어 그 후에 일어난 상황에 대한 그의 의견을 덧붙였다. 1920년 다카하시는 조선총독부 학무국 발행의 3권의 책자를 집필하였다. 『조선인』, 『조선의 교원제도 약사(朝鮮の敎員制度略史)』, 『조선종교사에 나타난 신앙의 특색(朝鮮宗敎史に現はれたる信仰の特色)』이 그것이다. 그 중 『조선인』은 다음 해 재판을 발행했음에도 불구하고, 『朝鮮學報』의 연표에는 1920년 발행의 책 중 『조선인』만이 빠져 있다. 그러나 구인모가 지적한 대로, 다카하시의 지역학 또는 민족지(民族誌)적 조선 연구의 초기 연구 성과를 결산한 것이 바로 『조선인』이었다고 할 수 있다.[24] 이처럼 다카하시의 자료집은 다카하시가 본격적으로

---

22 川瀨貴也(2009), 앞의 책, p.170.
23 権純哲, 앞의 논문, p.109.
24 구인모(2010), 「해제 『조선인』과 다카하시 도루의 조선 연구」(다카하시 도루, 구

조선인론을 형성하는 과정에서 창출된 산물로, 다카하시의 조선인
론 형성에 큰 영향을 주었다. 다카하시의 조선인론이 자료집의 서
술에 일정부분 영향을 미친 측면이 있을 뿐만 아니라, 자료 수집을
통해서 다카하시의 조선인론이 형성되어 간 측면도 있었다. 이를
테면 다카하시에게 자료집은 조선인론을 「상상」하고 이를 상기시
키는 장치로써 기능하였다고 판단된다.

　실제로 다카하시의 조선인론과 관련된 설화를 살펴보고자 한다.
다카하시는 조선의 멸망의 주된 원인으로 「공사혼효(公私混淆)」를
들고, 그 발생 원인으로 「지나(支那)」제도의 악영향, 관리 임기의
짧음을 지적했다.[25] 자료집에서는 「지나」의 악영향이 자주 열거되
었다. 「2.성황당」은 총각이 성황당과 내기 장기에서 이겨 장가갔다
는 이야기인데, 성황당의 기원에 대해서 다카하시는 중국 주나라
의 영향이라고 단정짓고 있다. 「5.풍수선생」과 「6.巳時下午時発福」
은 명당을 둘러싼 이야기인데, 풍수는 「지나에서 수입한 것」(30쪽)
이라 적고 있다. 또한 「10.가짜 명인」은 한 양반(생원)이 결국 점쟁
이가 되어, 「지나」의 수도까지 가서 옥새를 찾게 된다는 이야기인
데, 「조선은 신라 이래 항상 지나의 속국」(55쪽)으로, 「속국으로서
의 예의 뿐」(55쪽)이고 「이에 감복」 하는 게 「이 나라의 국민성」(56
쪽)이라고 주장하고 있다.

　그리고 관리 임기가 짧은 폐해를 여실히 그린 이야기가 있어 흥

인모 역, 『식민지 조선인을 논하다』, 동국대학교출판부, 163쪽) .
25　高橋亨(1915·12), 「朝鮮事情」, 『大正四年十一月 公立普通學校教員 講習會講演集』,
　　朝鮮総督府内務部學務局, p.314.

미룹다. 「3.貧郡守得錢」은 가난한 양반이 군수가 되자마자 면관 사령을 받고, 머나먼 부임지로 가야하는데 노자 돈이 없어 곤란해 할 때, 그 사정을 눈치 챈 부하가 못된 꾀를 부려 뇌물을 받아 떠난다는 이야기다. 이 이야기는 짧은 관리 임기로 인한 폐해를 단적으로 보여주는데, 부임되자마자 새 부임지로 사령 받는다는 부분 등 개작의 가능성이 엿보인다. 실제로 들은 대로 채록했다고 해도, 이 이야기가 다카하시의 조선인론을 뒷받침하고 이를 재구성하는데 매우 편리한 소재였음은 분명하다.

「14.무법자」는 빈곤함의 끝에 도둑질을 한 시골사람의 이야기로, 불결한 조선인 상이 그려져 있다. 그리고 「16.盲者逐妖魔」는 신통력으로 요마를 퇴치한 맹인 이야기인데, 다카하시는 귀신을 믿는 「우민」이라는 주를 달고, 조선인의 속신 관념을 비판하고 있다. 또한, 전술한 「시간을 개의치 않고 노는 것도 이 나라의 국민성」이라는 표현처럼, 「근대 문명인」 다카하시의 오리엔탈리즘적 인식을 확인할 수 있다.

5. 결론

지금까지 초기 조선 설화 연구에 커다란 영향을 끼친 다카하시의 자료집을 검토했다. 자료집에는 물어와 이언이 수록되고 있는데, 이언 속에도 이야기를 기원으로 하는 속담이 다수 존재하고 있음을 확인할 수 있었다. 또한 다카하시의 자료집은 그의 조선인론의 형

성 과정에서 오버랩 되면서 수록되었음이 밝혀졌다. 즉 다카하시의
자료집은 다카하시가 본격적으로 조선인론을 형성해 가는 과정의
산물이며, 그의 조선인론 형성에 큰 역할을 수행했다. 이를테면 다
카하시의 조선인론과 자료집과는 상보적인 관계에 있었던 것이다.
그는 자료집을 통해서 조선인론을 인위적으로 「상상」하고, 이를 재
생산해 냈다고 해석할 수 있다. 다카하시의 자료집이 준 영향이나
그것에 대한 비판에 관한 본격적인 연구는 앞으로의 과제다.

참고문헌

高橋亨(1910),「韓国の俚諺 ―京城地方の俚諺一般―」,『帝国文學』16卷8号, 帝国文學會
朝鮮學會(1959),「高橋亨先生年 譜略」및「高橋亨先生 著作年表」, 朝鮮學會『朝鮮學報』14
　　輯, 朝鮮學會
朝鮮學會(1968),「高橋亨先生 年譜略·著作年表」, 朝鮮學會『朝鮮學報』48輯, 朝鮮學會
西岡健治(2005),「高橋仏焉／高橋亨の『春香伝』について」,『福岡県立大學人間社會學部
　　紀要』, 第14卷第1号, 福岡県立大學
川瀬貴也(2009),『植民地朝鮮の宗教と學知 ―帝国日本の眼差しの構築―』, 青弓社
權純哲(1997),「高橋亨の朝鮮思想史研究」,『埼玉大學紀要 教養學部』33卷1号, 埼玉大學
崔仁鶴(1976),『韓国昔話の研究 ―その理論とタイプインデックス―』, 弘文堂
권혁래(2008),「근대 초기 설화·고전소설집『조선이야기집』의 성격과 문학사적 의
　　의」,『한국언어문학』64, 한국언어문학회
박미경(2009),「일본인의 조선민담 연구고찰」,『일본학연구』28집, 단국대학교 일본
　　학연구소
다카하시 도루, 구인모 역(2010),『식민지 조선인을 논하다』, 동국대학교출판부
김광식(2010),「우스다 잔운(薄田斬雲)과 한국설화집「조선총화」에 대한 연구」,『동
　　화와 번역』20, 동화와 번역 연구소
김광식, 이시준(2012),「우스다 잔운(薄田斬雲)의 암흑의 조선(暗黑なる朝鮮)과 조선
　　만화(朝鮮漫畵)에 나타난 조선인의 신앙관」,『日語日文學研究』83-2, 한국일어
　　일문학회
金廣植(2014),『植民地期における日本語朝鮮説話集の研究 ―帝国日本の『學知』と朝鮮
　　民俗學―』, 勉誠出版.

1910년대 조선총독부 학무국 편집과가
실시한 조선 민간전승 조사 고찰

식민지 시기 일본어

조선설화집 기초적 연구

1910년대 조선총독부 학무국 편집과가
실시한 조선 민간전승 조사 고찰

1. 서론

조선총독부는 식민지 조선 지배 기간 동안 계속해서 방대한 조사사업을 벌렸다. 지금까지 토지조사사업, 구관조사사업, 고적조사사업 등에 대한 연구가 행해져 그 실태에 대한 규명이 이루어져 왔다.[1] 앞으로는 교육 및 민속 문화 관련 조사사업에 대한 연구도 병행되어야 할 것이다. 이에 본고에서는 선행연구에서 구체적으로 고찰되지 않은 조선총독부 학무국 편집과가 1910년대에 3차례 실

---

[1] 박현수(1993),『日帝의 朝鮮調查에 관한 硏究』, 서울대학교 박사논문; 김홍식(1997),『조선토지조사사업의 연구』, 민음사; 이승일(2008),『조선총독부 법제 정책』, 역사비평사; 이순자(2009),『일제강점기 고적조사사업 연구』, 경인문화사; 한국역사연구회 토지대장연구반(2010),『대한제국의 토지제도와 근대』, 혜안 등을 참고.

시한 조선 민간전승 조사를 고찰하고자 한다. 편집과는 조선총독부 편찬 교과서를 편찬한 부서로, 이를 조사가 교과서 편찬과 어떻게 연계되는지에 대한 고찰이 요청되기 때문이다.

조선총독부가 발간한 자료집을 살펴보면, 조선인 아동 초등교육 기관 '조선총독부 관할 공립보통학교'를 활용한 간행물을 자주 접하게 된다. 조선 전토에 소재한 각종 자료를 단기간에 효율적으로 모으는 방법으로 조선총독부 중앙에서 각도에 공문을 보내고, 각도는 하위 군에, 군은 면 또는 보통학교에 시달하여, 말단의 조선인 및 일본인 교원을 활용한 보고서를 제출하게 하는 방식이 주로 활용되었다.[2] 보통학교 교원은 과제물 등 조선인 아동을 경유해서 보고서를 작성해 상부에 보고했다고 판단된다. 예를 들면, 조선총독부 관방 서무부조사과는 1923년의 『1919년 애급 대폭동(一九一九年埃及大暴動)』 1집을 시작으로 1941년 『조선의 향토오락(朝鮮の郷土娛楽)』 47집까지 방대한 조사자료 시리즈를 간행했고, 이들 자료 중 일부는 해방 후에 한국어로 번역 혹은 영인되는 등 오늘날에도 익숙한 자료로 남아 있다. 마지막 47권 째로 간행된 『조선의 향토오락』은 총독부 총탁 무라야마 지준(村山智順)이 정리한 책으로, 그 '서문'에는 "소학교(당시의 보통학교)에 의뢰하여 수집한 보고를 바탕으로 조사한 것"이라고 적혀 있다.[3] 이처럼 단기간에 방대한

---

2 1910년대 보통학교 교원통제에 대해서는 다음 논문을 참고. 나카바야시 히로카즈(2012), 「1910년대 조선총독부의 교육정책과 재조일본인 교원 통제: 조선교육(연구)회를 중심으로」, 『동방학지』 157, 연세대학교 국학연구원, pp.327-384. 참고.

3 村山智順(1941), 『朝鮮の郷土娛楽』, 朝鮮総督府, はしがき.

기본 자료를 조사하기 위해, 총독부 조직망을 이용한 가장 효율적인 수집방법으로 선택된 방식이 바로 보통학교 동원이었고, 이러한 동원방식이 적어도 1930년대 후반까지 활용되었음을 확인할 수 있다.

본고에서는 필자가 발굴한 학무국 편집과가 1913년에 실시한 『전설동화 조사사항(傳說童話調查事項)』을 중심으로 1910년대에 실시한 3차례의 조사에 주목한다. 주지하는 바와 같이, 편집과는 조선총독부 교과서를 편찬하는 주무부서로 식민지교육에 막대한 영향을 미친 기관이다. 따라서 1910년대 편집과의 일련의 조사가 어떻게 활용되었는지에 대해 논의를 집중하고자 한다.

2. 1910년대 학무국의 조선 민간전승 조사

선행연구에 의하면, 학무국이 처음으로 실시한 민간전승 조사는 1912년에 행해졌음을 알 수 있다.[4] 김광식은 그림 동화 연구자로 알려진 다나카 우메키치(田中梅吉, 1883~1975)의 유족을 만나고 새로운 관련 자료를 발굴하여, 조선총독부가 편찬한 『조선동화집』 (1924)의 실질적 편자가 다나카임을 처음으로 실증한 바 있다.[5] 도

---

4 임동권(1964), 「朝鮮總督府의 1912년에 실시한 『俚謠·俚諺及通俗的讀物等調查』에 대하여」, 『국어국문학』 27, 국어국문학회; 임동권(1981), 『한국민요집』 VI, 집문당.

5 金廣植(2010), 「近代における朝鮮說話集の刊行とその研究―田中梅吉の研究を手がかりにして―」, 徐禎完·增尾伸一郎編 『植民地朝鮮と帝国日本』, 勉誠出版.

쿄제국대학 독문과를 졸업한 다나카는 1916년 조선으로 건너와 조선 민속을 조사한 후, 독일 유학을 거쳐 경성제국대학 교수를 역임했다. 다나카는 1934년에 다음과 같이 증언하였다.

> 메이지(明治) 45년(1912년-필자 주)경, 즉 병합 후 얼마 되지 않은 해에 총독부에서는 민간교화 자료를 얻을 목적으로, 각도(各道)에 명하여, 당시 민간에서 유포되는 신·구소설의 서명을 가능한 한 빠짐없이 보고시킨 적이 있다. 자료는 오랫동안 정리되지 않은 채로 방치돼 있던 것을 나는 뒤늦게 다이쇼(大正) 10년(1921년-필자 주)에 볼 수 있었다.[6]

다나카는 1912년 보고집을 1921년에 열람한 후, 1934년 시점에 자료가 분실됐음을 알고 "총독부자료의 요부를 간신히 구했음을 기뻐한다."고 전제하고, 그 요점을 기록하였다. 그러나 다나카의 기록은 통속적 독물(讀物, 고소설)만을 기록하였다. 해방 후, 임동권 교수의 발굴에 의해, 1912년에 조선총독부는 통속적 독물뿐만 아니라, 민요와 속담도 병행하여 조사했음이 밝혀졌다. 임동권 교수가 발굴한 자료는 다나카가 지적한 1934년 이전에 분실된 자료로 판단된다.[7]

---

6 田中梅吉(1934), 「併合直後時代に流布してゐた朝鮮小説の書目」, 『朝鮮之図書館』 4-3, 朝鮮図書館研究會編, p.13. 번역 및 해제는 유춘동(2011), 「한일병합(韓日倂合) 즈음에 유통되었던 고소설의 목록」, 『연민학지』15집, 연민학회를 참고.

7 임동권(1964), 앞의 논문; 임동권(1981), 앞의 책.

그러나 그 후의 연구에서는 다나카와 임동권 교수의 연구에 대한 추가적 작업은 이루어지지 않았다. 조선총독부 학무국은 이미 1912년부터 민간교화를 위한 민간전승 자료에 관심을 지니고 이를 조사하였다는 사실은 매우 중요하며, 그 내용과 교과서와의 관련성에 대한 본격적인 검토가 요구된다 하겠다.

조선총독부 학무국은 1912년에 '민요·속담 및 통속적 독물 등의 조사(俚謠·俚諺及 通俗的 読物等 調査)'에 이어, 다음 해에는 전설·동화의 조사를 실시했다. 필자는 이를 뒷받침하는 보통학교를 중심으로 학무국에 보고한 자료집『전설동화 조사사항(傳説童話 調査事項)』을 최근 발굴, 소개하였다.[8] 먼저 임동권 교수의 연구를 바탕으로, 1912년의 '민요·속담조사 자료'의 내용을 간단히 소개하면 아래와 같다.

> 자료는 각도별에 一冊씩으로 이루어졌으며 (중략) 구체적인 시달을 내린 것은 (1912년) 1월 중순이 아니면 1월 말경으로 추측되니, (중략) 노래에도 일제를 찬양했거나 아부성을 보여준 조작된 것이 보고되어 있으니 (중략) 자료 철을 보건대 중앙에서 도에 도는 군수를 경유하여 각보통학교장에게, 이러한 순서로 하달하였고, 시달 받은 보통학교장이나 군수는 그 순서대로 아래서 위로 보고하면 중앙에서는 집성하였던 것이나 간접 수집의 표본이었다. (중략) 직접 수집의 장점을 일제가 시인했을 것이지마는 당시는 아직 이러한 단계에 이

---

8 이시준·장경남·김광식 편(2012),『전설동화조사사항』, J&C.

르지 못한 것으로 안다. 직접 수집을 채택할 만큼의 전공자의 수가 없었을 것이며, (중략) 이와 같은 인적, 학문적 여건을 갖추지 못하였으므로 필연적으로 간접수집에 의하여 우선 급한 대로의 자료를 얻고자 했을 것이다. (중략) 제목도 각도마다 조금씩 달라 평북의 철 표제는 '이요 이언 등에 관한 건(俚謠 俚諺等ニ関スル件)'으로 되어 있으나, 보통학교장의 도에 보고하는 데는 '통속교육 재료의 건(通俗敎育 材料ノ件)'으로 되어 있고, 평남은 '이요이언 및 통속적 독물 등 조사(俚謠俚諺及 通俗的読物等 調査)'라 하였고, 충북에서는 '통속적 독물 및 이요조사에 관한 건(通俗的読物及 俚謠調査ニ関スル件)'으로 되어 있어서 평남과 대동소이하나, 대체로 표지에는 '이요·이언 기타 조사의 건(俚謠·俚諺 其他調査ノ件)'으로 되어 있어서 일정한 명칭이 없었다. (중략) 학교장은 자신이 했다기보다는 교원을 동원해서 수집했을 것이 틀림없다. 우리의 경험에서 볼 때에 간접수집의 경우에는 관리 중에서 교원이 가장 적임자이다. (중략) 교원은 민중한테서 신임이 두터우며, 직업적으로 보아도 성실성을 지니고 있기 때문에 협조자로서 적격자이니, 그들의 협력을 구할 수밖에 없었을 것이다. (중략) 접수된 자료에는 공문이 붙어 있는 것도 있고 또 붙어 있지 않은 것도 있어서 그런 경우에는 欄外에 보고된 군명이나 보통학교명이 적혀 있다. 중앙에서 이 자료들을 재정리하지 않고 원문 그대로 두었기 때문에 墨書 復書 잉크로 쓰는 등 제각기이고, 용지도 규격을 정하지 않았는지 형형색색이다.[9]

9 임동권(1964), 앞의 논문, pp.2-9.

위와 같은 서술은『전설동화 조사사항』('1913년 보고집'으로 약술함)에도 대체로 적용된다. 임동권 교수는 1912년 보고서는 도별에 일책(一冊)씩 엮여져, 중앙에서 각도와 군을 경유하여 각보통학교장에게 지시되어, 말단의 각보통학교가 위로 보고하면 이를 중앙에서 집성한 간접 수집의 표본이었다고 지적했는데, 문말의【부록】에 제시한 것처럼, 1913년 보고집의 제목도 각도마다 조금씩 다르고 일정한 명칭이 없다. 자료에는 공문이 붙어 있는 것도 있고, 붙어 있지 않은 것도 있다. 중앙에서 이 자료들을 재정리하지 않고 원문 그대로 묶은 것으로 보인다. 이번에 발굴된 1913년 보고집은 4개도로부터 보고되었다(상세한 목차는 문말의 부록을 참고). 강원도는 2개 보통학교의 보고에 그쳤지만, 함경북도, 경상북도, 경기도의 자료는 다수 보고 되었다. 특히 경기도의 보고가 많다. 한편, 경기도 보고서에는 목차가 첨부되어 있지만, 입수한 자료는 그 일부에 불과하다. 또한 경상북도 보고서는 '전설동화 조사서 기이(其二)'로 적혀 있으나, '기일(其一)'은 포함되어 있지 않다. 함경북도 보고서는 도내의 "각부군(各府郡) 및 간도보통학교에서 제출된 대로 등사함"이라고 쓰여 있듯이, 누군가가 종합해 필사했으나, 나머지 3개도의 보고서는 종합해서 필기하지 않고, 보고한 내용을 그대로 중앙에 제출한 것이다.

〈그림1〉 강원도의 공문은 1913년 보고집의 조사 경위를 시사해 주는 귀중한 사료이다. 공문은 1913년(다이쇼2년) 8월 18일, 강원도 장관이 조선총독부 학무국장에게 보낸 공문인데, '학제 46호(學第36號)'로 취급되어, 오른쪽 가장 아래쪽에는 오구라(小倉)의 날인

145

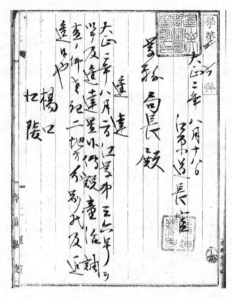

〈그림1〉 강원도 장관이 조선총독부 학무국장에게 보낸 공문(1913년 8월 18일)

이 찍혀 있음을 확인할 수 있다.[10] 오구라는 앞서 언급한 조선어 교과서 편찬을 주도한 오구라 신페(小倉進平)임이 틀림없다. 『조선 총독부及소속관서 직원록』(1913, 1914)에 따르면,[11] 1913년 학무국에 재직한 인물 중에서 오구라라는 성을 지닌 이는 오구라 신페이 뿐이다.

그렇다면 왜 오구라가 본 보고서를 관리한 것일까? 1912년의 자료에 대해서, 임동권 교수는 "자료수집의 목적은 우선 연구를 위한

---

10 이시준·장경남·김광식 편(2012), 앞의 책, p.163.
11 朝鮮総督府(2009), 『朝鮮総督府及所属官署 職員録』1910-1943(復刻版 33巻, ゆまに書房).

것이므로, 이 자료도 연구를 위해서 제공되었을 것으로 생각되나, 언제 누구에 의해서 연구되었는지 또는 이 자료를 가지고 카드라도 작성해 두었는지 알 수 없다"고 추정했다.[12]

임동권 교수는 전술한 다나카 우메키치의 논문을 간과했지만, 다나카는 학무국이 '민간교화 자료를 얻을 목적'으로 보고시켰다고 명확히 증언하고 있다. 다나카가 말하는 '민간교화 자료'란 구체적으로 무엇을 이르는 것일까. 학무국 편집과가 교과서를 편찬하는 부서였음에서 쉽게 알 수 있듯이 '민간교화 자료'란 바로 '교과서 편찬을 위한 참조 자료'였을 가능성이 높다고 판단되며, 구체적으로 이들 학무국 조사 자료와 학무국 편찬교과서에 실린 조선 설화와의 관련성에 대한 분석이 요청된다.

이처럼 학무국 편집과는 교과서 작성 및 조선 민간교화 자료를 확보하기 위해, 1912년의 '민요·속담 및 통속적 독물 등의 조사'에 이어, 1913년에는 1913년 보고집『전설동화 조사사항』을 수집하였다. 위 2차례의 조사는 일본어와 조선어에 능숙한 오구라가 우선 자료를 정리한 것으로 보인다.

계속해서 3번째 본격적인 조사는 1916년 10월 말부터 '조선총독부 임시교과용도서 편집사무촉탁'으로 근무한 다나카에 의해 실시되었다. 다나카는 1907년 7월 동경제국대학 독문과를 졸업하고, 아동문학에 관심을 보이고 1911년에는 동화연구가 아시야 로손(蘆谷蘆村, 蘆谷重常 1886~1946)과 함께『少年雜誌』(增沢出版社)의 주간

12　임동권(1964), 앞의 논문, pp.2-9.

으로 간여하고, 『帝国教育』에 논문을 집필하는 한편, 민속학자 야나기타 구니오(柳田國男, 1875~1962)의 향토회에도 참가하였다. 1914년에는 『그림동화(グリンムの童話)』(南山堂書店) 등을 번역하여 아동문학 연구가로서 알려진다. 이러한 활동을 인정받아, 동경제국대학 국문과 교수 호시나 고이치(保科孝一, 1872~1955)의 추천으로 조선에 부임하여, 조선 민간전승을 수집하여 1917년 보고서를 제출하였다. 다나카는 독일유학을 경험한 후, 1924년 6월에 경성제국대학 예과교수를 임용되어 3개월 만에 1917년 보고서를 개작하여 『조선동화집』(大阪屋号書店, 1924)을 편찬하였다.[13]

3. 조선총독부 교과서 편찬과 조선설화

지금까지 1912년, 13년, 16년에 보통학교를 그 중심대상으로 수집된 3차례의 학무국 편집과의 조선 민간전승 조사에 대해 살펴보았다. 특히, 1913년과 1916년에는 민간전승 중 조선설화를 주요 대상으로 수집되어, 설화자료에 관심이 집중되었음을 확인할 수 있다. 본 장에서는 학무국 편집과가 1910년대에 조선 설화를 주목하게 되는 이유를 학무국 편집과 관계자의 자료를 중심으로 고찰하고자 한다.

1910년 8월 22일, 일본이 대한제국을 강제 병합한 후, 무엇보다

---

13 金廣植(2010), 앞의 논문을 참고.

서둘러 요청된 사업이 일본어(국어) 보급을 위한 식민지 정책이었으며, 그 요점이 교과서 편찬에 있었음은 재론할 여지가 없을 것이다. 교과서 편찬을 주도한 부서는 조선총독부 학무국 편집과였다. 편집과의 교과서 담당자는 우선, 통감부 시기의 교과서의 문구를 긴급 수정했다. 예를 들면 '일어'를 '국어'로, '일본'을 '내지'로, '한국' 및 '우리나라'를 '조선'으로 수정하여 1911년 초에『정정 보통학교 학도용 국어독본』(전8권) 및『정정 보통학교 학도용 조선어독본』(전8권) 등을 편찬해 보통학교에 배포했다. 1911년의 정정판에는 조선 설화가 수록되어 있지 않다. 조선 설화가 식민시기 일본어 및 조선어독본에 수록되는 것은 1912년 이후의 일이다. 문제는 이들 설화가 어떤 의도와 과정을 거쳐 수록되었는가 하는 점이다.

제1기의 일본어 교과서(전8권, 1912~1915) 및 수신서는 다치가라 노리토시(立柄教俊, 1866~?)의 주도로, 조선어 교과서(전6권, 1915~1921)는 오구라 신페이(小倉進平, 1882~1944)의 주도로 간행되었다.[14] 일본어 교과서의 발행 시기가 조선어보다 3년이나 빠르게 우선적으로 간행된 것을 보아도 제1기 교과서는 당시의 '보통학교 교과서 중, 국어에는 가장 중점을 두'어 '제(諸)교과의 중심'에 자리하고 있었음을 확인할 수 있다.[15]

통감부 시기의 교과서를 급하게 수정한 1911년의 조선어와 일본어 교과서 '정정판'에는 조선 동화가 수록되지 않았다. 그러나 제1

---

14 교과서 집필자에 대한 상세한 연구는 다음을 참고. 장신(2006),「조선총독부 학무국 편집과와 교과서 편찬」,『역사문제연구』16호, 역사문제연구소를 참고.

15 立柄教俊君談(1912),「朝鮮に於ける教科書編纂事業に就きて」,『教育時論』966号, p.8.

기의 조선어 교과서에는 〈혹잇는 노인〉(권2, 1915)과 〈흥부전〉(권3, 1916)이 수록되었다. 한편, 제1기의 일본어 교과서에는 〈모모타로〉(권2), 〈하나사카세지지〉(꽃 피우는 영감)(권3) 등 일본 동화와 함께, 고대 조선을 통치했다고 왜곡 해석된 〈스사노오노 미코토〉(일본서기 출전, 권4), 삼국사기 기록을 왜곡해 일본에서 조선에 건너온 것으로 해석된 〈알에서 태어난 왕〉(삼국사기 출전, 탈해왕, 권4), 백제로 파견됐다는 〈하스히(巴提便)〉(일본서기 출전, 권4), 일본의 초대 텐노 〈진무(神武) 텐노〉(권4), 텐노에게 귀화했다고 해석된 신라 왕자 〈아메노히보코(天日槍)〉(일본서기 출전, 권8) 등 많은 설화가 수록되어 있다.

문제는 어떠한 의도와 과정을 통해서 조선 설화가 총독부 교과서 수록된 것인지를 밝히는 것이다. 1913년 6월에 조선총독부에서 간행된 일본어 교과서 『보통학교 국어독본 편찬취의서』에서는 제1기 교과서의 기술 사항으로서 '국민으로서 알아야 할' 교재와 '수신(修身)에 관한' 교재에 이어, 세번째로 '옛날이야기 · 전설 · 우화 등'을 제시하고, 다음과 같이 주장하였다.

> 인구에 회자되는 것 중, 생도의 흥미를 환기하고, 덕성 함양에 충분한 것을 취하여, 고대 이래 조선에 전해지는 설화를 부가했다.[16]

또한 1917년 조선총독부 편집과장으로서 교과서 편찬을 통괄

---

16 조선총독부(1913), 『普通學校敎科書編纂趣意書』第一編, 인용은 1915년 재판4쪽.

한 오다 쇼고(小田省吾, 1871~1953)는 제 1 기 일본어 교과서의 방침에 관련하여, 다음과 같이 주장하였다.

본서에 게재할 역사교재로는 내지와 조선간의 친밀한 관계를 충족히 보여주는 고대 이래 전설사화는 이를 많이 선택해, 국민적 사정(思情) 양성을 돕도록 노력하고, 근세의 우리(일본 -필자 주)국력 발전의 사실 및 일한병합의 유래는 모두 기록했다.[17]

오다 과장은 조선인 아동의 흥미와 덕성을 배양하기 위해 일찍부터 '내선 관련 설화'에 관심을 보이고, 이를 교과서에 반영한 후 다음과 같이 회고하였다.

유사(有史) 이전에 일본열도와 한반도와의 사이에 교통이 행해진 것은 누구도 부정하지 못할 것인데, 쌍방의 신화전설에 가장 잘 나타난다. 이들 신화전설은 이미 인구에 회자되고 있는 것도 있지만, 다음과 같이 알려져 있지 않은 것도 있다. 일찍이 조선 사적(史籍)에서 이런 종류의 전설 중 가장 현저한 것을 취해, 이를 총독부 교과서 재료로 하였다.[18]

오다는 위처럼 주장하고, 내지의 신화전설(스사노오노 미코토의

---

17 小田省吾(1917), 『朝鮮総督府編纂教科書概要』, 朝鮮総督府, p.13.
18 小田省吾(1923·10), 「古代に於ける内鮮交通傳說について」, 『朝鮮』102, 朝鮮総督府, p.33.

조선 통치, 신라왕자 아메노히보코의 일본 귀화, 신라를 망으로 끌어 당겼다는 이즈모 신화 구니비키 전설)에 이어, 신라재상 호공과 석탈해 모두가 일본에서 도래했고, 연오랑세오녀 설화를 소개하고, 제주도 여신이 일본에서 도래했다고 주장했다. 한편 오다는 조선인에게 일본어를 강제적으로 가르쳐야 한다고 주장한 호시나 고이치(保科孝一)에 대하여, 다음과 같이 비판하고 있다.

그러나 우리들은 일본과 조선과의 관계는 매우 이러한(독일-필자주) 나라들과의 관계와 달리, 조선인은 기뻐하며 스스로 국어(일본어)을 배우고 있는데, 국어를 강요할 것이 아니라, 기뻐하며 좋아서 배우도록 해야 한다. 흥미를 지니도록 교수법을 좋게 하고, 교과서 편성을 개선해야 한다는 확신을 가지고 있는 것이다[19].

이처럼 오다는 일선동조론에 기초해 동화의 가능성을 확신하며 조선인 아동이 기뻐하며 좋아서 배울 수 있는 교과서의 집필을 강조하고 있는데, 이를 위해 이용된 재료 중의 하나가 조선 설화였음을 두말 할 필요도 없다.

이상과 같이 학무국 편집과장 오다를 중심으로 한 제1기 교과서 담당자에게 조선 관련 설화는 아동에게 흥미를 갖게 하는 동시에, '일선동조론'에 기초해 식민지 지배를 정당화하기 위해서 치밀하게 고안된 것임을 확인할 수 있다. 편집과장 오다의 주장대로, 편

---

19 小田省吾(1935·10), 「倂合前後の敎科書編纂に就て」, 『朝鮮及滿洲』335, 朝鮮及滿洲社, p.40.

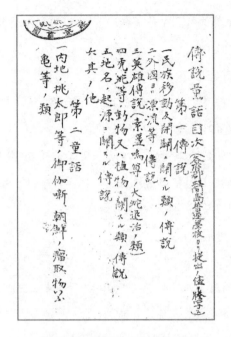

〈그림 2〉 함경북도 보고서의 목차

집과는 교과서에 조선민간 전승 중에서 '일선동조론'을 뒷받침하는 자료를 발굴하기 위해서 조선 사적을 조사하고, 민간전승을 조사했을 가능성을 시사해 준다. 이하에서는 1913년 보고집을 구체적으로 분석하여, 보고집의 의도와 활용을 고찰하고자 한다.

실제로 학무국은 1913년 자료 수집에 임하여 각 지방에 어떤 자료를 요구한 것일까? 입수한 자료로는 그 상세한 경위는 불분명하지만 보고서의 목차를 살펴보면, 그 일단을 확인할 수 있다.

〈그림 2〉 처럼 함경북도 보고서의 목차는 아래와 같다.

전설동화 목차(각부군(各府郡) 및 간도(間島) 보통학교에서 제출된
대로 등사함)

제일 전설

一 민족이동 및 개벽에 관한 유형의 전설

二 외국에서 표류 등의 전설

三 영웅전설(스사노오노 미코토의 오로치(큰 뱀) 퇴치의 유형)

四 호랑이 뱀(虎蛇) 등의 동물 또는 식물에 관한 유형의 전설

五 지명의 기원에 관한 전설

六 기타

제이 동화

一 내지의 모모타로 등 옛날이야기(御伽噺), 조선의 혹부리 영감,
  말하는 남생이 등의 유형[20]

위의 인용처럼 목차에는 구체적으로 민족이동 및 개벽 전설,
표류 전설, 스사노오의 영웅전설, 모모타로, 조선의 혹부리 영감,
말하는 남생이를 열거하고 있는데, 실제로 총독부 교과서에는 위
의 목차에 동일한 설화가 다수 수록되었다는 점에서 주의가 필요
하다. 제1기의 일본어 교과서(1912~1915)에는 〈모모타로〉(권2)와
함께 신라를 통치한 영웅전설 〈스사노오노 미코토〉(권4)의 큰 뱀
퇴치 설화, 일본인 석탈해로 왜곡된 외국 표류 전설 〈알에서 태어난
왕〉(권4)과 일본 텐노에게 귀화한 신라왕자 〈아메노히보코〉(권8),

20 이시준·장경남·김광식 편(2012), 앞의 책, 11쪽.

일본의 초대 텐노에 관한 민족 개벽 전설〈진무(神武) 텐노〉(권4)가 수록되었고, 제1기의 조선어 교과서(1915~1921)에는 내지와 유사한 조선설화〈혹잇는 노인〉(권2, 1915)이 수록되었고, 제2기 조선어 교과서(1923~1924)에는〈말하는 남생이〉(권3)가 추가 수록되었다. 함경북도 보고서의 목차에서 거론된 전설 중, 동식물 전설과 지명 전설을 제외한 모든 유형의 설화가 총독부 교과서에 수록된 셈이다. 즉 학무국 편집과는 1910년 단계에서 구체적으로 이들 설화를 수록할 의도에서 내선 관련 자료를 수집하려는 의도가 있었음이 분명하다. 즉, 학무국 편집과의 1913년 조사는 '일선동조론'을 뒷받침하는 설화를 교과서에 수록하기 위해서 행해진 것임을 확인할 수 있다.

4. 일본어 조선설화집과 〈혹부리 영감〉

총독부 교과서에 수록된 설화 연구는 1910년대 실시된 학무국 내부의 조사에 대한 시점이 결여되어 있기 때문에 구체적 실증에 한계가 있었고, 자연스럽게 총독부의 의도와 개작을 둘러싼 고찰이 주를 이루었다. 하지만 구체적인 단서가 없었기 때문에, 그 논의는 논자에 따라 커다란 차이를 보이고 있다.

우선 김종대는〈혹부리 영감담〉은 한국에 존재하지 않았으나, 일제에 의해 의도적으로 일본에서 왜곡 도입되었다고 주장하였다.[21] 이에 대해 김용의는 도깨비 유형담을 구체적으로 분석하고〈장승

형)에 비해 내지 설화와 유사한 〈도깨비형〉이 채택된 데는 내선일체 이데올로기가 활용되었다고 지적했지만, 중국『유양잡조』에 실린 신라 방이설화 등을 들어 식민지 시기에 "일본에서 한국으로 유입된 것으로 보기보다는 그 이전부터 한국에 전승하고 있었다고 보는 것이 타당하고"고 지적하였다.[22] 최근에 장정희는 "두 연구자는 공통적으로 '혹부리 영감'설화가 결과적으로 일제의 식민지 통치 차원으로 활용되었다는 크게 다르지 않은 의견을 공유"하고 있다고 절충을 시도하면서도, 일본에서 유입된 것은 아니라고 지적하였다.[23] 〈혹부리 영감담〉이 식민지 이전에 조선에 존재했는지 일본에서 역유입된 것인지에 대한 실증적 규명은 매우 중요한 현안으로 남아 있다. 이에 대해 김환희는 '혹부리 영감'은 '우리나라에서 전승되어 오다가 오래 전에 일본으로 흘러 들어가서 그곳에서 널리 퍼지게 된 설화'라고 '잠정적인' 결론을 내리고, '혹부리 영감'의 원류가 '방이설화'(또는 금방망이 설화)라 할지라도 그 본 얼굴을 알기 힘들다고 지적했다. 김환희는『「혹부리 영감」은 일제 강점기에 일본 사람들의 손길을 거치면서 일본 설화와 닮은꼴이 되었

21 김종대(2004),『한국의 도깨비연구』, 국학자료원, pp.144-151; 김종대(2006),「〈혹부리영감譚〉의 형성과정에 대한 試考」,『우리문학연구』20, 우리문학회, pp.54-57. 이러한 주장의 연장선상에서 박정용은 〈혹부리영감〉유형을 일본에서 역수입된 것으로 단정했다(박정용(2005),『설화의 전래동화 개작양상과 문제점 연구』, 한남대학교 석사논문, 25쪽.).

22 김용의(1998),「일본 '혹부리 영감'담의 유형과 분포」,『일본어문학』5, 한국일본어문학회, p.163; 김용의(2011),『혹부리 영감과 내선일체』, 전남대학교출판부, p.25, p.98, p.147.

23 장정희(2011),「『조선어독본』의 '혹부리 영감'설화와 근대 아동문학」, 강진호 외,『조선어독본과 국어문화』, J&C, p.365, p.375.

을 가능성이 크다. 일제 시대에 구전 설화가 지닌 민속학적인 가치를 일찌감치 깨닫고 우리 설화를 수집했던 손진태와 정인섭의 책에 「혹부리 영감」이 실려 있지 않아서 그 원형을 짐작하기가 힘들다』고 주장하였다.[24]

김환희의 지적대로 민속학적 관점에서 채집된 손진태와 정인섭의 자료집에 '혹부리 영감'이 수록되지 않았다는 점은 매우 아쉽다. 이에 대해 김용의는 식민지 시기에 출판된 일본어 조선설화집을 분석하여 의도성은 있지만 '혹부리 영감'이 조선민간에 존재했음을 뒷받침하고 있다. 김용의가 소개한 일본어 조선설화집 중, 1920년까지의 자료는 아래의 두 자료이다.

> 다카하시 도루高橋亨(1910) 『조선이야기집과 속담(朝鮮の物語集附俚諺)』, 경성:日韓書房.
> 야마사키 겐타로山崎源太郎(日城)(1920) 『조선의 기담과 속전(朝鮮の奇談と傳説)』, 경성:ウツボヤ書籍店.

김용의는 거론하지 않았지만, 필자가 발굴한 50여종의 일본어 조선설화집 서지 연구에 따르면, 에노모토 슈손(榎本秋村, 榎本恒太郎)이 1918년에 간행한 『세계동화집 동양의 권(世界童話集 東洋の巻)』(実業之日本社)에도 '혹부리 영감'담이 실려 있다.[25] 총독부 보

---

24 김환희(2007), 「「혹부리 영감」의 일그러진 얼굴」, 『열린어린이』 52, 열린어린이, pp.27-28.
25 식민지 시기에 간행된 일본어 조선설화집에 대한 문제제기와 새로운 목록 작성

통학교용 조선어 교과서에는 1기부터 3기까지 '혹부리 영감'담이 실렸고, 2기와 3기는 1기를 바탕으로 개작되었으므로 1기의 수록 과정을 검토할 필요가 있는데, 1기 『조선어독본』권2에 〈혹잇는 노 인〉이 실린 연도는 1915년이다. 따라서 교과서에 실리기 전에 설화 집에 수록된 유일한 '혹부리 영감'담은 다카하시의 『조선이야기집 과 속담』이다.

문제는 다카하시에 대한 설화집의 신빙성 여부이다. 김용의는 다카하시의 자료집은 식민지 시기 초기에 일본인이 간행한 민간전 승 자료집으로 그 자료적 가치를 인정하는 데 반해,[26] 김환희는 이 른 시기에 간행되었으나 구비문학적인 가치가 의심스럽다며 부정 적이다.[27] 권혁래는 다카하시가 자료집을 선집하고 작품들을 평가 하는 과정에서 의식적이든 무의식적이든 식민사관에 입각한 편향 성이 개입했을 가능성을 인정하면서도, "그럼에도 불구하고 다카 하시가 사회관찰자의 의도에서 작품자체의 원형을 함부로 훼손하 지는 않았을 것이라는 추론"을 할 수도 있다고 덧붙였다.[28] 박미경

은 아래 논문을 참고.
李市埈,金廣植(2012),「日帝强占期における日本語朝鮮説話集の刊行とその書誌」,
『日本言語文化』21輯, 韓国日本言語文化學會; 金廣植, 李市埈(2012),「植民地期日本
語朝鮮説話採集に関する基礎的考察」,『日語日文學研究』81輯, 韓国日本言語文化
學會.

26 김용의(1999),「민담의 이데올로기적 성격」,『일본연구』14, 중앙대학교 일본학연
구소, p.314.

27 김환희(2007),「〈나무꾼과 선녀〉와 일본〈날개옷〉 설화의 비교연구가 안고 있는 문
제점과 가능성」,『열상고전연구』26, 열상고전연구회, p.92.

28 권혁래(2008),「근대 초기 설화·고전소설집『조선이야기집』의 성격과 문학사적
의의」,『한국언어문학』64, 한국어문학회, p.224.

은 다카하시의 자료 중 '말하는 거북이(解語龜)'라는 이야기에는 "희귀한 것을 좋아하는 것은 조선인의 특색인데, 시간을 개의치 않고 노는 것도 이 나라의 국민성(珍しきもの好むは朝鮮人の特色, 時間を関はず遊ぶもこの国の民性)"이라는 표현이 있고, 주석에도 '시간을 개의치 않는 한인(時間を構はぬ韓人)'이라고 부정적으로 부기한 것에 주목해, 작품전체의 원형을 함부로 훼손하지는 않았을 것이라는 권혁래의 추론에 대해, 재고의 여지가 농후하다고 지적하고 있다.[29] 현 상황에서 다카하시가 의도적으로 자료를 훼손했는지의 여부, 훼손했다면 어느 부분을 개작했는지에 대한 논증은 어렵지만, 필자는 가급적 동시대의 다른 방대한 자료를 발굴하여, 이들 자료와의 대비를 통한 엄밀한 비교 분석을 통해 이를 실증해 내는 작업이 요청된다고 생각한다.[30] 전술한 1920년까지 발간된 일본어 조선설화집 중, '혹부리 영감'담이 수록된 3자료와 1기 조선어 독본의 내용을 대조 비교해 보고자 한다. 그 중심 내용을 정리하면 〈표 1〉과 같다.

---

29 박미경(2009), 「일본인의 조선민담 연구고찰」, 『일본학연구』28집, 단국대학교 일본학연구소, p.79.
30 이시준·장경남·김광식 편, 다카하시 도루(2012), 『조선이야기집과 속담』, J&C, 해제를 참고.

〈표 1〉 일본어 조선설화집에 수록된 '혹부리 영감'담 비교

자료명	다카하시 (1910) 1-5쪽.	에노모토 (1918) 48-51쪽.	야마사키 (1920) 211-213쪽.	조선어독본 (1915) 56-62쪽
언어	일본어	일본어	일본어	조선어
제목	혹부리(瘤取)	혹부리 영감 (瘤爺)	혹부리이야기 (瘤取物語)	혹잇는 老人
첫 문장	지금은 옛일이 되었지만 한시골에 매우 큰 혹을 뺨에 늘 어뜨린 노인이 있었다.	옛날 어느 곳에 이마에 커다란 혹이 있는 두 사람의 노인이 있었습니다.	옛날 옛날 어느 시골에 얼굴에 큰 혹이 있는 노인이 살고 있었다.	옛날 어느 山村에 한 老人이 잇섯는대, 그 목에 큰 혹이 달넛섯소.
상대방	요괴들 (도깨비)	오니들(鬼共)	요괴 무리	독갑이들
노래 잘하는 이유	(노인은) 대왕이 보시는대로 저는 여기 큰 혹이 있어, 이것이야말로 내 소리를 담는곳 이라 답했다.	(노인은) 「내 좋은 목소리는 이 이마의 혹에서 나온다」고 말했 습니다.	노인은 적당히 「내 얼굴에 있 는큰혹에서 이 아름다운 소리 가나온다」고답 하자	老人의 對答이, 「이 목에 달녀 잇 는 혹 속에서 나 온다.」
교환 조건	각종 보물을 꺼내 교환했다.	금은珊瑚가 많이 든 보석상자를 노인에게드리겠다.	많은 보물을 꺼내어 그 혹을 노인 얼굴에서 억지로 떼버렸다.	여러가지 寶貝를 내여주고, 그 혹을 떼여갓소.
이웃 혹부리노인	뺨에 혹이 달린 다른 노인이 흉내 내어 혹옆에 또하나 붙여짐	부정직한 나쁜 노인 흉내 내어 죽도록 맞고 겨우 살아돌아왔 습니다	욕심 많은 이웃 노인 흉내 내어 얼굴 오른쪽과 왼쪽에 혹이 두개 됨	목에 큰 혹 달린 노인 흉내 내어 혹이 두개 됨

거듭 강조하지만, 조선어 교과서는 1915년에 편찬되었고, 그 이전에 간행된 일본어 조선설화집은 다카하시의 자료집의 유일하다. 우선 일본어 조선설화집의 3자료는 〈표 1〉처럼 내용상으로는 직접적인 영향관계가 보이지 않고, 독자적으로 수집되었다고 고려되나, 모든 편자들은 수록 경로를 밝히지 않아 그 개작 여부를 확인하기는 곤란하다. 중요한 사실은 위의 세 자료는 서술에 미묘한 차이가 보이지만, 노인이 나무하러 갔다가 날이 저물어 빈집에 들어가 적적하여 노래를 불렀는데, 이에 감동한 요괴(또는 도깨비, 오니)가 혹부리 영감에게 속아 보물(또는 금은산호, 寶貝)을 주고 혹을 떼나, 이웃 노인은 실패하여 혹이 두개가 된다(또는 죽도록 맞는다)는 내용이다. 3개의 설화집이 근대 초기에 그 수집 경로는 불분명하지만, 공통적으로 '혹부리 영감'담을 수록했다는 점에서 적어도 1910년 당시 조선에 '혹부리 영감'담이 전승되고 있었을 개연성이 높다고 보인다. 세 설화집의 편자가 공통적인 의도를 가지고 조선에 존재하지 않는 '혹부리 영감'담을 왜곡 유포했다고는 주장하기는 어렵다고 판단된다. 이 문제를 좀 더 구체적으로 천착하기 위해, 다음 장에서는 계속해서 1913년 보고집을 통해 이를 더욱 구체화 하고자 한다.

5. 〈혹부리 영감〉과 의도된 수록

1913년 보고집은 아쉽게도 4개도의 자료의 일부에 불과하며, 이를 통해 완전하게 교과서에 반영된 사실의 전모를 명확히 하는 것은 한계가 있음을 인정한다. 그러나 입수한 자료 안에는 총독부 교과서 수록과 깊이 관련된 것으로 해석되는 자료가 있어, 주의를 요한다. 제2기 조선어 교과서에 실린 〈말하는 남생이〉의 원 자료로 해석되는 자료도 흥미롭지만, 본고에서는 우선 제1기 교과서에 한정하여 〈흥부전〉을 간단하게 살펴본 후, 〈혹부리 영감〉을 구체적으로 검토하고자 한다.

제1기 조선어 교과서에 수록된 〈흥부전〉과 유사한 설화는 1913년 보고집에서도 다수 보고되었다. 함경북도 회령군, 함경북도 무산군, 대구부(府) 등 3군데에서 보고되었고, 목차를 보면 경성부와 김포군에서도 보고되었지만, 입수한 자료에는 누락되었다. 전술하였듯이 다나카는 『흥부전 조선설화문학』을 일본어로 번역하고 장편의 해설을 첨부하였는데, 이에 따르면 번역의 감수는 오구라의 협력에 의한 것이며, 일본어 번역에 사용된 원전은 최남선이 관계한 1913년의 신문관 본을 사용했다.[31] 1기 조선어 교과서에 수록된 〈흥부전〉은 1913년 보고집과 신문관 본을 참고해서 작성되었다고 판단된다. 〈흥부전〉의 교과서 수록에 있어서 유의해야 할 점은 〈흥부전〉이 일본의 〈시타키리 스즈메(혀짤린 참새)〉와 유사한 모티브를 지녔으며, '일선동조론'을 다분히 의식하여 수록되었을 가능성이 높다는 사실이다.

계속해서 1913년 보고집에 많이 실린 〈혹부리 영감〉 유형의 이야기와 실제로 1기 총독부 조선어 교과서에 수록된 〈혹잇는 노인〉을 비교하여 이를 검토하고자 한다.

---

31 金廣植(2011), 「高橋亨の『朝鮮の物語集』における朝鮮人論に関する研究」, 『學校教育學 研究論集』24, 東京學芸大學을 참고.

〈표 2〉 1913년 보고집에 수록된 '혹부리 영감'담의 비교

보고처	함경북도 성진군 (현 김책시)	함경북도 무산군	경상북도 신녕군	조선어독본 (1915)	경기도 목차뿐
언어	일본어	일본어	일본어	한글	
제목	X	X	혹부리(瘤取)	혹잇는 노인	
첫 문장	옛날 어느 마을에 얼굴에 혹이 있는 사람 둘이 있었습니다.	뺨에 큰 혹 있는 노인 나무하고 귀가중 날이 저물어	어느 시골에 혹을 뺨에 지닌 노인이 있었다.	옛날 어느 山村에 한 老人이 잇섯는대, 그 목에 큰 혹이 달녓섯소.	영평군 안산군 파주군 마전군 (현 연천군)
사건 무대	산보에 나가 그 村 부근의 언덕	나무를 하고 돌아올때 저물어 한 집	나무하러 갔다가 저물어서 한 빈집	나무를 하러 山에 갓다가, 저물어서, 빈집	
상대 방	많은 바케모노 (大勢ノ化者)	鬼共(귀신들)	妖怪共 (요괴들)	독갑이들	
노래 잘하 는 이유	갑(노인)은 자기 혹을 가리켜	노인 답하여 이 혹이다	(노인)큰 혹이 있소. 여기에서 소리가 나온다	老人의 對答이, 「이 목에 달녀 잇는 혹속에서 나온다.」	
교환 조건	천엔으로 매각했습니다.	後日 재회의 증거로 혹을 떼다.	혹을 많은 재보와 교환	여러가지 寶貝를 내여주고, 그 혹을 떼여갓소.	
이웃 노인	그 후 을(乙) 혹 두개 되다.	근린의 혹있는 노인 혹 두개 되다.	마찬가지로 혹을 지닌 노인 혹 두개 되다.	목에 큰 혹 달린 노인 흉내 내어 혹이 두개 됨	

〈표 2〉와 같이 1913년 보고집에는 세 개의 〈혹부리 영감〉담이 수록되었다. 경기도편의 목차에는 영평군, 안산군, 파주군, 마전군(현 연천군)의 보고에도 유사담이 적혀 있지만, 입수한 자료에는 누락

되었다. 〈표2〉과 같이, 일본어로 보고된 세 개의 〈혹부리 영감〉담은 혹부리 영감이 나무하러(혹은 산책하러) 갔다가 날이 저물어 적적하여 노래를 불렀는데, 이에 감동한 요괴(혹은 '바케모노(化者)', '오니(鬼)')가 혹부리 영감에게 속는다는 이야기이다. 전술한 일본어 조선설화집 세 자료와 함께 이야기의 모티브가 거의 일치함을 확인할 수 있고, 혹부리 영감의 혹에서 좋은 소리가 나온다고 혹부리 영감 스스로가 말한다는 점이 공통점이다. 단지 일본어 조선 설화집에서는 혹을 떼는 조건이 교환이 중심을 이루지만, 1913년 보고집에는 천 엔으로 매각, 재회의 증거에 대한 담보물, 교환 등 각기 차이가 보인다. 교환한다는 내용은 경상북도 신녕군의 자료가 유일하며, 중요한 사실은 신녕군 자료의 내용이 제1기 조선어 교과서『조선어독본』과 매우 유사하다는 점이다.

〈표 3〉은 신녕군과 조선어 교과서의 텍스트를 인용하였다. 전체적으로 신녕군의 텍스트는 설화의 요점을 간결하게 기록한데 비해, 조선어 교과서는 이를 개작하여 설명을 부가하고 문말에 '혹 떼러 갓다가, 혹붓쳣다.'는 속담을 덧붙였다는 차이가 있을 뿐이다. 〈표 3〉의 본문을 통해 문장 표현과 줄거리, 전개, 모티브 등을 살펴보면, 양자가 매우 유사함을 확인할 수 있다. 1913년 보고집 중, 특히 신녕군의 보고는 전승되는 민담을 간결하게 잘 정리하고 있는데, 이를 정리한 오구라 신페이는 특히 신녕군의 보고서를 참고로 하여 조선어 교과서에 〈혹잇는 노인〉을 수록했을 가능성이 높다.

〈표 3〉 신녕군과 조선어 교과서의 텍스트 비교

경상북도 신녕군, 224-5쪽.	『보통학교 조선어及한문독본』권2(1915), 56-62쪽.
瘤取(혹부리) 어느 시골에 혹을 뺨에 지닌 노인이 있었다. 하루는 산에 나무하러 가서 날이 저물었다. 노인은 일야를 이 산에서 새려고 한 빈집에 들어갔다. 산 깊고 적적하여 노래를 부르자, 이 근처에 사는 요괴들 그 노인의 노래에 감동해 모두 나와 열심히 노인의 노래를 들었다. 그렇게 밤을 새려했다. 한 요괴는 노인을 행해 어찌하면 그런 아름다운 소리가 나오는지 가르쳐달라고 하자, 노인은 이르기를 내 뺨에 큰 혹이 있소. 여기에서 소리가 나온다고 하자, 요괴는 그러면 내가 그 혹을 사겠소. 이에 노인은 요괴와 이 혹을 많은 보물과 교환하고, 기뻐서 집으로 돌아왔다. 근린에 동일하게 혹을 지닌 노인이 있어, 이 이야기를 듣고, 나도 그리하겠다며 이 산에 가서 재밌게 노래를 부르며 밤이 깊어 요괴가 나오기를 기다렸다. 요괴는 이 노인에게 수많은 노래를 시킨 후	第二十四課 혹잇는老人(一) 옛날 어는 山村에 한老人이 잇섯는대, 그 목에 큰 혹이 달녓섯소. 하로는, 그老人이 나무를 하러山에 갓다가, 저물어서, 집에 돌아오지 못하고,길가에 잇는 뷘집으로 들어가서, 자랴고 하얏소. 밤은 漸漸 깁허지고, 四方이寂寞하야, 잠이 오지 아니하는 고로, 다시 일어 안저서, 淸淸한 목소리로 재미잇는 노래를 불으고 잇섯소. 그近處에 잇는 독갑이들이, 이 소리를 듯고, 모여왓소. 老人은 여러 독갑이가 몰녀오는 것을 보고, 조곰도 무서워하는 気色이 업시, 노래를 불넛소. 독갑이는 그 노래에 大端히 感動되여, 極히 고요하게 듯고 잇섯소. 독갑이들이 한참 듯더니,그中 괴슈되는 독갑이가 老人을對하야 뭇되, 「老人은,어듸서 그런 조흔音聲이 나옵닛가.」하얏소. 老人의 對答이, 「이 목에 달녀 잇는 혹속에서 나온다.」 하얏소. 괴슈독갑이는 이 말을 듯고, 「그러면,그 혹을 나를 주시오.」하면서,여러 가지 寶貝를 내여주고,그 혹을 떼여갓소. (연습 중략) 第二十五課 혹잇는老人(二) 老人은恒常 貴치 안케 역이던 혹이 떠러지고, 또 貴重한 寶貝가 만히 생긴 것을 깃붜하면서,그 잇흔날 아침에 일즉 집으로 돌아왓소.

어찌하면 그리 재밌게 노래하느냐고 묻자, 노인은 기다렸다는 듯이 이 혹에서 소리가 나온다고 답하자, 요괴는 하하 웃으며 거짓말쟁이 혹부리 영감 일전에 혹하나를 사서 뺨에 붙여 노래했지만 미성은커녕 조금도 소리가 안 났다. 이 혹은 내게 필요 없으니, 네 소리가 나는 곳이라면 이것도 주겠다 하며 혹 하나를 더 붙여주었다.

그 老人 사는 洞里에, 목에 큰 혹 달닌 老人 하나이 또 잇는대, 그 혹이 업서진, 緣由를 듯고, 일부러 前老人이 자던 집으로 가서, 밤이 들기를 기다려, 노래를 불으고 잇섯소. 밤즁이 되매, 果然 독갑이들이 몰녀와서, 노래를 재미잇게 듯고잇다가, 괴슈 독갑이가 그老人에게 조흔音聲이 어듸서 나오느냐고 물은즉, 老人이 역시 혹에서 나온다고 對答하얏소. 독갑이들이 그 말을 듯고, 日前에도 엇던老人에게 속엇다 하면서, 떼여 두엇던 혹을 그老人의 한편 목에 붓쳐주고, 우스면서,몰녀가 버렷소. 이러함으로,俗談에 혹떼러 갓다가,혹붓쳣다 하는 말이 생긴 것이오. (연습생략)

우리에게는 〈혹부리 영감〉과 유사한 이야기로 〈도깨비 방망이〉가 더욱 많이 전승되고 있다. 이에 대해 김용의는 다음처럼 지적하였다.

『한국구비문학대계』에 수록된 총 213편에 이르는 도깨비 이야기 중에서 〈혹부리 영감〉은 6편 밖에 채록되지 않았다. 이에 비해서 〈도깨비 방망이〉쪽은 모두 26편이 채록되었다. 수록 빈도에서 상당한 차이가 인정되는데, 이는 한국에서 〈혹부리 영감〉보다 〈도깨비 방망이〉쪽이 더욱 널리 알려진 이야기라는 사실을 의미한다고 해석할 수 있겠다. 주지하다시피 〈도깨비 방망이〉는 〈혹부리 영감〉과 매우 유사한 민담구조로 되어 있다. 즉 이야기 전반부는 주인공이 산에 가서 '도깨비 방망이'라는 주술적인 보물을 손에 넣어 부자가 되자, 다른 사람이 이를 흉내 내다가 곤경에 처한다는 줄거리로 구성되었다. 두 이야기 사이의 결정적인 차이는 「혹」과 관련된 모티브의 유무뿐이라고 보아도 좋을 정도로 유사한 민담구조를 보이고 있다.[32]

위 인용문의 지적대로, 〈도깨비 방망이〉는 〈혹부리 영감〉보다 더 많이 전승되며, 이러한 상황은 1910년대에도 크게 다르지 않았을 것이다. 특히 〈도깨비 방망이〉는 이웃노인이 아닌 형제담으로 전승 되는 경우가 많다. 일반적으로 우리 민담이 형제담으로 전승되는 데 비해, 일본 민담은 이웃 노인담 형태로 많이 전승된다는 차이점 이 있다. 전술한 3개의 일본어 조선설화집에는 〈혹부리 영감〉과 더 불어 〈도깨비 방망이〉도 수록되었다. 다카하시와 야마사키의 설화 집은 25편 이상의 설화를 수록했지만, 에노모토 설화집에 수록된 조선 설화는 6편뿐인데도 불구하고, 그 중 2편이 도깨비 이야기에 해당된다.[33] 초기 일본어 조선설화집은 도깨비 이야기를 주목했음 을 확인할 수 있는데, 중요한 사실은 이들이 채록한 〈혹부리 영감〉, 〈도깨비 방망이〉 유사설화 6편이 모두 이웃 노인담 형태로 채록되 었다는 점이다.[34] 설화집의 편자인 다카하시, 에노모토, 야마사키

---

32 김용의(2011), 앞의 책, p.54.

33 에노모토의 『世界童話集 東洋の巻』에는 〈혹부리영감(瘤爺)〉과 도깨비 방망이 유 형인 〈욕심 많은 영감(強慾爺)〉 이외에 〈부자의 실책(長者の失策)〉, 〈흥부놀부(燕の 御禮)〉, 〈나무꾼과 선녀(天人の羽衣)〉, 〈말하는 남생이(ものいふ亀)〉 총 6편이 수록 되었다.

34 참고로 전술한 바와 같이 1917년 편집과 보고서를 바탕으로 1924년에 다나카가 간행된 조선총독부 『조선동화집』에는 〈혹부리 영감〉은 〈도깨비형〉이 아닌, 〈장승 형〉을 수록하며 '노인'이 아닌 '남자'로 서술했고, 〈도깨비 방망이〉도 이웃 노인담 이 아닌 형제담으로 서술하고 있어 주목된다(朝鮮総督府(1924), 『朝鮮童話集』, 大 阪屋号書店, p.13, p.123-9). 선행연구는 조선총독부가 간행한 『조선동화집』이라

는 들은 대로 서술했을 가능성도 있지만, 녹음기가 없었던 당시 의식적 또는 무의식적으로 일본식의 이웃 노인담 형태로 개변되었을 가능성을 지적해 두고자 한다.

전술한 〈그림 2〉처럼 학무국은 1913년 보고를 요청할 때, 구체적으로 '내지의 모모타로 등 옛날이야기, 조선의 혹부리 영감, 말하는 남생이 등의 유형'을 제출하라고 지시했다. 총독부는 조선의 혹부리 영감을 제출하라고 시달했음에도 불구하고, 입수한 1913년 보고집에는 〈도깨비 방망이〉가 함경북도 무산군, 경상북도 신녕군, 경성 미동 · 제동 · 정동 공립 보통학교 등 더 많은 곳에서 보고되었음을 확인할 수 있다. 이번에 입수한 자료는 4개도의 일부에 불과하지만, 1913년 보고집에는 『한국구비문학대계』와 마찬가지로, 학무국의 〈혹부리 영감〉 요청에도 불구하고, 그보다 더 많은 〈도깨비 방망이〉가 보고되었다는 점을 잊어서는 안 된다. 이처럼 조선총독부 학무국은 처음부터 식민지 지배를 정당화하기 위해, 일본과 유사한 〈혹부리 영감〉과 비슷한 유형인 〈혹잇는 노인〉을 교과서에 수록할 의도였기에 〈금방망이 은방망이〉는 처음부터 배제되었을 가능성이 높다.[35]

이처럼, 학무국은 처음부터 일선동조론에 입각한 조선 지배를

는 이유로 이데올로기 서적으로 규정되었지만, 이데올로기적 성격의 규명과 더불어 보다 치밀한 읽기가 요구된다.

35 김용의는 〈도깨비 방망이〉가 아니라 〈혹부리 영감〉이 수록된 의도를 간파하고, 「만약 〈도깨비 방망이〉 이야기에도 「혹떼기」라는 모티브가 포함되어 있었다면, 일본인 연구자들 사이에서 〈도깨비 방망이〉 쪽이 대대적으로 주목을 받아 교과서에 빈번하게 수록되었을 가능성이 높다」고 지적하였다. 김용의(2011), 앞의 책, p.96.

정당화하기 위해서 조선 민간전승을 1910년에 조사했고, 이를 교과서에 반영했음을 실증하였다. '내지'와 유사한 〈혹부리 영감〉을 노골적으로 요구했지만, 입수된 1913년 보고집을 살펴보면, 오히려 〈도깨비 방망이〉가 더 많이 보고되었다. 그러나 〈도깨비 방망이〉 유형은 배제되어, '내지' 설화와 유사한 〈혹부리 영감〉만이 1기에서 3기까지 수록되었던 것이다. 여기에는 총독부 교과서의 작위적 교재선택과 이데올로기가 숨겨져 있음을 지적하지 않을 수 없다. 이러한 의도된 수록과 번역에 대한 시대적 추이와 이데올로기 문제를 포함한 구체적인 고찰이 요구된다 하겠다.

6. 결론

지금까지 새로 발굴된 1913년 보고집의 내용을 검토하고, 이 자료가 제1기 일본어 및 조선어 교과서와 어떻게 구체적으로 관련되는지를 살펴보았다. 특히 일본의 〈혹부리 영감(瘤取)〉과 유사한 〈혹잇는 노인〉은 제1기 조선어독본에 수록된 이후 제3기까지 계속 수록되어, 조선총독부의 의도에 관한 선행연구가 활발히 이루어져 왔다. 특히 제3기의 조선어독본에는 커다란 개작이 행해졌고, 『조선어독본 편찬 취의서』에도 그 개작의 내용이 구체적으로 기술돼 있어, 그 개작의 의도를 둘러싸고 많은 연구가 행해졌다. 제1기에서 제3기까지의 텍스트를 비교하는 작업도 물론 중요하지만, 새로운 자료 발굴을 통해, 〈혹잇는 노인〉이 조선어 교과서에 수록된 배경과 그 과정을 명확히 하는 작업도 병행되어야 한다. 이에 본고에서는 조선어 교과서를 편찬한 오구라 신페가 관리한 1913년 보고집을 발굴하여, 1910년대 3차례의 민간전승 조사와 그 내용을 개괄하였다. 특히 〈혹잇는 노인〉이 일본에서 역수입된 것이 아니라, 의도된 조사 과정을 통해 수집된 1913년 자료를 기반으로 하여, 제1기 조선에 교과서에 실린 과정을 실증하였다.

2년제 · 4년제 · 6년제 교과서의 전체적 구도 속에서, 설화를 비롯한 민간전승 자료가 어떠한 문맥 속에서 도입되기 시작하여, 누가 어떠한 교재화의 과정을 거쳐 텍스트화 했고, 텍스트가 현장에서 어떻게 학습되어 결과적으로 식민지교육에 어떻게 활용되었는지를 총체적으로 밝히는 작업이 요청된다고 사료된다. 그러한 연구에 있어서, 필자가 발굴 소개한 1913년 보고집이야말로 그 의도와 과정을 밝힐 수 있는 1급 사료로 그 가치가 매우 높다고 평가된다. 앞으로 학계의 구체적인 검토가 요구된다.

끝으로, 1913년 보고집은 4개도 보고서의 일부에 지나지 않지만, 그 안에는 1910년대 초의 민족 이동 및 개벽에 관한 전설, 표류 및 영웅 전설, 호랑이와 뱀 등 동물 및 식물에 관한 전설, 성씨 및 지명의 기원에 관한 전설이 다수 수록되고 있어, 그 자체로도 귀중한 사료집임은 두말할 필요도 없다.

【부록】신 발굴 자료『전설동화 조사사항(傳說童話調査事項)』(1913) 목차

■ 함경북도편(각부군(各府郡) 및 간도(間島) 보통학교에서 제출된 대로 등사함)

◎ 전설동화 조사사항(1913년 6월)

　제일 전설

　一 민족이동 및 개벽에 관한 유형의 전설

　二 외국에서 표류 등의 전설

　三 영웅전설(스사노오노 미코토의 큰 뱀 퇴치의 유형)

　四 호랑이, 뱀(虎蛇) 등의 동물 또는 식물에 관한 유형의 전설

　五 지명의 기원에 관한 전설

　六 기타

　제이 동화

　一 내지의 모모타로 등의 옛날이야기, 조선의 혹부리 영감, 말하는 남생이 등의 유형

■ 강원도편　1913년 8월

◎ 전설동화 등 조사의 건

　강원도 양구 공립 보통학교

　1 본군의 이주민에 관한 유형의 전설

　2 지명에 관한 전설

◎ 전설동화 조사 강원도 강릉 공립 보통학교

■ 경상북도편

◎ 전설동화 조사서 기이(其二)

대구부(大邱府)

一, 전설

　1, 민족이동 및 개벽에 관한 유형의 전설

　2, 외국에서 표류 등의 전설

　3, 영웅전설

　4, 호랑이 뱀(虎蛇) 등의 동물 또는 식물에 관한 유형의
　　전설

　기타

二, 동화

◎ 전설 동화 신녕군(1913년 7월)

一, 전설

一, 함흥사자(咸興使者)

二, 동화

◎ 전설 동화 조사 현풍(玄風) 공립보통학교

◎ 一 전설 비안군(比安郡)

(一)민족이동 및 개벽에 관한 유형의 전설

(二)道의 명칭 기원

二 동화(一)효행하는 아이

◎ 一, 전설　풍기군(豊基郡)

　　1, 보고 없음

　　2, 보고 없음

　　3, 보고 없음

　　4, 호랑이, 뱀(虎蛇) 등의 동물 또는 식물에 관한 유형의

　　　전설

　　5, 지명의 기원에 관한 전설

　　기타

　二, 동화(전설이라고도 함)

■ 경기도편

전설동화 조사　경기도(경성부(府), 파주군, 장단군(長湍郡))

第一 전설

　一 민족이동 및 개벽에 관한 것

　二 외국에서 표류 등의 이야기

　三 영웅전설

　四 동식물에 관한 것

　五 지명 기원에 관한 것

第二 동화

참고문헌

강진호·허재영편(2010),『조선어독본』전5권, J&C

강진호 외(2011),『조선어독본과 국어문화』, J&C

김용의(2011),『혹부리 영감과 내선일체』, 전남대학교출판부

김환희(2007),「「혹부리 영감」의 일그러진 얼굴」,『열린어린이』52, 열린어린이

유춘동(2011),「한일병합(韓日倂合) 즈음에 유통되었던 고소설의 목록」,『연민학지』
　　　15집, 연민학회

임동권(1964),「朝鮮総督府의 1912년에 실시한『俚謠·俚諺及通俗的読物等調査』에 대
　　　하여」,『국어국문학』27, 국어국문학회

임동권(1981),『한국민요집』Ⅵ, 집문당.

장신(2006),「조선총독부 학무국 편집과와 교과서 편찬」,『역사문제연구』16호, 역사
　　　문제연구소

조선총독부학무국, 이시준·장경남·김광식 편(2012),『전설동화조사사항』, J&C

高橋亨, 이시준·장경남·김광식 편(2012),『조선이야기집과 속담』, J&C

榎本秋村(榎本恒太郎)(1918),『世界童話集 東洋の巻』, 実業之日本社

山崎源太郎(日城)(1920),『朝鮮の奇談と傳説』, ウツボヤ書籍店

立柄教俊君談(1912),「朝鮮に於ける教科書編纂事業に就きて」,『教育時論』966号, 教育
　　　時論社

小田省吾(1923),「古代に於ける内鮮交通傳説について」,『朝鮮』102, 朝鮮総督府

小田省吾(1935),「併合前後の教科書編纂に就て」,『朝鮮及満洲』335, 朝鮮及滿洲社

田中梅吉(1934),「併合直後時代に流布してゐた朝鮮小説の書目」,『朝鮮之図書館』4-3,
　　　朝鮮図書館研究會

田中梅吉·金聲律訳(1929),『興夫傳 朝鮮説話文學』, 大阪屋号書店

朝鮮総督府(田中梅吉)(1924),『朝鮮童話集』, 大阪屋号書店

朝鮮総督府(2009),『朝鮮総督府及所属官署職員録』1910年～1943年(復刻版全33巻,ゆま
　　　に書房)

金廣植(2010),「近代における朝鮮説話集の刊行とその研究―田中梅吉の研究を手がか
　　　りにして―」(徐禎完·増尾伸一郎編,『植民地朝鮮と帝国日本』, 勉誠出版)

金廣植(2011),「高橋亨の『朝鮮の物語集』における朝鮮人論に関する研究」,『學校教育學
　　　研究論集』24, 東京學芸大學

金廣植·李市埈(2012),「植民地期日本語朝鮮説話採集に関する基礎的考察」,『日語日文
　　　學研究』81輯, 韓国日本言語文化學會

李市埈,金廣植(2012),「日帝强占期における日本語朝鮮説話集の刊行とその書誌」,『日本
　　　言語文化』21輯, 韓国日本言語文化學會.

金廣植(2014),『植民地期における日本語朝鮮説話集の研究―帝国日本の「學知」と朝鮮
　　　民俗學―』, 勉誠出版

金廣植(2013),「帝国日本における「日本」説話集の中の朝鮮と台湾の位置付け―田中梅

吉と佐山融吉を中心に一」,『日本植民地研究』25, 日本植民地研究會

金廣植(2013), 「『韓国併合』前後に帝国日本と植民地朝鮮で実施された民間伝承調査」, 『国際常民文化研究機構 年報』4, 神奈川大學国際常民文化研究機構

김광식(2013), 「일본 문부성과 조선총독부 학무국의 구비문학 조사와 그 활용— 1910년대, 1920년대 편집과 관계자의 경력을 중심으로—」,『淵民學志』20, 연 민학회

식민지 시기 일본어

조선설화집 기초적 연구

다카기 도시오(高木敏雄)의
조선민간전승 〈조선동화집〉 고찰

식민지 시기 일본어

조선설화집 기초적 연구

다카기 도시오(高木敏雄)의
조선민간전승〈조선동화집〉고찰

1. 서론

　근년 근대 초기에 발간된 일본어 조선 설화집에 대한 연구가 본격화되어 주목된다.[1] 조희웅은 다음과 같이 지적하였다.

　　근대적인 학문 연구가 시작된 20세기 초 설화 연구의 상당부분이 일본인에 의해 선도된 감이 적지 않다. 시대가 흐름에 따라 점차 민족주의적인 각성에 따라 우리 손에 의한 자료 채집, 정리, 연구가 본

1　선행연구에 대한 문제제기와 새로운 목록 작성은 아래 논문을 참고.
李市埈·金廣植(2012),「日帝強占期における日本語朝鮮説話集の刊行とその書誌」,『日本言語文化』第21輯, 韓国日本言語文化學會; 金廣植·李市埈(2012),「植民地期日本語朝鮮説話採集に関する基礎的考察」,『日語日文學研究』第81輯, 韓国日語日文學會.

179

격화했지만, 여전히 현실적 여건은 학구적 의욕을 충족시켜 줄 만큼 진전되는지 못했다. 오늘날까지 일본어로 쓰여진 설화 관계 논저들은 헤아릴 수 없이 많다. 개중에는 연구의 원 목적이 일제 강점기의 통치를 위한 방편에서 이루어진 것이든, 아니면 학자적 양심에 의한 순수한 비교연구에서 쓰여진 것이든, 거론할 만한 논저가 상당히 많이 있다.

이처럼 우선 20세기 초에 행해진 일본어로 된 조선 설화 채집 및 연구의 실상을 명확히 하고, 그 성과에 대한 옥석을 신중하게 가려내어, 그 공과를 명확히 하는 작업이 요구된다 하겠다.[2] 기존의 연구는 단행본을 중심으로 한 연구가 중심을 이루고 있다. 앞으로는 단행본과 더불어 중요한 잡지 및 신문, 각종 보고서를 포함한 연구가 본격화할 필요가 있다고 생각된다. 그런 면에서 필자가 발굴한 다카기 도시오(高木敏雄, 1876~1922)의 신문연재 조선동화집은 매우 중요하다고 판단된다. 본고에서는 우선 요미우리신문에 연재된 다카기의 자료를 소개하고, 그의 설화 및 설화론을 검토하며 그 내용과 자료 제공자 등 20세기 초에 행해진 조선설화 채집의 일면을 복원하고자 한다.

---

2 조희웅(2005), 「일본어로 쓰여진 한국설화/한국설화론」, 『어문학논총』24집, 국민대 어문학연구소, pp.1-2.

2. 신발굴 자료 다카기의 조선동화집

필자는 다카기 도시오가 『요미우리신문(読売新聞)』에 50회(31회) 연재한 〈조선동화집 조선민간전승〉(1913년 2월 2일부터 1914년 1월 28일까지 연재. 이하 조선동화집)을 발굴하였다.

자료소개와 분석에 앞서 다카기에 대해서 살펴보고자 한다. 조희웅은 1910년대 '한일 신화의 비교에서 머무르지 않고 여타의 설화 장르 특히 민담과의 비교면에서 상당히 괄목할 만만 업적들이 나왔다'고 지적하고, 그 대표적인 업적으로 다카기의 「일한공통의 민간설화(日韓共通の民間説話)」(1912)를 들고 있다.[3] 설화연구는 근대적 아카데미즘을 기반으로 하여, 역사적 사실을 증명하기 위한 설화연구를 경계했다. 다카기는 설화를 가지고 역사적 사실을 증명하려는 경향과, 설화연구와 인종학상의 문제를 관련지어 논의하는 경향을 강하게 비판하였다. 이를테면 김영남의 지적대로, "다카기는 설화해석을 통하여 인종학의 문제를 해결하려고 했던 연구방법에 대해서도 부정적 태도를 취하였다."[4] 아카데미즘에 충실했던 다카기의 설화론은 식민지 시기 일선동조론과 거리를 두고, 문명사적 입장에서 조선 설화를 규명했다는 점에서 높이 평가된다. 근대 설화연구 및 자료집 중 옥석을 가린다면, 그 중에서 우선 다루어야 할 중심인물이 바로 다카기라고 판단되며, 그의 학문적 자세와

---

3 조희웅(2005), 위의 논문, p.11.
4 김영남(2006), 『동일성 상상의 계보 ─근대일본의 설화연구에 나타난 민족의 발견』 J&C, p.66.

방법은 손진태를 비롯한 조선 연구자에게도 계승 발전되었다고 판단된다.[5]

다카기는 근대 일본 신화, 전설, 민담 연구의 기초를 이룬 신화학자로, 1876년 구마모토 현에서 태어나 동경제국대학 독문학과를 졸업 후, 제오고등학교, 동경고등사범학교, 마쓰야마 고등학교, 오사카 외국어학교에서 독일어를 가르치며, 설화연구에 전념하다가 문부성 재외연구원으로 1922년 독일 출발을 앞두고 병사했다. 다카기는 새로운 학문 민속학에 관심을 갖고 1904년에 『비교신화학』을 간행하고, 1912년에는 「일한공통의 민간설화」를 발표하며 한일 비교설화 연구를 본격화했다. 한일설화를 논하면서 "일한 공통의 민간설화의 존재는 양 민족 간의 문명사적 관계가 밀접함을 증거함은 물론이지만, 인종학상의 문제 해결에 대해 항상 유력한 재료가 되는 것은 아니다."라고 분명히 했다.[6] 민속학자 야나기타 구니오(柳田国男, 1875~1962)와 공동으로 『향토연구(鄕土硏究)』를 발행, 편집(1913~1914)하는 등 초기 일본민속학 발전에도 공적을 남겼다. 1910년까지 다카기의 설화 연구는 신화학을 중심으로 했으나 1910년대에는 한일 비교 설화 등 전설, 민담 연구로 학문영역을 넓혔다.

다카기의 조선동화집은 그의 학문영역이 확장되는 시기의 산물

---

5 김광식(2012), 「손진태의 비교설화론 고찰 -신자료 발굴과 저작목록을 중심으로」, 『근대서지』 5호, 근대서지학회.

6 高木敏雄(1912), 「日韓共通の民間説話」, 『東亜之光』7巻11号(인용은 高木敏雄, 『増補 日本神話傳説の研究』2, 平凡社, 1974, p.227).

로 1910년대 초에 조선설화에 관심을 가지고, 이를 50회 연재했다는 점에서 중요한 자료라고 판단된다. 다카기는 요미우리신문 연재에 앞서, 박물학자 미나카타 구마구스(南方熊楠, 1867~1941)에게 보낸 서간(1912년 3월 17일)에서 다음과 같이 언급하였다.

소생은 현재 『조선동화집(朝鮮童話集)』을 저술 중이며, 동시에 동화학(童話學)의 저술도 준비가 완료되어, 근일 중에 집필할 것입니다. 전에 말씀드린 일본 동화를 상당수 모았으므로, 4월 하순부터 요미우리신문에 연재될 것입니다.[7]

위 글에서 먼저 주의해야 할 점은 '동화'라는 용어다. 다카기는 『수신교수 동화의 연구와 그 자료(修身教授 童話の研究と其資料)』(동경보문관 東京寶文館, 1913)와 『동화의 연구(童話の研究)』(부인문고간행회 婦人文庫刊行會, 1916)를 출판하여, 민간동화=민간설화를 논했다. 비교설화 연구자 세키 게이고의 명확한 지적대로, "현재 민담(昔話)·민화라는 용어가 일반적이지만, 처음에는 동화 혹은 민간동화라는 용어가 즐겨 사용되었다."[8] 다카기는 민간동화라는 용어를 사용해, 본격적으로 한일설화를 비교해, 그 후 일본 및 조선인의 연구에 영향을 끼쳤다.[9] 즉 1910년 당시 제국 일본과 식

7 飯倉照平編(2003), 「南方熊楠·高木敏雄往復書簡」, 『熊楠研究』5号, 南方熊楠資料研究會, p.257.

8 関敏吾(1977), 「解説」, 高木敏雄, 『童話の研究』, 講談社, p.213.

9 방정환 손진태의 다카기의 영향에 대해서는 다음 연구를 참고. 黄善英(2006) 「交錯する童心―方定煥と同時代日本人文學者における「子ども」」, 『比較文學研究』88,

민지 조선에서 동화라는 용어는 오늘날의 민담과 같은 의미로 쓰였음을 유의하지 않으면 안 된다. 이하 혼동을 피하기 위해 〈조선동화집〉과 고유명사 이외에는 동화라는 용어를 제한적으로 사용하겠다.

미나카타에게 서간을 보낸 다음 해인 1913년, 다카기는 설화학 저술 『수신교수 동화의 연구와 그 자료』를 간행했고, 요미우리신문에도 조선설화를 수록했음을 최근 필자는 확인하였다. 그 후 계속해서 다카기는 1917년에 『신일본교육민담(新日本教育昔噺)』(敬文館)이라는 타이틀로 조선 설화집을 간행했다. 지금까지 다카기에 대한 선행연구는 다카기의 조선 설화집에 대해 전혀 언급되지 않았다. 이에 우선 본고에서는 단행본에 앞서, 1911년 1월 5일부터 1916년 12월 28일까지 약 6년간 요미우리신문에 연재한 내용에 대해서 검토하고자 한다.

필자의 자료조사에 의하면, 다카기는 1911년 1월 5일부터 1912년 4월 7일까지 「신 이솝 이야기 (新伊蘇普物語)」, 「속 신 이솝 이야기 (続新伊蘇普物語)」, 「속 신 이솝 이야기(又新伊蘇普物語)」를 연재했다. 「신 이솝 이야기」 연재에 이어 2차례에 걸쳐 속편으로 1년 3개월간 연재된 것으로 보아 그 반향이 컸음을 짐작할 수 있다.

당초 다카기는 1912년 4월 하순부터 일본 설화를 연재할 계획이었던 듯이 보이지만, 조금 늦어져 「신 이솝 이야기」 연재 후, 1912

東大比較文學會; 増尾伸一郎(2010), 「孫晋泰『朝鮮民譚集』の方法」, 『韓国と日本をむすぶ昔話』, 東京學芸大學報告書; 金廣植(2011), 「高橋亨の『朝鮮の物語集』における朝鮮人論に関する研究」, 『學校教育學研究論集』24, 東京學芸大學.

년 8월 1일부터 1913년 1월 31일까지 「가정동화 신판 오토기조시 (家庭童話　新版御伽草子)」[10]를 연재하였다. 1913년 2월 2일부터 1914년 4월 2일까지 「세계동화 진묘 옛날이야기 백면상(世界童話 珍妙御伽百面相)」이라는 표제에 출전을 명기하여 연재했다. 바로 여기에 조선설화가 50회 연재되었다. 한편, 1914년 4월 3일부터 1916년 12월 28일까지는 「세계동화 부인부록(世界童話 婦人付錄)」 으로 바뀌었는데, 여기에는 출전이 제시되지 않았다. 이 안에도 조선설화와 유사한 이야기가 있지만, 출전이 명기되지 않았기 때문에 본고에서는 출전이 명기된 「세계동화 진묘 옛날이야기 백면상」 (이하 「세계동화」)을 중심으로 고찰하고자 한다.

1913년 2월부터 이듬해 4월까지 연재된 「세계동화」 중 조선 설화임을 명기한 것은 아래와 같다. 그 중 〈91-92경문왕의 귀(馬の耳)〉 는 출전을 『삼국유사』로, 〈116집오리 계산(家鷄の勘定)〉은 『용재총화』를 출전으로 명기하였지만, 나머지 29화 중 〈조선민간전승〉은 21화, 〈조선〉은 8화로 적혀 있다. 필자가 확인한 출전을 첨부하여 그 목록을 제시하면 아래와 같다.

다카기 연재 조선설화 목록(「 」괄호 안은 필자)

1913.2.4-5　　　2-3 龜は萬年(朝鮮民間傳承) 「거북이는 만 살, 나이 자랑」

10　오토기조시란 가마쿠라 시대 말기부터 에도시대 초기에 걸쳐 성립된 소박한 단편소설의 총칭.

185

（엔스호프 자료)

| 1913.2.7 | 4 孫作の親爺(朝鮮民間傳承)「손자 작이의 애비, 시골 바보」 |

1913.2.7 4 孫作の親爺(朝鮮民間傳承)「손자 작이의 애비, 시골 바보」

1913.2.9, 11, 13 5-7 仙人岳(朝鮮民間傳承)「신령이 사는 봉우리」

1913.2.23 14 借金取(朝鮮民間傳承)「빚 재촉」

1913.2.25 15 隱居と和尙(朝鮮民間傳承)「은퇴한 노인과 스님」

1913.3.2 21 三人馬鹿(朝鮮民間傳承)「3인의 바보」

1913.3.4-8 22-26 欲張長者(朝鮮民間傳承)「욕심쟁이」

1913.3.9 27 牛に成つた放蕩息子(朝鮮民間傳承)「소가 된 방탕한 자식」

1913.3.14-5 31-32 嘘話(朝鮮民間傳承)「거짓말 잘해서 장가들기」

（시미즈 자료와 중복)

1913.3.16 33 寒中の筍(朝鮮民間傳承)「한 겨울의 죽순」

（시미즈 자료와 유사함)

1913.3.25 39 困つたお嫁さん(朝鮮民間傳承)「바보 색시」

1913.4.22 60 子供の智慧(朝鮮民間傳承)「아이의 지혜」

（시미즈 자료와 유사함)

1913.4.23 61 強盜と番頭(朝鮮民間傳承)「강도와 지배인」

1913.4.24 62 虎と喇叭手(朝鮮民間傳承)「호랑이와 나팔수」

1913.5.16 80 明日は何時(朝鮮民間傳承)「내일은 언제?」

1913.6.1,3 91-92 馬の耳(삼국유사)「경문왕의 귀」

1913.6.12-13 97-98 馬買(朝鮮)「말 사기」(용재총화)

1913.6.19-22,24 101-105 愚津政の風呂番(朝鮮)「바보의 제삿날 목

욕물 준비」

(용재총화)

1913.7.1	110 山火事(朝鮮)「산불」(용재총화)	
1913.7.2-4	111-113 御祈禱騒ぎ(朝鮮)「기도 소동」(용재총화)	
1913.7.8	116 家鷄の勘定(용재총화)「집오리 계산」	
1913.7.29	131 龍宮見物(朝鮮)「용궁 구경」(용재총화)	
1913.8.3	135 成金術(朝鮮民間傳承)「부자 되는 방법」	
1913.8.8-9	139-140 田鼠の嫁入(朝鮮民間傳承)「두더지 시집가기」	
	(시미즈 자료와 중복)	
1913.8.15	145 鷄の御馳走(朝鮮民間傳承)「닭의 진수성찬」	
1913.8.17	147 小豆のお粥(朝鮮民間傳承)「팥죽」	
1913.9.2	158 牡馬の子(朝鮮民間傳承)「수컷 말이 낳은 새끼」	
	(시미즈 자료와 유사)	
1913.9.6	162 嘘八百圓(朝鮮民間傳承)「거짓말 팔백 원」	
	(시미즈 자료와 유사)	
1913.12.23	246 家泥棒(朝鮮)「집도둑」	
1914.1.1	252 虎と狐(朝鮮)「호랑이와 여우」	
1914.1.23-25	269-271 石地藏の噴嚔(朝鮮)「돌 지장보살의 재채기」	
	(시미즈 자료와 중복)	

위의 31화(50회 연재) 중, 31-32, 33, 60, 135 등 4화는 이야기가
'옛날(むかし)'로 시작되고, 2-3, 5-7, 21, 22-26, 91-92, 111-113, 116,
139-140, 147, 158, 162, 269-271 등 12화는 '옛날옛날(昔むかし)'로

시작되고 있다. 또한 특정 지명, 인물, 시기를 열거하지 않아 형식적으로도 과반수가 민담임을 확인할 수 있다.

3. 조선동화집의 내용 및 성격

다카기의 조선동화집에 수록된 설화의 내용을 살펴보면, 첫째로 구전설화의 요소가 강하다는 점이다. 전술한 바와 같이 31화 중, 「91-92경문왕의 귀」(『삼국유사』)와 「116집오리 계산」(『용재총화』)를 제외한 29화 중, 〈조선민간전승〉이라고 명기한 21화는 구설설화로 보인다. 문제는 〈조선〉으로 표기한 8화인데, 〈표 1〉과 같이, 후반부를 제외한 전반부는 모두『용재총화』의 내용을 번안한 것으로 보인다.

〈표 1〉〈조선〉으로 표기된 설화와 용재총화의 관련

다카기, 조선동화집	용재총화
97-98말 사기	제5권, 114쪽.
101-105바보의 제삿날 목욕물 준비	제5권, 115-6쪽.
110 산불	제5권, 116쪽.
111-113 기도 소동	제5권, 114-5쪽.
131용궁구경	제5권, 126-7쪽.
기타246집도둑/ 252호랑이와 여우/ 269-271돌 지장보살의 재채기	

(쪽수는 민족문화문고간행회(1971)『국역 대동야승1』을 참고)

〈표 1〉처럼, 전반부는 모두『용재총화』5권을 바탕으로 재화한 것이지만, 후반부 3화는 가장 끝부분에 해당되며, 편집부 혹은 다카기가 〈조선민간전승〉을 간략하게 〈조선〉으로 표기한 것으로 보인다. 이처럼, 다카기의 조선동화집에 〈조선민간전승〉으로 표기된 21화, 〈조선〉으로 표기된 8화 중 3화는 구전설화를 수록한 것으로 보인다. 엔스호프와 시미즈의 자료에 대해서는 후술하겠다.

실제로 이야기의 시작은 "옛날옛날"로 시작하고 있어 이를 뒷받침해준다. 일본어 조선설화집을 간행한 일본인 중에는 언어적인 한계도 작용하여, 문헌설화를 재수록한 자료집이 존재하는데, 다카기는 여러 경로로 조선의 구전설화를 입수한 것으로 보인다.

다카기의 조선동화집에는 한국을 대표하는 민담이 다수 수록되었다. 「2-3 거북이는 만 살, 나이 자랑」, 「31-32 거짓말 잘해서 장가들기」, 「62 호랑이와 나팔수」, 「139-140 두더지 시집가기」, 「252 호랑이와 여우」, 「269-271 돌 지장보살의 재채기」 등은 한국의 대표적인 민담으로 매우 해학적으로 그려졌다.

1908년 우스다 잔운(薄田斬雲)의 『암흑의 조선(暗黒なる朝鮮)』(경성의 일한서방, 동경의 동문관에서 동시 발행)을 시작으로 일본어로 간행된 조선설화집(이하, 일본어 조선설화집)이 본격적으로 간행되었다. 1910년에는 다카하시 도루(高橋亨)의 『조선이야기집(朝鮮の物語集附俚諺)』(일한서방), 1912년에는 야오야기 쓰나타로(青柳綱太郎)의 『조선야담집(朝鮮野談集)』(경성, 조선연구회)이 간행되었다. 1913년에는 나라키 스에자네(楢木末実)의 『조선의 미신과 속전(朝鮮の迷信と俗傳)』(경성, 신문사(新文社))이 간행되고, 조

선총독부 학무국이 조선민담과 전설을 대대적으로 수집했다.[11] 이들 자료집 중, 다카기에 앞서 발표된 우스다와 다카하시의 설화집은 근대 초기 민담을 다수 수록하고 있는데, 그 내용은 소담(笑談)과 신이담(神異談)이 그 중심을 이룬다. 조희웅과 권혁래는 『조선이야기집』의 선행연구에서 설화류를 동물담, 소담, 신이담, 풍수담, 운명담, 열녀담, 일반담 등으로 구분하고 있는데,[12] 이를 참고로 다카기의 수록 작품을 분류하면 그 대부분이 소담 및 재담이다(각 설화의 개요는 권말의 〈부록〉을 참고). 정명기의 연구에 의하면, 일제 치하에 간행된 재담집은 20여 종에 달하는 것으로 확인되는데,[13] 20세기 초 항간에는 소화 및 재담을 중심으로 한 설화가 구전되고 있었음을 확인할 수 있다. 이러한 상황을 반영해 다카기의 자료집은 소담을 위주로 구성되었다고 판단된다. 더불어, 다카기의 자료집은 『용재총화』와 『삼국유사』 등의 번안도 포함되어 있지만, 적어도 우스다와 다카하시의 자료집을 그대로 전사한 것을 발견할 수 없고 새로운 자료를 소개했다는 것만으로도 가치가 있다고 판단된다.

둘째로 아동을 위한 신문 연재라는 점도 작용하여 소담을 위주

---

11 우스다, 다카하시, 아오야기, 나라키, 조선총독부 학무국 자료집은, 이시준·장경남·김광식 편(2012), 숭실대학교 동아시아언어문화연구소 식민지 시기 일본어 조선설화집 자료총서(J&C)를 참고.

12 조희웅(2005), 앞의 논문; 권혁래(2008) 「근대초기 설화·고전소설집 『조선이야기집』의 성격과 문학사적 의의」, 『한국언어문학』64.

13 정명기(2008), 「일제 치하 재담집에 대한 검토」, 『국어국문학』149, 국어국문학회, p.413; 정명기 편(2009) 『한국 재담 자료 집성』전3권, 보고사. 참고.

로 설화를 개작했지만, 교훈성이 적고 해학성이 강조되었다. 우스다와 다카하시의 설화집이 채집자의 관점에서 본래의 설화를 기록했다고 보이는데 비해, 다카기의 설화집은 신문연재라는 특수성을 반영해 많은 개작을 시도했다는 점에서 그 양상에 대한 검토가 요청된다. 1920년대에 들어 식민지 조선에서도 자유주의 교육에 입각한 아동중심주의가 부각되면서, 동화(童話) 교육의 중요성이 인지되어 1924년 조선총독부의 『조선동화집(朝鮮童話集)』을 중심으로 많은 동화집이 발간되었다. 선행연구에서는 알려지지 않았으나, 조선총독부의 『조선동화집』의 편자는 다나카 우메키치로, 다나카는 1910년대에 수집한 설화를, 1920년대에 동화로 개작하여 출판하였다. 조선총독부의 동화집은 아동의 심성을 육성하기 위해, 원래 설화의 내용을 개작해 국민국가 이데올로기에 순응할 수 있는 교훈적 동화로 재탄생하게 된다.[14]

1920년대 아동의 심성을 교화시키기 위해 개각된 아동중심주의에 기반을 둔 교육적 동화가 본격화되기 전에 이루어진 1910년의 다카기의 설화 개작은 이러한 교육적, 계몽적 요소가 제한적이다. 전술한 바와 같이 다카기는 동화를 아동만을 위한 동화가 아닌, 민간 설화라는 넓은 의미로 사용하였는데, 1913년부터 연재한 조선동화집이 수록된 〈세계동화〉에서도 민간 설화로서 이를 수록했다고 보인다. 하지만, 신문연재라는 특수성을 반영해 아동이 재미있게 읽을 수 있도록 개작을 시도했지만, 그 개작은 아동의 계몽을 목

---

14 金廣植(2010), 「近代における朝鮮説話集の刊行とその研究—田中梅吉の研究を手がかりにして」(徐禎完·増尾伸一郎編『植民地朝鮮と帝国日本』,勉誠出版)을 참고.

적으로 하지 않고 어디까지나 흥미를 진작시키는 방향으로 이루어
졌다.

> (시집간 딸이) 말없이 집을 뛰쳐나와, 시집으로 돌아왔습니다.
>
> 어머니가 놀라 "어째 왔느냐." 하고 물었습니다.
>
> "말없이 뛰쳐나와 두 다리로 길을 걸어 왔는데." 하고 여자는 답했
> 습니다.
>
> "아, 이런 애물단지 계집애, 왜 말없이 돌아왔느냐고. 싸우기라도
> 했니, 아니면 무슨 문제라도 있었니?"하고 어머니가 물었습니다.
>
> "있고말고요, 산처럼 많아요. 신랑은 정말 자상한데, 시아버지 말
> 이 심술궂고 근성이 비뚤어져, 그야 한차례, 두차례, 세차례로 넘어갈
> 사람이 아니에요. 아침부터 밤까지 시끄러운 소리만 하고, 제가 하는
> 일마다 시아버지 맘에 안 차나 봐요. 많이 참았지만, 더 이상 안 될 거
> 같아 도망쳤어요(중략)."[15]

위의 문장처럼 해학적 요소가 많이 가미되어 있지만, 교훈성이
나 계몽성을 강조하는 부분이 보이지 않는다.

셋째로, 개작을 했지만 채록자의 개인적 의견이 배제되어 있다
는 점에서 평가된다. 우스다와 다카하시의 자료집은 채록자의 주
관적 의견이 때때로 개진되어 있다는 문제점이 존재하며, 이로 인
해, 그 개작의 가능성에 대한 문제제기가 행해졌다. 우스다의 자료

---

15 高木敏雄(1913),「困つたお嫁さん」,『読売新聞』, 読売新聞社.

집은 이러한 주관적 의견이 최소한에 머물러 있는데 반해, 다카하시의 자료집은 상세한 각주를 달면서까지 주관적 의견을 개진하고 있어 주의가 요청된다.[16] 이에 비해, 다카기의 수록 작품에는 조선에 대한 우월감이나 비하적인 표현을 찾아볼 수 없다. 이는 다카기의 설화 채록자로서의 투철한 의식을 바탕으로 한 것으로 보이며, 〈세계동화〉를 일본 아동에게 소개하면서 어디까지나 설화 본연의 재미를 전달하려는 목적이 있었던 것으로 보인다.

넷째로, 아동을 위한 연재물이라는 점에서 아동을 소재로 한 작품이 많이 존재한다는 점이다. 특히, 어른의 문제를 해결하는 아동의 지혜를 다룬 설화가 다수 존재한다. 먼저, 심술궂은 관리가 한겨울에 죽순을 캐오라고 명령하자, 7살 된 아들이 아버지가 독사에 물렸다고 하여 관리를 뉘우치게 하는 「33한 겨울의 죽순」과, 마찬가지로 수컷이 나은 새끼를 찾아오라는 관리의 요구에 13살 아들이 아버지가 임신했다고 하여 관리를 망신시키는 「158수컷 말이 낳은 새끼」는 동일 모티브를 지닌 설화다.

또한, 맹인의 흉내를 내어 위기를 벗어날 수 있음을 알려준 「60아이의 지혜」, 욕심 많은 화상을 혼쭐낸 동자승 이야기 「110산불」, 손님을 속여 아이들이 대신 먹게 되는 「145닭의 진수성찬」 또한 아이의 지혜와 꾀를 보여준다.

한편, 방탕한 자식이 우시장으로 팔린다는 「27소가 된 방탕한 자

---

16 다음 영인본의 해제를 참고. 다카하시 도루, 이시준·장경남·김광식 편(2012) 『조선이야기집과 속담』, J&C; 우스다 잔운, 이시준·장경남·김광식 편(2012)『조선이야기집과 속담』, J&C.

식」과, 아이가 이해 못하는 내일이라는 개념을 다룬 「80내일은 언제?」, 바보 정길의 행동을 해학적으로 그려낸 「101-105바보의 제삿날 목욕물 준비」 등도 아동을 소재로 한 설화다.

4. 자료제공자 시미즈 효조

문제는 한국어를 할 수 없었던 다카기가 어떻게 자료를 수집했는지를 검토하는 작업이다. 이를 살펴보기 위해서는 다카기의 「일한공통의 민간설화」(1912)를 살펴보는 게 유용하다. 이 논문에서 다카기는 다카하시의 자료집을 중심으로 다수의 조선설화를 인용하고 있다. 이를 정리하면 〈표 2〉와 같다.

〈표 2〉 다카기 논문과 조선동화집의 대응표

「일한공통의 민간설화」(1912) 열거 설화	다카기 조선동화집 대응 설화
동명왕(삼국사기)	×
견훤,야래자 전설(삼국유사)	×
龜兎설화(삼국사기,佛典영향)	×
거울을 모르는 사람들	×
癡兄黠弟(용재총화)	101-105愚津政の風呂番(朝鮮)〈바보의 제삿날 목욕물 준비〉
동자승과 화상(和尙) (용재총화)	110산불
바보 신랑(용재총화)	×

무심출, 신혼 밤(清水兵三보고)	33한 겨울의 죽순 158수컷 말이 낳은 새끼
두더지 시집가기(불전영향)	139-140두더지 시집가기
말 사기(용재총화)	97-98말 사기
거북이 나이(엔스호프 독일어 보고)	2-3거북이는 만 살
기타, 나무꾼과 선녀, 혹부리영감, 도깨비 방망이, 흥부전, 말하는 남생이(이상 다카하시) 금추설화金錐說話(酉陽雜俎) 등	

〈표 2)과 같이 다카기는『삼국사기』,『삼국유사』,『용재총화』와 다카하시의 자료집을 중심으로 한일 비교설화론을 전개하였다. 전술한 바와 같이, 다카기의 조선동화집은『삼국유사』에서「91-92경문왕의 귀」1화를,『용재총화』에서「97-98말 사기」,「101-105바보의 제삿날 목욕물 준비」,「110산불」,「116집오리 계산」,「111-113기도 소동」,「131용궁구경」6화를 수록하였다. 하지만, 다카하시의 자료집과 동일 설화는 보이지 않는다. 그 외에 다카기는 시미즈 효조 (清水兵三, 1890~1965)와 독일 신부 엔스호프 (Dominicus Enshoff, 1868~1939)의 자료집을 참고했을 가능성이 존재한다. 먼저, 독일 어에 정통했던 다카기는 독일 베를린에서 간행된『민속학잡지 (Zeitschrift für Volkskunde)』(21-22, 1911~1912)에 개재된「조선의 이야기 (Koreanische Erzählungen)」중의「거북이 나이」를 번안하였다. 선교활동을 위해 1909년에 조선을 방문한 엔스호프는 자신이 채집한 조선민간전승을 독일어로 소개했는데, 조선의 수수께

끼, 전설, 민담 등 51건을 보고하였다.[17]

엔스호프의 보고와 더불어 가장 많은 재료를 보고한 이는 시미즈라고 생각된다. 시미즈는 설화 및 민요 연구가로, 시마네현 마츠에시 다테마치에서 태어나, 현립 마츠에 중학교를 졸업하고, 1910년에 동경 외국어학교 조선어과에 입학하여 1913년에 졸업했다. 조선어과 재학 시절부터 일본민속학의 수립자 야나기타 및 일본설화 연구를 개척한 다카기와 교류하고, 시마네현의 설화와 · 민요를 야나기타 · 다카기 편집의『향토연구』에 자주 투고하고, 다카기가 1913년 향토연구사에서 간행한『일본전설집』에도 다수의 전설이 채택되었다. 1915년부터 3년간 평안북도 신의주부 서기를 거쳐, 1918년부터 3년간 평안북도 용천군 서기로 근무하였다. 1921년부터 조선총독부 내무국에 배치되어, 1922년부터 29년까지 사회과에 근무하면서 조선 민간전승에 관한 다수의 논문을 발표했다. 이 시기 한반도 · 만주 · 몽고 · 시베리아 방면에 여행하며 제민족의 민화 · 민요를 채집하여 비교연구를 시도했으나, 제2차 세계대전 후, 자료를 경성에 남긴 채 귀국해 마츠에시에서 거주하며, 산인민속학회(山陰民俗學會)에 가입하여,『傳承』등에 기고하고, 1965년에 『이즈모의 민화민요집(出雲の民話民謠集)』을 마츠에시 제일서방에서 출판하였다. 동경 외국어학교 조선어과 재학시절부터 시미즈의 보고 자료는 다카기 및 미나카타, 야나기타에 의해 채택되었으며, 민속학자 손진태의 「조선민간설화의 연

---

17 조현범(2009),「분도회 선교사들의 한국문화연구」,『교회사연구』33, 한국교회사
    연구회, p.188.

구一민간설화의 문화사적 고찰(9)」(『新民』 37호, 1928년 5월)이나 『조선민담집』(1930年)에도 인용되어 있다. 시미즈는 동경에서 조선어를 전공하고 1910년대에 식민지 조선의 총독부 직원으로 근무했다.[18]

시미즈는 당대를 대표하는 설화연구자에게 양질의 자료를 제공한 보고자였다. 특히, 다카기와 친교가 깊었던 것으로 보인다. 시미즈는 다카기에게 시마네 현의 자료뿐만 아니라, 조선의 자료까지를 제공한 것으로 추측된다. 1912년 1월 10일 다카기는 『도쿄 아사히신문(東京朝日新聞)』에 「가정동화」연재물 중 「금이 자라는 나무(金の生る木)」를 실었다. 그 내용은 영주의 부인이 방귀를 뀌어 소박맞았으나, 방귀 안 뀌는 사람이 키우면 금이 자라는 나무를 영주에게 권유해, 아들의 지혜로 용서받는다는 내용이다. 이 설화가 발표된 다음날 다카기는 시미즈로부터 편지를 받았다. 시미즈는 다카기의 신문연재를 매일 읽었음을 알 수 있다. 시미즈는 "조선민담과 일본민담은 동형식이 존재한다(속담도 마찬가지다). 예를 들면, 「혹부리 영감(瘤取り)」이나 「나무꾼과 선녀(羽衣)」 등은 그 좋은 예인데, 어제 아사히신문에 실린 「금이 자라는 나무」 또한 이곡동공(異曲同工)이다"[19]라고 언급하고 조선의 유사 설화 「신혼 밤」을 다카기에게 제공하였다.[20]

---

18 시미즈에 대해서는 다음의 논문을 참고. 김광식(2011), 「시미즈 효조(淸水兵三)의 조선 민요·설화론에 대한 고찰」, 『온지논총』 28집, 온지학회.

19 高木敏雄(1912), 앞의 논문(인용은 『增補日本神話傳說の硏究2』, 平凡社, 1974, p.235).

20 신혼 밤에 대해서는 김광식(2011), 위의 논문을 참고.

「신혼 밤」은 첫날밤에 방귀를 뀌어 소박맞은 여성이 '무심출(無心出)'을 낳았는데, 무심출이 자라서 아버지를 찾아 방귀 안 뀌는 사람이 키우면 하루 사이에 자라는 박이라고 한다. 아버지가 이를 비웃자, 어머니의 과거사를 고하고 용서받는다는 설화다. 이 설화는 전술한 「33한 겨울의 죽순」과 「158수컷 말이 낳은 새끼」과 동일한 모티브를 지녔다. 시미즈는 1912년 1월에 다카기에게 보낸 편지에 관련 설화를 함께 제공했거나, 다카기의 요구에 응해 조선설화를 제공했을 가능성을 상정할 수 있다.

시미즈가 1927년에 『조선사회사업』에 연재된 설화에는 「두더지 색시 찾기」, 「석불의 재채기」, 「신혼 밤」, 「사위 고르기」(거짓말 잘해서 장가들기) 등이 실렸는데, 유사 설화가 다카기의 연재물에도 보인다.[21] 이와 더불어, 시미즈도 다카기와 마찬가지로, 조선 소담에 관심을 지니고 이를 집중적으로 연재했다는 했다는 점에서 공통점을 보여준다.

여기에서는 이들 설화 중, 다카기와 시미즈의 「두더지 시집가기」를 비교하고, 그 관련성을 검토하고자 한다.

---

21 김광식(2011), 위의 논문을 참고.

《표 3》 다카기와 시미즈의 「두더지 시집가기」의 비교

다카기, 139-140두더지 시집가기(1913.8.8-9)	시미즈, 두더지 색시 찾기(1927)
옛날옛날 그 옛날, 산 위에 멋진 큰 돌 지장보살이 있었습니다. 그 지장보살 밑 땅 속에 두더지가 살고 있었습니다. 이 두더지가 아이를 낳았는데, 목이 짧고 눈이 크고 이가 작고 톱처럼 예리하고 입이 튀어나오고, 피부가 빛나고 곱디고운 딸이었으므로, 부부는 매우 소중히 귀여워하며 키웠습니다. 그러자 아이가 점점 자라 결혼할 나이가 되었습니다. 매우 예쁘고 고운 처녀라는 평판이 자자하고 세상의 두더지가 이를 듣고 여기저기에서 사위가 되려고 오는 이가 매일 매일 셀 수 없을 정도였습니다. 자신의 딸이 세상에서 가장 곱기에, 세상에서 가장 훌륭하고 강한 이를 사위로 삼는다고 으스대었습니다. 친척 두더지가 이를 듣고 "세상에서 가장 훌륭하고 강한 이라면 역시 해님인데. 해님이 두더지 사위가 되어 줄 리 없지. 두더지는 역시 두더지끼리 가 좋지." 하고 말했습니다. 어미 두더지는 화를 내며 "해님이 사위가 돼 줄지는 부탁해봐야 알지. 여차하면 돼 줄지도 모르지. 건방진 소리 말아요. 내가 곧장 부탁해 볼테니." 하고 말했습니다. "그럼 멋대로 하게." 하고 친척 두더지는 돌아갔습니다. 어미 두더지는 해님이 있는 곳에 가서 "해님, 해님. 제 딸의 사위가 되어 주세요. 매우 곱디고운 세상에서 둘도 없는 아이입니다. 입이 튀어나오고, 목이 짧고 눈이 크고 이가 하얗고 피부가 빛나고." 하고 말했습니다. "그건 도대체 어떤 이유인가?"하고 해님이 물	옛날옛날에 은진 돌 지장보살 지하에 두더지 부부가 살고 있었다. 이 부부 사이 매우 곱디고운 딸이 태어나, 부부는 매우 귀여워하며 키우다보니 세월이 빠르게 지나 이 아이도 어느덧 결혼할 나이가 되어, 부모는 세상에서 가장 훌륭한 이를 사위로 삼으려고 생각했다. "애기 엄마, 세상에서 제일 훌륭한 이라면 저 해님이겠지." "그야 해님을 당할 자는 없죠. 우리 딸 사위로 해님에게 부탁해 볼까요. 애기 아빠." "지금 바로 부탁해 보겠네." 하고 부친은 태양을 향해 나아갔다. "해님 부탁이 있습니다. 제 딸은 매우 불초하지만 부디 신부로 삼지 않겠습니까." "그건 도대체 어떤 이유인가?" "실은 송구스럽지만 저희 딸이 너무 귀여워서 보통 사위가 싫어서 꼭 세상에서 제일 훌륭한 분에게 드리고자 하여 무리한 부탁을 드

었습니다. "세상에서 제일의 딸이므로 세상에서 제일 홀 륭하고 강한 분에게 드리고자 하여 부탁드립니 다." 하고 어미 두더지는 말씀드렸습니다. "과연 재미있군, 세상에서 제일의 딸이므로 세 상에서 제일 홀륭한 자를 얻고 싶다. 그거 재미 있다. 좋다." 하고 해님은 말씀하셨습니다. "좋으십니까?" 하고 어미 두더지는 기뻐서 말 했습니다. "안 되겠다." 하고 해님이 말씀하시고 "안됐지 만, 나는 안 되겠다. 나도 꽤 홀륭하긴 하지만, 나 보다 더욱 더 홀륭한 자가 있어. 검은 구름을 만 나는 날에는 나도 당할 수 없지. (후략)"	립니다." "모처럼 부탁이지만 안 되 겠다." "왜죠?" "나는 세상에서 제일 홀륭 하지 않다. 나도 처음에는 세 상에서 제일 홀륭하다고 자 랑했지만, 살아가는 동안 항 상 자신이 약함을 알게 됐지." "그건 왜죠?" "바로 저걸 봐라. 저 검은 구 름을, 저건 아주 내가 당할 수 없지. (후략)"[22]

〈표 3〉처럼 시미즈는 비교적 설화에 충실하게 기록하였지만, 다카기는 해학적으로 개작을 시도하였다. 중요한 사실은 그 내용이 매우 유사하는 점이다. 계속해서 어미 두더지는 검은 구름보다 강한 바람, 바람보다 강한 돌 지장보살에게 부탁하지만, 결국 지장보살보다 강한 것이 두더지임을 깨닫고 두더지와 결혼한다는 내용을 해학적으로 그려내는 방식이 완전히 일치한다.

지금까지 다카기와 시미즈는 해학적인 소담에 관심을 지니고 조선 설화를 수집했을 가능성을 검토하였다. 한국어를 모르는 다카기에게 있어, 동경 외국어학교에서 조선어를 전공한 시미즈의 존재는 소중했을 것이다. 다카기와 시미즈의 설화집의 비교와 더불어, 엔스호프의 자료와의 비교 검토를 통해, 그 구체적인 개작양상

22　清水兵三(1927),「もぐらもちの婿」,『朝鮮社會事業』5-1, 朝鮮社會事業研究會.

을 검토하는 작업은 앞으로의 과제다.

5. 결론

지금까지 일본 신화학자 다카기 도시오(高木敏雄)가 1913년 2월 2일부터 1월 28일까지 「世界童話」에 연재한 조선설화를 발굴, 이를 고찰하였다. 근년, 식민지 시기에 간행된 일본어 조선 설화집에 대한 연구가 지속되고 있으나, 앞으로는 단행본과 더불어 잡지·신문에 연재된 중요 자료를 비교 검토할 필요성이 요구된다. 신문 자료 중 가장 먼저 검토해야 될 자료가 바로 다카기의 조선설화집이라고 생각된다. 1910년대 초반의 이른 시기에 발표되었다는 점과 한일 설화에 정통한 다카기가 수록한 설화라는 점에서 특히 중요하다 하겠다.

다카기의 설화 연구는 아카데미즘에 바탕을 둔 연구였으며, 식민지 현실을 추인하는 이데올로기적 위험성을 지닌 '일선동조론(日鮮同祖論)'과 거리를 두고, 문명사적인 측면에서 한일설화를 검토했다는 점에서 평가된다.

다카기는 1912년 3월 17일 미나카타 구마구스(南方熊楠)에게 보낸 편지에서『조선동화집(朝鮮童話集)』을 저술 중이라고 밝혔으나, 그 후의 선행연구사에서는 이 부분인 완전히 누락되었다. 필자의 발굴에 의해, 1913년 2월부터 이듬해 1월에 걸쳐 요미우리신문에 조선설화를 31화(50회분) 수록하여 그 내용을 확인할 수 있다. 계속해서 다카기는 1917년에 『신일본교육민담(新日本敎育昔噺)』(敬文館)이라는 타이틀로 조선설화집을 간행했다. 이에 대해서는 별고에서 검토하겠다.

신문에 연재된 설화는 문헌설화가 아닌 구전설화가 그 중심을 이루고 있다는 첫 번째 특징이 있다. 둘째는 신문 연재라는 특수성을 반영하여 소담(소화)이 그 대부분을 차지한다. 셋째로는 아동에게 들려주는 형식으로 개작을 시도했지만, 교훈적 성격을 줄이고, 설화 본연의 해학성을 강조하였다. 중요한 점은 동시기에 간행된 우스다 잔운(薄田斬雲)이나 다카하시 도루(高橋亨)의 자료집에 보이는 조선에 대한 편견이나 채록자의 의도적인 개입을 찾아볼 수 없다는 점에서 평가된다. 넷째로 아동을 향해, 아동을 소재로 한 이야기가 다수 수록되어 있다. 특히 어른에게 지혜를 알려주는 아동의 이야기가 다수 등장하고 있어, 아이의 지혜 관련 모티브에 관심을 지녔음을 확인할 수 있었다.

문제는 조선어를 몰랐던 다카기가 조선의 구전설화를 어떻게 채집했는지를 밝히는 작업이다. 본고에서는 다카기에게 자료를 제공한 인물이 시미즈 효조(淸水兵三)였을 가능성을 검토했다. 시미즈는 시마네현 출신의 설화·민요연구자로 한일 비교에 관심을 지닌 민속학자다. 시미즈는 1910년 동경 외국어학교 조선어과에 입학하여 1913년에 졸업을 하였는데, 다카기의 영향을 받아 한일 설화에 관심을 갖게 되었다. 다카기의 『일본 전설집(日本傳說集)』에 많은 자료를 제공한 시미즈는 일본의 대표적 민속학자인 야나기타와 미나카타의 연구서 및 자료집에도 자주 채택되었다.

특히, 시미즈는 조선설화에 관심을 지닌 다카기와의 교류를 통해, 다카기에게 많은 자료를 제공하였고, 다카기는 시미즈의 자료를 바탕으로 이를 개작하는 한편, 설화연구를 본격화했을 가능성을 고찰했다. 시미즈와의 관련을 비롯해, 이들 자료가 다카기의 연구와 어떤 관련성을 맺으며 동아시아 설화론의 발전으로 전개되는지에 관한 검토는 앞으로의 과제다.

【부록】 요미우리신문에 연재된 다카기의 조선설화 개요

2-3 亀は萬年(朝鮮民間傳承)〈거북이는 만 살, 나이 자랑〉

너구리가 세계 중의 동물을 초대해 나이 많은 이를 상좌에 앉게 하려는데, 여우보다 거북이가 나이가 많아 거북이가 앉게 된다는 이야기.

4 孫作の親爺(朝鮮民間傳承)〈손자 작이의 애비, 시골 바보〉

시골 바보가 도회지에 나가 속아서 필요 없는 물건을 잔뜩 사와 아버지에게 꾸중 듣는다는 이야기.

5-7 仙人岳(朝鮮民間傳承)〈신령이 사는 봉우리〉

영주 아들이 관리가 되었는데, 신기한 것을 좋아해서 신령의 감로주를 마시면 장수한다는 하인의 말을 믿고 속아서 선인 봉우리에 올라 가짜 감로주를 마신다는 이야기.

14 借金取(朝鮮民間傳承)〈빚 재촉〉

빚쟁이가 빚을 재촉해도 놀리면서, 돈이 없다며 몰아내는 이의 이야기

15 隱居と和尙(朝鮮民間傳承)〈은퇴한 노인과 화상〉

재미있는 책을 지닌 화상이 노인에게 책을 빌려주지 않자, 나중에 화상이 노인에게 낫을 빌리려 하자, 빌려주지만 노인 집에서만 쓰라고 대꾸한다는 이야기.

21 三人馬鹿(朝鮮民間傳承)〈3인의 바보〉

3인 바보 친구가 있어, 하루는 한 바보가 꿀을 탐내 바위 사이의 벌집
에 머리를 박고 먹다가 빠지지 않아 발버둥치자, 다른 바보들은 좋아서
발버둥치는 줄 알고 바로 구해주지 않고 방치해 죽고 만다는 이야기.

22-26 欲張長者(朝鮮民間傳承)〈욕심쟁이〉

욕심쟁이 부자 할아버지가 우연히 돌로 토끼를 잡은 사내를 보고, 돌
을 탐내 쓸모없는 돌을 사서 손해 보고, 계속해서 땔감 해오는 소, 꿀 뱉
는 개라고 속아 넘어간다는 이야기.

27 牛に成つた放蕩息子(朝鮮民間傳承)〈소가 된 방탕한 자식〉

영주 부하의 아들이 도박을 좋아해 다른 이들까지 나쁜 길에 빠지자,
부하가 영주와 상의를 했다. 영주가 옥에 가두려고 하자 반성하지만 나
흘 후에 다시 도박을 하고 우시장에 소로 팔아버린 뒤 그제야 뉘우쳤다
는 이야기.

31-32 嘘話(朝鮮民間傳承)〈거짓말 잘해서 장가들기〉

어떤 부자가 거짓말 세 번하면 딸을 준다는 공고를 내걸고, 두 개까
지는 칭찬하나 세번째는 매번 진짜 이야기라고 하며 매번 실패했다. 거
지 젊은이가 종이를 꺼내 자기 아버지가 부자에게 팔백 원을 빌려주었
다고 세번째 거짓말을 해, 결국 사위로 삼았다는 이야기.

33 寒中の筍(朝鮮民間傳承)〈한 겨울의 죽순〉

한 겨울에 심술궂은 관리가 부하에게 죽순을 캐오라고 시켰다. 부하가 걱정하자, 7살 된 아들이 다음날 관리를 찾아, 아버지가 죽순을 캐다 독사 물렸다며 약을 달라고 요청했다. 한겨울에 독사가 있냐고 나무라자, 그럼 죽순이 있겠냐고 말해 관리가 감탄한다는 이야기.

39 困つたお嫁さん(朝鮮民間傳承)〈바보 색시〉

이웃으로 시집간 색시가 얼마 후 집으로 돌아왔다. 어머니가 이유를 묻자, 시아버지가 심술궂어서 왔다는 것이다. 색시는 시아버지 앞에서 담배를 피우고, 쌀이 많다고 하여 이를 버리는 등 자주 야단맞아, "이 대머리"라고 화를 내고 돌아왔다는 이야기.

60 子供の智慧(朝鮮民間傳承)〈아이의 지혜〉

한 대신이 시골을 보기 위해 거지 복장을 하고 지방을 순찰하는데, 진짜 거지가 농민에게 쫓겨 숨겨 달라 해서 숨겨주었지만, 농민에게 협박당해 자백해 거지는 죽고 말았다. 집에 돌아와 사실을 말하자, 7살배기 아이가 맹인 흉내를 내면 된다고 지적해 놀랐다는 이야기.

61 強盜と番頭(朝鮮民間傳承)〈강도와 지배인〉

포목전 지배인이 직물을 잔뜩 짊어지고 모두 팔고 돌아오는 길에 도적을 만나, 돈을 뺏긴다. 지배인이 도적을 만났음을 주인이 믿도록, 총으로 옷에 구멍을 뚫어달라고 부탁하나, 장난감 총이라서 소리가 나지 않자 지배인은 도적을 때리고 돈을 찾아 돌아왔다는 이야기.

62 虎と喇叭手(朝鮮民間傳承)〈호랑이와 나팔수〉

술에 취하여 들에서 홀로 잠든 나팔수는 호랑이에게 잡혔는데, 호랑이가 강에서 꼬리에 물을 적셔 깨우자, 불시에 호랑이 엉덩이에 나팔을 꽂았다. 놀란 호랑이가 달리자 그 기세로 나팔소리가 나고, 호랑이가 계속 달려 결국 지쳐 쓰러졌다는 이야기.

80 明日は何時(朝鮮民間傳承)〈내일은 언제?〉

할아버지와 7살 된 여자 아이가 있었는데, 할아버지 말을 잘 못 알아들었다. 여자 아이가 내일은 언제냐고 하자, 자고 나면 내일이라고 알려주자, 자고 일어나서 지금은 내일이냐고 묻자, 오늘 자고 일어나면 내일이라고 설명해도 아이는 못 알아들었다는 이야기.

91-92 馬の耳(三国遺事)〈경문왕의 귀〉

삼국유사에 실린 경문왕의 말처럼 큰 귀 이야기.

97-98 馬買(朝鮮)〈말 사기〉

백세, 천세, 만세가 우시장에 갔는데, 좋은 소는 비쌌기에 3인이 돈을 모아서 함께 한 마리 소를 사기로 했다. 만세는 소 등을 사서 말을 타고, 백세는 머리를 사서 고삐를 잡고, 천세는 꼬리를 사서 청소를 하게 된다. 백세와 천세가 불만을 제기해 결국 가장 높은 곳에 오른 적이 있는 이가 말을 타기로 했다. 결국 만세가 계속 말을 타게 된다는 이야기.

101-105 愚津政の風呂番(朝鮮)〈바보의 제삿날 목욕물 준비〉

정길(政吉)은 머리가 나빠서 바보라고 불렸다. 정길은 12살 때 부모를 여의고, 형과 단 둘이서 가난하게 살았다. 3년이 지나 제삿날 스님을 부를 수도 없어, 형제는 이웃집에서 팥을 훔치다 들켰으나 다행히 팥을 얻을 수 있었다. 스님을 찾는 일도 팥죽 만드는 일도 실패했다. 가까스로 스님을 모셨으나, 목욕물을 뜨겁게 하여 스님이 바보라고 단념하고 돌아갔다는 이야기.

110 山火事(朝鮮)〈산불〉

욕심 많은 화상이 있어, 어린 중은 골탕 먹일 기회를 엿보고 있었다. 어린 중은 돌을 화상의 침실에 매달고 불이라고 소리치자, 돌을 맞아 아팠지만 가까스로 나가보니 불이 나지 않아서 어린 중을 질책하자, 산불이라고 대꾸하여 화상이 반성했다는 이야기.

111-113 御祈禱騒ぎ(朝鮮)〈기도 소동〉

경솔한 광대가 있었는데 좋은 집주인을 만나 하룻밤 머물게 되었다. 다음날 광대가 상자로 놓고 가 주인이 열자 고양이 모양의 새가 나와 도망갔다. 처음 본 새라서 주인은 놀라 스님에게 문의했다. 스님은 이번 기회에 돈벌이를 할 요량으로, 사람들을 모아 한 마음으로 기도하지 않으면 마을이 망한다고 하고 기도드렸다. 쌀을 가져오시오 하자, 모두들 스님 흉내를 내었다. 스님의 모든 말과 행동에 흉내를 내자 결국 스님은 못 참고 돌아가 버렸다는 이야기.

116 家鷄の勘定(용재총화)〈집오리 계산〉

『용재총화』의 이야기. 노인이 오리를 키우는데, 오리를 가둘 때 둘씩 넣고, 마지막에 넣은 숫자가 하나인지 둘인지만 기억하였다. 하인은 친구와 함께 두 마리씩 훔쳐 먹었다. 하루는 한 마리가 부족해 하인의 소행임이 발각되었지만, 하인의 한 마리를 더 훔치자, 노인은 이를 보충했다고 생각하고 만족했다는 이야기.

131 龍宮見物(朝鮮)〈용궁 구경〉

호기심 많은 맹인과 그 이웃집에 거짓말 잘하는 이가 있었다. 이웃사람이 어젯밤 바람으로 밭이 꺼져 큰 구멍이 생겨 용궁이 나타났다고 거짓말하자, 데려가 달라고 해, 집 위의 둑에 올라 용궁의 닭소리가 들리느냐고 묻자, 맹인은 자신의 닭소리를 착각했다. 위에서 맹인을 밀어, 맹인 아들이 이를 보고 무슨 일이냐고 묻자 아들과 용궁에서 재회했다고 놀란다는 이야기.

135 成金術(朝鮮民間傳承)〈부자 되는 방법〉

가난뱅이가 부자가 되려고 해도 안 이루어지자 이웃집 부자에게 부자 되는 방법을 물었다. 부자는 소나무 꼭대기에 올라, 한 손, 두 손을 놓으라고 하자, 가난뱅이는 죽기가 싫어 단념하고 내려온다. 부자는 나무 꼭대기에서처럼 돈을 악착같이 잡는 게 중요하다고 당연한 말을 했다는 이야기.

139-140 田鼠の嫁入(朝鮮民間傳承)〈두더지 시집가기〉

돌 지장보살 밑에 두더지가 있었는데, 고운 딸이 있어 세상에서 제일 뛰어나고 강한 신랑감을 구했다. 해님보다 강한 검은 구름, 바람, 돌 지장보살을 찾아갔는데, 돌 지장보살은 두더지에게는 못 당한다고 하여 결국 두더지에게 시집간다는 이야기.

145 鷄の御馳走(朝鮮民間傳承)〈닭의 진수성찬〉

시골 농가에 친척이 와서 별다른 찬이 없어 닭을 장만했다. 친척이 먹으려 하자, 아이들이 죽은 닭을 먹고 있다고 소곤거리자, 친척은 죽은 닭을 대접했다고 야채만 먹었다. 나중에 아이들이 맛있게 먹는 것을 보고, 사실을 말하자, 아이들은 그럼 산 닭을 먹느냐고 대꾸했다는 이야기.

147 小豆のお粥(朝鮮民間傳承)〈팥죽〉

사이 안 좋은 시어머니와 며느리가 있었는데, 하루는 며느리가 팥죽을 쑤고 있었다. 며느리가 잠깐 물 길러 간 사이에 시어머니가 시식하려고 했는데, 뜨거워서 못 먹고 며느리가 돌아와 변소로 숨었다. 며느리는 시어머니가 안보이자 팥죽을 변소로 들고 가 먹으려다 상봉한다는 이야기.

158 牡馬の子(朝鮮民間傳承)〈수컷 말이 낳은 새끼〉

한 현명하지 못한 관리가 수컷이 나은 새끼를 찾아오라고 했다. 부하가 걱정하자 13살 자식이 다음 날, 관리에게 문안드리고 아버지가 개뿔에 배를 찍혀 애를 낳아 쉬고 있다고 말했다. 개뿔이며 남자가 출산이라니 하며 역정을 내자, 아이는 왜 수컷 말 새끼를 찾느냐고 반문했다는 이야기.

162 噓八百圓(朝鮮民間傳承)〈거짓말 팔백 원〉

한 관리가 속아 본 적이 없다며 자신을 속이면 팔백 원을 주겠다고 으스댔다. 문지기가 이를 듣고, 어제 친구에게 밥그릇만 한 앵두를 얻어 먹었다고 말하자, 그런 앵두가 어디 있냐고 반문했다. 문지기는 기러기가 나는 가을에 앵두는 없다고 밝히고 팔백 원을 받았다는 이야기.

246 家泥棒(朝鮮)〈집 도둑〉

큰 가마솥밖에 없는 가난한 집에 도둑이 들었다. 그 날은 김 씨가 가마솥에서 자고 있었는데, 도둑이 들어 실망하고 가마솥을 도둑질했다. 무거워서 중간에 버리고 달아났다. 김 씨는 일어나 집을 도둑맞았다고 울었다. 이를 지켜본 호랑이가 집으로 돌아와 집 도둑맞지 않도록 못을 박는다는 이야기.

252 虎と狐(朝鮮)〈호랑이와 여우〉

호랑이에게 여우가 으스대자, 여우는 저 높은 산 소나무까지 경주를 제안했다. 여우는 호랑이 꼬리를 타 속였다는 이야기.

271 石地藏の噴嚏(朝鮮)〈돌 지장보살의 재채기〉

서쪽 나라에 부자가 살았는데, 3년간 병으로 고생했다. 거지 승이 방문해 말하기를, 동쪽 30리 강과 산을 넘어 3번째 고개 밑에 돌 지장보살 옆 3번째 가지 배를 먹으면 3일 내로 낫는다 했다. 다음날 하인이 가서 따려 했는데 배나무가 커서 돌 지장보살에 코까지 오르자 보살이 재채기를 해서 배가 떨어져 이를 주웠다는 이야기.

참고문헌

권혁래(2008), 「근대초기 설화·고전소설집『조선이야기집』의 성격과 문학사적 의의」, 『한국언어문학』 64, 한국언어문학회
김광식(2011), 「시미즈 효조(淸水兵三)의 조선 민요·설화론에 대한 고찰」, 『온지논총』 28집, 온지학회
김광식(2012), 「손진태의 비교설화론 고찰 - 신자료 발굴과 저작목록을 중심으로」, 『근대서지』 5호, 근대서지학회
김영남(2006), 『동일성 상상의 계보 -근대일본의 설화연구에 나타난 민족의 발견』, J&C
다카하시 도루 저, 이시준·장경남·김광식 편(2012), 『조선이야기집과 속담』, J&C
민족문화문고간행회, 권오돈 외 역(1971) 『국역 대동야승1』고전 국역총서49, 민족문화문고간행회
우스다 잔운 저, 이시준·장경남·김광식 편(2012), 『조선이야기집과 속담』, J&C
정명기(2009), 『한국재담 자료집성』, 보고사
조희웅(2005), 「일본어로 쓰여진 한국설화/한국설화론」, 『어문학논총』24, 국민대학교 어문학 연구소.
金廣植, 李市埈(2012), 「植民地期日本語朝鮮説話採集に関する基礎的考察」, 『日語日文學研究』第81輯, 韓国日語日文學會
李市埈, 金廣植(2012), 「日帝强占期における日本語朝鮮説話集の刊行とその書誌」, 『日本言語文化』第21輯, 韓国日本言語文化學會
市山盛雄編(1927), 『朝鮮民謡の研究』, 坂本書店
飯倉照平編(2003), 「南方熊楠·高木敏雄往復書簡」, 『熊楠研究』5号, 南方熊楠資料研究會

高木敏雄(1974),『増補 日本神話傳説の研究2』, 平凡社

石井正己(2009), 「郷土研究と出雲－清水兵三と高木敏雄・柳田国男」(山陰民俗學會『山陰民俗研究』14)

金廣植(2010), 「近代における朝鮮説話集の刊行とその研究—田中梅吉の研究を手がかりにして」(徐禎完・増尾伸一郎編『植民地朝鮮と帝国日本』, 勉誠出版)

金廣植(2013), 「1920年代前後における日韓比較説話學の展開—高木敏雄、清水兵三、孫晋泰を中心に—」, 『比較民俗研究』28, 比較民俗研究會

金廣植(2014), 『植民地期における日本語朝鮮説話集の研究—帝国日本の「學知」と朝鮮民俗學—』, 勉誠出版

식민지 시기 일본어

조선설화집 기초적 연구

미와 다마키(三輪環)와 조선설화집
『전설의 조선(傳説の朝鮮)』考

식민지 시기 일본어

조선설화집 기초적 연구

미와 다마키(三輪環)와 조선설화집
『전설의 조선(傳説の朝鮮)』 考

1. 서론

1908년 우스다 잔운(薄田斬雲, 1877-1956)의 『암흑의 조선(暗黒
なる朝鮮)』(경성, 일한서방)을 시작으로 1910년대부터 일본어로 간
행된 조선설화집(이하, 일본어 조선설화집)이 본격적으로 간행되
었다. 1910년에는 다카하시 도루(高橋亨)의 『조선이야기집과 속담
(朝鮮の物語集附俚諺)』(경성, 일한서방), 1912년에는 야오야기 쓰나
타로(青柳綱太郎)의 『조선야담집(朝鮮野談集)』(경성, 조선연구회),
1913년에는 나라키 스에자네(楢木末実)의 『조선의 미신과 속전(朝
鮮の迷信と俗傳)』(경성, 신문사(新文社)), 1918년에는 이나가키 미
쓰하루(稲垣光晴)의 『온돌 토산(オンドル土産)』(부산, 경남인쇄주식
회사) 등의 설화집이 계속해서 간행되었는데, 이들 설화집은 모두

217

식민지 조선에서 간행되었다. 한국 강점을 전후한 시기에, 조선(인)의 내면 및 심성 이해를 위해 조선설화가 주목받아 재조일본인 사이에서 일정한 수요가 있었음을 확인할 수 있다. 필자들은 근대초기의 구비문학 자료가 적은 상황을 타개하고, 식민지 시기 조설설화가 어떻게 수집, 유통, 수용되었는지에 대한 총체적 실상을 파악하기 위해 관련 자료를 새롭게 발굴하고, 그 내용을 공동 연구해왔다.[1]

1908년부터 식민지 내부에서 재조일본인을 중심으로 간행되기 시작한 일본어 조선설화집이 제국일본의 '내지'로까지 확대되는 계기가 된 본격적 설화집은 1919년에 도쿄의 박문관(博文館)에서 출간된 미와 다마키(三輪環)의 『전설의 조선(傳説の朝鮮)』이다. 이에 본고에서는 1910년대까지 간행된 일본어 조선설화집과의 비교를 염두에 두고, 선행연구에서 구체적으로 논의되지 않은 미와 다마키(三輪環)와 『전설의 조선』(박문관, 1919)의 내용을 고찰하고자 한다.

2. 미와 다마키(三輪環)의 조선체류와 『전설의 조선』

미와 다마키와 『전설의 조선』에 대한 구체적인 연구는 이루어지지 않았는데, 그 이유 중 하나는 미와에 대한 구체적인 경력을 확인

---

1 공동연구에 의한 성과의 일부를 『숭실대학교 동아시아언어문화연구소 식민지 시기 일본어 조선설화집 자료총서』(J&C, 2012)로 발간중이다.

하기 어려운 실정이 반영된 듯하다.『조선총독부及 소속관서직원
록』[2]과『조선총독부 관보』및 이를 중심으로 편집된 안용식 편,『조
선총독부하 일본인관료연구』를 참고로 미와의 조선 근무경력의
실마리를 찾아 정리하면 아래와 같다.[3]

> 1915년 3월 13일, 치바현립 나루토(千葉県立成東) 중학교에서 조선
> 임용
> 1915년-1919년, 평양 고등보통학교 교사역임
> 1919년 9월 10일, 평양 고등보통학교 교사 의원면본관(依願免本官,
> 의원 면직)

2.1. 미와의 조선체류

『전설의 조선』표지에는 평양 고등보통학교 교사로 미와를 소개
하고 있다.『전설의 조선』의 판권지에 따르면, 정식으로 이 책이 발
간된 일자는 1919년 9월 20일로 되어 있다. 그러나 실제로 미와는
그 10일 전에 퇴직서를 제출한 것이다. 참고로, 서문을 쓴 시기는 7
월이다. 1919년 3.1운동 직후, 미와가 퇴직하게 되는 사정과 심경의
변화가 자못 궁금하지만, 현재 확인 가능한 사항은 미와가 1915년

---

2 朝鮮総督府(2009),『朝鮮総督府及所属官署 職員録』1910年~1943年, 復刻版全33巻,
   ゆまに書房.
3 안용식 편(2002),『조선총독부하 일본인관료연구』Ⅰ(인명별), 연세대학 사회과
   학연구소, p.287;『朝鮮總督府官報』784號, 1915.3.17, p.236; 朝鮮総督府,『朝鮮総督
   府及所属官署 職員録』, 1915~1919년을 참고.

3월에 내지의 치바현립 나루토 중학교에서 평양 고등보통학교(식민지 중등교육기관)에 부임하여 약 4년 5개월간 교사로 재직했다는 것이다. 미와의 자세한 경력은 알 수 없지만, 그가 서예 및 작문 지도에 능숙한 국어(일본어) 교사였음은 분명하다.

미와는 1901년에 152페이지에 이르는『보통편지 주고받기(普通手紙のやりとり)』를 치바 현 마쓰오마치(千葉県松尾町)의 정춘당(正賰堂)에서 발간했다. 그 후 미와는 1917년에 평양의 협판문선당(脇坂文鮮堂)에서 약 300페이지 분량의『일용문 독습(日用文独習)』을 발간했다. 그 목차를 보면 〈표 1〉과 같다.

〈표 1〉 미와의 편지문 관련서의 비교

	『보통편지 주고받기』 (1901)	『일용문 독습』 (1917)
목차	제1편 언문대조(言文對照) 제2편 엽서문(端書文) 제3편 편지문(手紙文) 제4편 　초대문 　예장(사례문禮狀) 　의뢰문(依賴文) 　통지문(報知文) 　문환편지(見舞文) 　증여문(贈與文) 　축하문(祝賀文) 　권유문(誘引文) 　잡문(雜文)	제1편 언문대조(言文の對照) 제2편 엽서문(端書文) 제3편 편지문(手紙の文) 제6편 참고 예문(參考文例) 　초대장(招待狀) 　증여문 　예장(사례문禮狀) 　의뢰문 　통지문 　문환편지 　축하문 　권유문 　잡문

1917 년의 추가 내용		반환문(返却文)/재촉장(催促狀)/ 거절장(斷り狀)/조회문(照會文)/ 소개장(紹介狀) 제4편 편지 작법(手紙の作法) 제5편 편지 서식(手紙の書式) 제7편 절기(時候) 월이명(月の異名) 칭호

〈표 1〉과 같이『일용문 독습』(1917)는『보통편지 주고받기』(1901)를 약 2배로 증보해서 새로 고쳐 쓴 것이다. 제4편 편지 작법, 제5편 편지 서식, 제7편 절기 월이명 칭호 등을 새롭게 추가했고, 제6편도 반환문, 재촉문 등을 추가하고, 마사오카 시키(正岡子規, 근황을 近況を), 야마다 비묘(山田美妙, 병문환病氣見舞) 등의 일반 예문도 대폭 추가했다.

미와는 1919년 9월 10일자로 퇴직서를 제출하고 일본으로 돌아간 것으로 보이며, 귀국을 전후로 하여『전설의 조선』이 도쿄 박문관에서 출간되었다. 특기할 만한 사실은 다음 해 1920년 3월에 조선총독부에서 편찬된『고등습자첩(高等習字帳)』권1에서 권4, 그리고 사범과용 등 총 5권의 습자첩을 발간했는데, 그 필자(筆者)는 미와로 되어 있다. 1919년 9월 사직 이후에도 조선과의 관계는 한동안 계속된 것이다. 미와는 조선총독부로부터 귀국 전에 습자첩의 집필을 의뢰받은 것으로 보이며, 미와의 귀국으로 인해, 초판은 도쿄 수영사(秀英舍; 1876年에 창립된 수영사는 1935년 일청(日淸)인쇄와 합병해, 대일본인쇄가 됨)인쇄소에서 인쇄되어 조선총독부에서 발행되었다. 국립중앙도서관에 소장된 권2는 1922년 8월에 도쿄 박문관인쇄소에서 증쇄 인쇄된 것으로 보아, 박문관과의 관계는 일정 기간 계속된 것으로 보인다. 참고로, 국립중앙도서관에 소장된 권1은 1922년 9월에 조선총독부 서무부인쇄소에서 인쇄되었다. 이처럼『고등습자첩』5권은 1920년 3월 도쿄 수영사 인쇄판, 1922년 8월 도쿄 박문관 인쇄판, 1922년 9월 조선총독부 서무부 인쇄판 등 적어도 3회 이상 발간된 것으로 보인다.

2.2.『전설의 조선』서평과 선행연구

계속해서 본절에서는『전설의 조선』에 관한 당대의 서평과 선행연구를 고찰해보고자 한다. 전술한 바와 같이,『전설의 조선』이전에도 일본어 조선설화집이 간행되었지만, 그 대부분은 조선에서 간행되었다. 당시 출판 및 출판사의 영업망의 미비로 인해 식민지 조선에서 발간된 책을 내지에서 구해보는 것은 쉬운 일이 아니었다. 실제로 조선에서 발간된 설화집이 내지의 신문에서 광고되거나 소개된 적은 없다. 이와 달리,『전설의 조선』은 박문관이라는 내지의 유명 출판사에서 발행된 것도 작용하여, 발간과 동시에 제국 일본의 신문에 소개되었다는 점에서 주목된다.

1919년 9월 30일자 도쿄아사히신문의 박문관 광고란에『전설의 조선』이 포함되어 게재되었고, 1919년 10월 1일에는 요미우리신문에도 게재되었다. 1919년 11월 2일 아사히신문에는 다음과 같은 서평이 실렸다.

전설의 조선(미와 다마키 저) 산천, 인물, 동식물, 동화의 4편으로 분류, 조선에 전해지는 전설 수백 종을 엮은 선인(鮮人, 조선인의 차별적 호칭)의 풍습 및 심리 연구는 목하(目下)의 급무인 바, 본서는 이 방면에 관해 좋은 자료가 될 것이다(금 90전, 박문관)[4]

또한 종합월간지『太陽』(1919·11)에도 다음과 같은 서평이 실렸다.

조선의 문화는 오래되었고 고대에서 중세에 걸쳐 일본 문화의 가장 많은 부분은 조선에 의지했다. 그 오랜 조선 문화의 자취는 오늘날에도 그 단편적 흔적을 다방면에서 엿볼 수 있는데, 그러나 그것은 물상적(物象的)이 아니라, 오히려 민간의 유습(遺習)이나 구비 전설 등에 풍부하게 잔존한다. 이 점에서 이 책은 조선 문화사의 귀중한 일편을 이루는 좋은 연구이다. 이러한 학문상의 의미를 제쳐두고라도, 단순히 읽을거리로서 다양한 기괴 불가사의한 이야기가 많이 수록되어 있어 매우 재미있다. 저자는 다년간 조선에서 교편을 잡고 있는 독학자(篤學者)이다(금 90전, 박문관)[5]

제국 일본의 대표적 종합월간지『태양(太陽)』과 도쿄아사히신문의 서평은 조선 문화사를 이해하기 위한 좋은 자료집으로서 그 가

---

4 「出版界」,『東京朝日新聞』, 1919년 11월 2일, 東京朝日新聞社, 6면.
5 「新刊紹介」,『太陽』25-13, 1919년 11월, 博文館, 192쪽.

치를 높이 평가하고 일독을 권하고 있다. 이러한 내용은 루쉰의 동생 저우쭤런(周作人)에게도 관심이 대상이 되어, 그 일부를 1925년 5월 베이징의『語絲』(신조사 新潮社)에 소개하고, 간단한 평론과 함께 미와의 수록설화 일부를 중국어로 번역하여 실었다는 점도 특기할 만하다.[6] 내지의 유명 출판사에서 출판되어 내지인 및 일본체재의 동아시아인에게 본격적으로 처음 소개된『전설의 조선』에 대한 구체적인 검토가 요청되는 바이다.

계속해서『전설의 조선』에 대한 선행연구를 고찰하고자 한다. 근대 이후 발간된 조선설화집에 대한 많은 연구가 존재한다. 문제는 최근 백여 년 사이에 발간된 책들임에도 불구하고, 유실된 책들이 많고, 근대서지학에 대한 불충분한 문제의식으로 인해 제대로된 목록이 미비하였으나, 최근 그 전체상이 밝혀지고 있다.[7] 선행연구에서『전설의 조선』에 대한 서지정보는 기록되어 왔으나, 이에 대한 구체적인 언급은 적다.[8]

---

6 신정호·이등연·송진한(2003),「'조선작가' 소설과 중국 현대문단의 시각」,『중국소설논총』18집, 한국중국소설학회, p.495.

7 선행연구에 대한 문제제기와 새로운 목록 작성은 아래 논문을 참고.
李市埈·金廣植(2012),「日帝强占期における日本語朝鮮說話集の刊行とその書誌」,『日本言語文化』第21輯, 韓国日本言語文化學會.
金廣植·李市埈(2012),「植民地期日本語朝鮮說話採集に関する基礎的考察」,『日語日文學研究』第81輯, 韓国日語日文學會.

8 崔仁鶴(1976),『韓国昔話の研究―その理論とタイプインデックス―』, 弘文堂.
이재윤(1988),「한국설화의 자료 수집 연구사」,『세종어문연구』5·6집, 세종어문학회.
조희웅(1989),『설화학 綱要』, 새문사.
이재원(2002),「문헌설화의 연구사 고찰」,『한국체육대학교 교양교육논문집』7호, 한국체육대학교.
강재철(2009),「설화문학에 나타난 권선징악의 지속과 변용의 의의와 전망」, 단국대학교 동양학연구소편,『한국민속문화의 근대적 변용』, 민속원 등을 참고.

『전설의 조선』에 대한 구체적인 최초의 언급은 최인학(1974)에 의해서다. 최인학은 책의 내용을 소개하고, "이 책은 동화편 뿐만 아니라, 전편에 걸쳐 참고가 되는 민담 자료가 많이 있음을 지적할 수 있다. 게다가 당시 편자의 직책이 평양 고등보통학교 교사였다는 것으로 보아서 채집지를 표기하지 않았지만, 북한의 자료를 많이 수록했음을 알 수 있다"며 구비문학적 특성에 주목했다.[9] 최인학은 전설집뿐만 아니라 민담집으로도 참고할 만한 구전자료가 많음을 지적하였는데, 그 후 많은 논자들이 이를 지적했다. 염희경(2003)은 「해와 달이 된 오누이」의 호랑이상을 고찰하며 미와의 「태양과 달(太陽と月)」을 들고 채록설화의 성격이 강한 초기 설화집으로, 그 후 일본에서 출판된 자료집들에 영향을 주었다고 지적했고,[10] 김환희(2007)는 「나무꾼과 선녀」담의 근대적 변용을 고찰하면서 일본인 설화집 중, 구비문학적인 특성이 담긴 설화로 「뻐꾸기(郭公)」를 들고 있다.[11]

가지이(1980)는 최인학의 지적을 소개하고, "어느 지방에서 어떻게 채록했는지는 전혀 기록되지 않은 것은 아쉽다. (중략) 조선의 전설, 동화를 일본에 소개한 일본인의 업적으로서는 아마도 이것이 최초의 것이 아닐까"하고 지적했다.[12]

9 崔仁鶴編著(1974),「韓國昔話資料文獻」,『朝鮮昔話百選』, 日本放送出版協會, p.310.

10 염희경(2003),「〈해와 달이 된 오누이〉에 나타난 호랑이상」,『동화와 번역』5, 동화와 번역 연구소, p.10.

11 김환희(2007),「〈나무꾼과 선녀〉와 일본〈날개옷〉설화의 비교연구가 안고 있는 문제점과 가능성」,『열상고전연구』26, 열상고전연구회, p.92.

12 梶井陟(1980),「朝鮮文學の翻訳足跡(三)—神話,民話,傳說など—」,『季刊三千里』24

조희웅(2005)은 "이 시기 출간됐던 전설집으로는 대표적인 것이다. (중략) 많은 자료를 수록하고 있으며, 후대 설화집들에 거듭 나타나는 주요한 자료들을 망라하고 있다는 점에서, 매우 주목할 만한 문헌이라고 할 수 있다"고 평가했다.[13]

박미경(2009)은 "이 책은 저자가 서문에서 밝히고 있듯이 채록설화의 성격이 강한 설화집이다. 특히 이 설화집은 후대 설화집들에 반복해서 나타나는 주요 설화들을 망라하고 있는 점에서도 흥미롭다. 즉 이후에 출판된 설화집에 많은 영향을 준 설화집이라는 점에서 매우 주목할 만한 문헌이라고 할 수 있다"고 평가하였다.[14]

많은 선행연구에서 구비문학적 채록설화의 성격이 강한 설화집임을 평가하고, 후대 설화의 영향 관계를 논하였음을 알 수 있다. 실제로 『전설의 조선』에는 139편에 이르는 조선설화가 실려 있고, 1920년대 이후 나카무라 료헤(中村亮平)[15] 등이 이를 소재로 하여 어린이용 동화로 재화한 것으로 판단되므로, 그 실상에 대한 구체적인 검토가 요청된다. 이처럼, 『전설의 조선』은 다카하시 도루의 『조선이야기집과 속담』 등에서 보이는 조선(인)에 대한 편견 등이

号, 三千里社, p.177.

13 조희웅(2005), 「일본어로 쓰여진 한국설화/한국설화론1」, 『어문학논총』24집, 국민대학교 어문학연구소, pp.20-21.

14 박미경(2009), 「일본인의 조선민담 연구고찰」, 『일본학연구』 28집, 단국대학교 일본학연구소, p.80.

15 中村亮平編(1926), 『朝鮮童話集』, 富山房; 中村亮平他編(1929), 『支那·朝鮮·台湾神話傳説集』, 近代社.

배제된 자료집으로 높이 평가되어 왔고,[16] 실제로『전설의 조선』에 수록된 형제담,「태양과 달(太陽と月)」,「뻐꾸기(郭公)」등의 개별 설화가 비교 분석되었음을 확인했다. 그러나 그 중요성에도 불구하고, 그 전체상에 대한 고찰은 이루어지지 않았다. 다음 장에서는 그 내용을 고찰하고자 한다.

3.『전설의 조선』의 구성, 분류 및 그 내용

미와는『전설의 조선』의 짧은 서문에서 다음과 같이 언급하고 있다.

세계 어느 나라든 어느 마을이든 전설이 없는 곳은 없다.

무릇 인류가 서식하여 일정한 해가 지나면, 정사와 야승(野乘)도 생겨나지만, 한편으로 구비전설이 그 사이에서, 아니 그 이전부터 생겨나, 입에서 귀로 귀에서 입으로 단편적으로 바람과 꿈처럼 사람들 뇌리에 들어와 가슴에 스며드는 것이다.

그리고 전설에는 오늘날의 과학적 견지에서 보면 괴기, 불가사의, 불합리하다고 인정되는 것이 적지 않다. 따라서 세인들은 황당무계라는 네 글자로 이를 평하고, 결국에는 하나의 웃음거리로 치부하는 자가 많다. 그러나 우리는 그 황당무계함 속에서 일종의 흥미를 환기

---

16 高橋亨, 이시준·장경남·김광식 편(2012),『조선이야기집과 속담』, J&C의 해제를 참고.

시킬 수 있다고 생각한다.

　무릇 사물에 이해(利害) 관계가 따라다니는 것은 어쩔 수 없는 것으로, 소위 정사라 하더라도 꺼리고 기재 안하는 것이 있고, 전설에도 이면(裏面)의 소식을 충분히 엿볼 수 있는 것이 있다. 단지 유감스러운 것은 구비든 전설이든, 혹은 기억의 착오나 전문(傳聞)의 잘못이 있으며, 혹은 여기에서 저리로 저기에서 이리로 이동 전가(轉嫁)시키는 경우도 적지 않다. 이 때문에 동일 또는 유사 설화가 각지에 남아 있고, 그 근원을 파악하기 곤란한 것이 많다. 그러나 이들 고증은 후일로 기약하고, 지금은 다만 여기에 수집한 조선의 구비전설을 열기(列記)하는 바이다.

1919년 7월

　미와는 서문에서 구비전설(구전설화)의 중요성을 언급하고, 전설의 이면과 근원에 관심을 보였다. 전설 내용의 착오와 오인을 인정하였지만, 황당무계함 속에 담겨진 이면(裏面)에 관심을 가지고 직접 수집한 구비전설을 기록했다고 적고 있다. 선행연구에서 많은 논자가 지적한 바와 같이,『전설의 조선』은 채집 경로를 구체적으로 기록하지는 않았지만 서문을 통해서 구비전설을 수집 채록한 설화집으로 볼 수 있다.

3. 1.『전설의 조선』의 구성 및 분류

　계속해서 실제로 설화집의 내용을 살펴보자. 박미경은 4편 구성

중, 제1편 산천(34화), 제2편 인물(38화), 제3편 동식물 및 잡(40화),
제4편 동화(25화) 총 137화의 설화가 수록되었다고 지적하였다.[17]
이에 대해 조희웅은 제3부의 목차에는 40화 밖에 보이지 않으나,
본문에는 제3편 끝에 「서묘(廟)」와 「아이 낳는 돌(子授け石)」 두 편
이 더 있다고 지적했다.[18] 그러나 목차에 40화 밖에 보이지 않는다
는 것은 잘못된 지적이다. 양자는 국립중앙도서관 디지털 판을 참
고로 텍스트를 접한 것으로 판단된다. 왜냐하면 국립 중앙도서관
디지털 판본은 스캔의 실수로 가장자리가 제외되어, 3편이 40화로
보이지만, 실제로 원본을 확인하면 「서묘(廟)」와 「아이 낳는 돌(子
授け石)」이 기록되어 있다. 계속해서『전설의 조선』에 수록된 139
편의 설화를 소개하면 〈표 2〉와 같다.

〈표 2〉『전설의 조선』에 수록된 설화 목록

분류	작품	비고
제1편 산천 (34화)	1청류벽(淸流壁) 2대주가(大酒家) 3두개의 바위(二つの岩) 4대성산(大聖山) 5백로리(白鷺里) 6수산(水山) 7뇌산(雷山) 8천도래(千度來)	산천전설 평남18화 평북6화 황해5화 경기2화 경북3화(30금 척 릉, 33칠성암, 34

---

17 박미경, 같은 논문, pp.79-80.
18 조희웅, 같은 논문, p.21. 더불어 목차의 표기가 몇 군데 잘못된 것을 지적하였는
데, 본문에는 제대로 기록되었다. 단지 조희웅 교수는 동화가 23편이라고 잘못 기
록하고 있다.

	9아천(阿川) 평야	연천)
	10의구총(義狗塚)	
	11근암(筋岩)	
	12쌀구멍(米穴)	
	13매봉(鷹峯)	
	14숭아산(崇兒山)	
	15윤씨연(尹氏淵)	
	16진복암(眞福岩)	
	17산의 빚(山の借金)	
	18형제암(兄弟岩)	
	19설성관(雪城館)	
	20비를 기원하는 연못(雨乞池)	
	21수류산(水流山)	
	22구룡석(九龍石)	
	23수옥석(手玉石)	
	24다리 세개 달린 소(三足の牛)	
	25용정(龍井)	
	26세청산(洗淸山)	
	27호산(虎山)	
	28용봉강(龍峯江)	
	29바람 나는 구멍(風生穴)	
	30금척릉(金尺陵)	
	31전포(錢浦)	
	32큰 우물(大井)	
	33칠성암(七星巖)	
	34연천(鍊泉)	
제2편 인물 (38화)	35단군(檀君)	인물전설
	36삼주신(三柱の神,삼성혈)	
	37박씨(朴氏, 혁거세)	
	38최치원	
	39금와(금와과 주몽)	
	40아비 없는 자식(父無し子, 유리왕)	
	41사람의 알(人の卵, 석탈해)	
	42계림(鷄林, 김알지)	

	43약밥(藥飯, 서출지)	
	44비선화수(飛仙花樹, 의상)	
	45구림촌(鳩林村, 도선)	
	46귀교(鬼橋, 도화녀와 비형랑)	
	47일월 정기(日月の精, 연오랑세오녀)	
	48아이를 묻다(子を埋む, 손순설화)	
	49선죽교(善竹橋, 정몽주)	
	50용녀의 자식(龍女の子, 왕건)	
	51자손이 죽는다(子孫が死ぬ)	
	52고려사(高麗寺)	
	53겨드랑이 밑 비늘(腋下の鱗)	
	54계모(まゝ母)	
	55문이라는 글자(問の字)	
	56김응서(金應瑞)	
	57신술 경쟁(術競べ)	
	58주천석과 만산장(酒泉石と漫山帳)	
	59선인(仙人)	
	60미륵	
	61전강동(全剛銅)	
	62중년 효자(中年孝子)	
	63백장군(白將軍)	
	64진지동(眞池洞)	
	65욕심 많은 총각(慾深の總角)	
	66단스의 불(簞笥の火)	
	67외눈과 코 비틀(目ッかぢと鼻かけ)	
	68욕심 많은 노인(慾深爺)	
	69명의 요법(名醫の療法)	
	70배위의 서당(腹上の書堂)	
	71천하대장군	
	72칠불사(七佛寺)	
제3편 동식물 및 잡 (42화)	73너구리(狸)	동물전설, 민담
	74우산당(禹山堂)	
	75차씨의 선조(車氏の先祖)	
	76임신한 호랑이(娠み虎)	

231

77고양이(猫)	
78여우(狐)	
79무당(巫女)	
80여우 사위(狐の婿)	
81금색 멧돼지(金色の猪)	
82원숭이 기병(猿の騎兵)	
83불가설(不可說, 불가살이)	
84까마귀(烏)	
85복 뱀(福蛇)	
86집념의 뱀(執念の蛇)	
87뱀의 관(蛇の冠)	
88뱀술(蛇酒)	
89보은과 망은	
90청개구리(雨蛙)	
91대갈(大蝎)	
92되루목되魚	
93오징어 뼈(烏賊の骨)	
94잉어 새끼(鯉の子)	
95거미와 지네(蜘蛛と蜈蚣)	
96담병(痰病 가래)	
97산신(山の神)	
98군수	
99칡과 등나무(葛と藤)	식물전설
100차전자초(車剪子草)	
101맥주(麥酒)	
102땅에 뜸(地に灸)	잡(야담 등)
103인주(人柱)	
104산위의 말발굽 소리(山上の蹄音)	
105연광정의 액자(練光亭の額)	
106석롱 안의 비서(石籠內の秘書)	
107팔만대장경	
108백세청풍(百世淸風)	
109석비의 땀(石碑の汗)	
110눈병 약(眼病の藥)	
111급수장(給水場)	

	112미륵보살(彌勒菩薩) 113서묘(西廟) 114아이 낳는 돌(子授け石)	
제4편 동화 (25화)	115두 형제(二人の兄弟) 116불효자식(不孝息子) 117욕심장이 사내(慾張り男) 118한자어 사용(漢語遣ひ) 119우형현제(愚兄賢弟) 120며느리와 시어머니(嫁と姑) 121바보 사위(馬鹿婿) 122양자(養子) 123여우의 재판(狐の裁判) 124원숭이의 재판(猿の裁判) 125호랑이를 탄 도둑(虎に乗つた泥棒) 126호랑이와 표범(虎と豹) 127호랑이 엉덩이에 나팔(虎の尻に喇叭) 128하루살이와 호랑이(蜉蝣と虎) 129여우와 게의 경주(狐と蟹の競走) 130원숭이 엉덩이와 게 다리 (猿の尻と 蟹の脚) 131토끼 꼬리(兎の尾) 132넙치 눈과 메기 머리(鮃の目と鯰の頭) 133두꺼비 배(蟾蜍の腹) 134거북이와 토끼(龜と兎) 135사이가 나쁜 개와 고양이 (仲の惡い 狗と猫) 136다리 부러진 제비(足折燕) 137태양과 달(太陽と月) 138뻐꾸기(郭公) 139떡보(餠食ひ)	민담

원문에는 번호가 없지만, 편의상 순번을 정했음.

1908년 우스다 잔운의『암흑의 조선』에는 〈조선총화〉가, 1910년 다카하시 도루의『조선이야기집과 속담』등에는 각기, 물어(이야기), 야담, 속전, 동화라는 용어를 사용하여 조선설화를 배열 수록하였다. 이에 비해 미와는 산천(34화), 인물(38화), 동식물 및 잡(42화), 동화(25화)으로 조선설화 총 139화를 최초로 분류 수록했다는 점에서 중요하다. 그 분류방식이 매우 간단하고 초보적이며, 그 일부는 적절하지 않은 것으로 판단되는 것도 존재하지만 처음으로 설화를 분류했다는 점은 특기할 만하다.

3.2『전설의 조선』수록 설화 고찰

미와는 약 4년 5개월간 조선에 체류하며 조선 설화를 수집한 것으로 보인다. 채집방식이나 경로를 기술하지 않았기 때문에 이를 파악할 수 없지만, 직접 수집, 문헌, 그리고 일본어 작문수업 과제물 등을 활용해 학생들을 통해 수집했을 가능성이 크다. 실제로 일본어 조선설화집을 간행한 다카하시 도루[19], 곤도 도키지(近藤時司)[20], 나라키 스에자네, 나카무라 료헤(中村亮平)[21], 데라카도 요시

---

19 다카하시의『조선이야기집과 속담』(1910) 역시 채집경로를 언급하지 않았다. 그러나 서문을 쓴 하기노 요시유키(萩野由之)는 "(다카하시가)지도하는 학교 자제는 먼 곳에서 와 배우는 이도 있어, 따라서 널리 각지의 속화(俗話) 속담을 조사하는데 편의가 있었다"고 언급하고 있어, 학생들을 경유한 채집 경로를 시사해 준다(萩野「序」, 高橋亨(1910),『朝鮮の物語集附俚諺』, 日韓書房, p.1; 高橋亨, 이시준·장경남·김광식 편(2012),『조선이야기집과 속담』, J&C의 해제 및 영인본을 참고.
20 近藤時司(1929),『史話傳說 朝鮮名勝紀行』, 博文館.
21 中村亮平(1926),『朝鮮童話集』, 冨山房; 中村亮平(1929),『支那·朝鮮·台湾神話傳説

타카(寺門良隆)[22] 등이 교사 생활 경험자이고 이들 자료의 일부는 학생들을 경유하여 채집되었을 가능성이 높다고 판단된다. 데라카도가 엮은 자료를 통해 식민지 일본어 교육과 조선설화 채집의 관련성을 확인할 수 있고, 다카하시의『조선이야기집과 속담』에 서문을 쓴 하기노의 증언을 통해서도 이를 간접적으로 확인할 수 있지만, 편자인 다카하시의 직접 기술은 확인할 수 없다. 일본서 조선설화집 편자 중, 직접 학생을 통해 설화를 채집했음을 밝힌 이는 곤도 도키지다. 곤도는 조선총독부『직원록』에 따르면, 1918년부터 1923년까지 약 6년간 대구 고등보통학교에 근무한 후, 식민지 교과서를 편찬한 조선총독부 학무국 편집과 편수관을 역임하고, 1925년부터 경성제국대학 예과교수에 임명된 인물이다. 곤도는 다음처럼 진술하고 있어 매우 주목된다.

나는 어릴적 이 이야기(필자 주, 蕎麦과高粱, 한국의〈해와 달이 된 오누이〉유형)를 들었을 때 열심히 귀를 기울여 들은 적이 있는데, 조선에 와서 조선인 전문학교 및 중등학교 학생으로부터 조선고유의 전설을 수집했을 때, 의외로 이것과 동종동근(同種同型)의 이야기를

集』, 近代社.

22 데라카도는 평안북도 신의주 고등보통학교의 국어(일본어)교사를 역임했고, 1923년 여름방학 때 학생들에게 작문과제로 '전설·민담(昔話)'을 부여해, 이를 2권으로 엮어 보관했는데, 이 자료가 최근 일본과 한국에서 동시적으로 영인, 번역되었다. 아래의 논고를 참고.
石井正己(2007),『植民地の昔話の採集と教育に関する基礎的研究』, 東京學芸大學報告書; 이시이 마사미 편, 최인학 역(2010),『1923년 조선설화집』, 민속원; 金廣植(2011),「新義州高等普通學校作文集『大正十二年傳説集』に関する考察」, 石井正己編『南洋群島の昔話と教育』, 東京學芸大學報告書.

수집하여 놀랐다. 게다가 이 이야기는 남북 조선의 어디에나 존재하며, 다카기 도시오(高木敏雄) 씨의 『일본전설집(日本傳説集)』과 비교해 봐도 완전히 일치하는데, 단지 다른 점은 조선의 이야기는 산속 마귀할멈(山姥) 대신 호랑이가 등장한다.[23]

곤도, 다카하시, 데라카도처럼 미와도 학생들을 통해서 일부 자료를 수집한 것으로 보이는데 그 구체적인 내용을 현 상황으로는 알 수 없다. 미와는 학생들과 문헌자료, 직접채집 등 다양한 경로를 통해 자료를 수집한 것으로 판단되는데, 개별 설화의 내용을 보면 개작을 최소화하고 간략하게 설화를 서술하였음을 확인할 수 있다. 그 중에는 현지를 직접 방문했음을 시사하는 글귀도 있어 주목된다. 예를 들면, 「눈병 약(眼病の薬)」은 김인문이 쓴 무열왕기적비(武烈王紀積碑) 터와 관련된 이야기인데, 다음처럼 서술되었다.

경주는 신라의 구도(舊都)이다. 신라가 번성했을 때는 매우 번화한 도시였지만, 지금은 깨진 기와나 비석의 흔적이 독서인의 눈물을 한없이 흐르게 한다.[24]

미와가 평양에서 경주를 방문했을 가능성을 시사하는 서술로 보

---

23 近藤時司(1924),「朝鮮の傳説について」,『東洋』27-8, 東洋協會, p.74.
24 三輪環(1919),『傳説の朝鮮』, 博文館, p.221.

인다. 미와는 경주뿐만 아니라, 전설과 관련된 각 지역을 직접 방문했을 가능성이 있다.

　계속해서 총 4편의 설화를 구체적으로 살펴보고자 한다. 제1편 산천에는 전설 34화가 수록되었는데, 조희웅의 지적대로 평남(18화), 평북(6화), 황해(황해5화) 지역이 대부분을 차지하며, 경기(2화)와 경북(3화)이 그 일부를 구성하고 있다는 점에서 학생들을 대상 혹은 근무지역을 중심으로 수집되었음을 알 수 있다.[25] 중요한 사실은 분단 상황에서 채집하기 어려운 북한의 자료를 이른 시기에 수집했다는 점에도 중요하다 하겠다.

　제2편 인물에는 38화의 인물 전설이 실려 있는데, 구비전설보다도 문헌신화와 전설이 더 많이 수록되었다. 일본인 독자를 상정하여 단군에서 시작하여 조선시대, 최근담에 이르기까지 가급적 시대 순으로 배열하려고 한 것으로 보인다. 이를 역사시대로 구분하면 〈표 3〉과 같다.

〈표 3〉 인물전설의 시대구분

	옛날	단군	부여 고구려	신라	고려	조선	최근담	기타	합계
수록 설화수	3	1	2	10	5	5	3	9	38

25　조희웅, 같은 논문, p.21.

위 표와 같이 신라시대가 압도적으로 많다. 이들 인물 전설은 구비전승을 직접 채록했다고 보기보다는 오히려 삼국사기나 삼국유사 등의 문헌을 참고로 수록되었다고 보는 게 타당할 것으로 판단되는데, 특히 신라관련 설화가 많다. 전술한 바와 같이 경주를 방문, 혹은 관심을 가졌음을 확인할 수 있다. 처음에 단군신화를 수록한 다음 「36삼주신(三柱の神)」을 배열했는데, 이는 제주도 삼성혈신화이다. 제주도 3여신이 일본에서 온 것으로 서술하여, 제주도의 기원이 '일본'[26]과 깊은 관련이 있음을 반영했다. 1, 3, 4편은 이데올로기적 성격이 적지만, 2편 인물에는 〈일선동조론〉이라는 이데올로기가 간접적으로 반영되어 주의를 요한다.

식민지 시기 박혁거세, 김알지, 석탈해 등 신라왕 3성을 일본인으로 규정하는 언설이 일반화 되었는데, 미와는 「37박씨」, 「41사람의 알(석탈해)」, 「42계림(김알지)」에서 3성의 시조담을 열거하며, 직접적으로 3시조를 일본인으로 규정하지는 않았지만, 신라 왕조에 깊은 관심을 보였다.[27] 이를 포함해 신라 설화는 「38최치원」, 「43약밥」, 「44비선화수」, 「45구림촌」, 「46귀교」, 「47일월 정기」, 「48아이를 묻다」 등 총 10개다. 백제신화는 수록되지 않은 것에 비해 신라설화에 큰 관심을 보였음을 확인할 수 있다. 이 중 일본 관련설화 및 제국일본을 대표하는 민담 〈모모타로〉와 유사한 모티프를 지닌

---

26 三輪環(1919), 같은 책, p.65.
27 근대일본의 신라 설화 인식에 대해서는 김광식(2011), 「근대 일본의 신라 담론과 일본어 조선설화집에 실린 경주 신화·전설 고찰」, 『연민학지』 16집, 연민학회 참고.

설화로는 다음을 들 수 있다. 「47일월 정기」는 연오랑 세오녀 설화이고, 「45구림촌」은 도선의 출생담, 「46귀교」는 도화녀와 비형랑설화이다. 「45구림촌」은 강가에서 떠내려온 파란 박을 먹고 도선을 잉태했다는 모티프를 지니며, 「46귀교」는 도화녀(桃花女)와 그 아들 비형랑이 귀신과 어울려 귀교를 만들었다는 내용인데, 이 설화가 식민지 시기에 〈모모타로〉와 유사한 설화로 〈일선동조론〉에 자주 이용되었음은 주지의 사실이다.[28] 이처럼 미와가 1910년대 무단통치 시기에 조선총독부 소속 중등학교 교사로, 조선의 식민지교육을 담당했다는 점에서 당시 〈일선동조론〉에서 자유롭지는 않았을 것을 보인다. 삼성혈 신화 「36삼주신(三柱の神)」을 제외하고는 노골적인 표현은 절제되어 있지만, 한일 관련 설화에 관심을 보였다는 점을 식민지 상황과 관련시켜 이해해야 할 것이다. 더불어 「67외눈과 코 비틀」에서는 '옛날, 조선이 지나(支那)의 속국이었을 때'[29]라는 표현이 있어, 당대 일본인의 조선인식을 여실히 반영하는 부분도 있어 주의를 요한다.

염희경은 1편 산천을 지명전설로, 2편 인물을 신화 및 인물전설로, 3편 동식물 및 잡을 야담·민담으로, 4편 동화를 순수민담으로 나누고, "이 때의 동화란 어린이의 읽을거리로 널리 받아들여진 옛 이야기 성격이 강한 순수 민담이다"라고 주장하였다.[30] 뒷부분의 순수 민담이라는 점에는 동의할 수 있지만, 당시의 동화가 어린이

---

28 김광식, 같은 논문을 참고.
29 三輪環(1919), 같은 책, p.147.
30 염희경, 같은 논문, p.11.

의 읽을거리로 널리 받아들여졌다는 것은 동의하기 힘들다. 조선
동화집이 식민지에서 발간되는 것은 1920년 이후의 일이다. 염희
경은 오늘날의 동화 개념을 1919년 단계에 그대로 적용하였으나,
이러한 해석은 다소 무리가 있다. 조희웅의 지적대로 동화란 민담
을 포괄한 설화집으로 보는 것이 타당하다.[31] 1919년 단계에서 초
등교육 교사가 아닌 중등교육 교사인 미와가 아동중심주의에 기반
한 동화교육에 일찍부터 관심을 보였다고는 판단되지 않는다.

  일본 신화학자 다카기(高木敏雄)는 초기 신화연구에 이어, 1910
년대에는『수신교수 동화의 연구와 그 자료(修身教授 童話の研究と
其資料)』(동경보문관(東京寶文館), 1913),『동화의 연구(童話の研究)』
(부인문고간행회(婦人文庫刊行會), 1916)를 출판하여, 민간동화=민
간설화를 논했다. 세키 게이고의 명확한 지적대로, "현재 민담(昔
話)·민화라는 용어가 일반적이지만, 처음에는 동화 혹은 민간동화
라는 용어가 즐겨 사용되었다."[32] 다카기는 민간동화라는 용어를
사용해, 본격적으로 한일설화를 비교했고 그 후 일본 및 조선인의
연구에 영향을 끼쳤다.[33] 즉 1910년 당시 제국 일본과 식민지 조선
에서 동화라는 용어는 오늘날의 민담과 같은 의미로 쓰였고, 미와

---

31 조희웅, 같은 논문, p.21.

32 関敬吾(1977),「解説」, 高木敏雄,『童話の研究』, 講談社. p.213.

33 방정환 손진태의 다카기의 영향에 대해서는 다음 연구를 참고. 黃善英(2006),「交
    錯する童心―方定煥と同時代日本人文學者における「子ども」」, 東大比較文學會,『比
    較文學研究』88; 増尾伸一郎(2010),「孫晋泰『朝鮮民譚集』の方法」,『韓国と日本をむ
    すぶ昔話』, 東京學芸大學報告書; 金廣植(2011),「高橋亨の『朝鮮の物語集』における
    朝鮮人論に関する研究」,『學校教育學研究論集』24, 東京學芸大學.

도 민담의 의미로 동화라는 용어를 사용했을 가능성이 크다고 사료된다.

전술한 바와 같이, 미와 다마키의 자료집에 대해서 선행연구에서는 「137태양과 달(太陽と月)」, 「138뻐꾸기(郭公)」 「녹족부인」,[34] 등의 개별 설화가 비교 분석되었고, 박미경은 형제담 「115두 형제」, 「119우형현제(愚兄賢弟)」, 「136다리 부러진 제비」를 분석하고, 다른 일본인의 "다른 설화집에 비해서는 등장인물의 선악구도의 설정이 직접적이지 않고 조심"스럽다고 평가하였다.[35] 이에 대해 본고에서는 미와 다마키와 설화집에 대한 전체 내용을 정리하였다.

4. 결론

『전설의 조선』은 내지의 일본인 독자를 상정해 간행된 조선 설화집으로 내지에서 널리 읽히고, 일본에 체재한 周作人에 의해 그 일부가 중국어로 번역되는 등 후대의 설화집에 큰 영향을 미쳤다. 전설과 민담으로 나누어 구비전설(구전설화)을 다수 수집하여, 채록자로서 서술에 충실한 점이나 개인적 감상을 배제한 점 등에서 자료의 가치가 인정되나, 한편으로 채록자 및 채집 경로를 명기하지 않아 근대설화집으로서 한계를 노정하고 있다. 그럼에도 불구

---

34 강상대(2011), 「남북한 분단 이후 '녹족부인' 서사의 변이 양상 연구-북한 평양지의 「록족 부인」을 중심으로」, 『어문학』 112, 한국어문학회. 참고.

35 박미경, 같은 논문, p.82.

하고 1910년대에 집대성된 최초의 일본어 조선 전설집으로 인정된다.

수록 내용은 구전설화가 그 중심을 이루고 있지만, 제2편 인물에서는 문헌설화를 다수 수록하여 구전설화와 문헌설화를 동시에 수록했다는 점도 주목된다. 특히 인물설화는 일본과 관련된 설화를 다수 수록하여 비록 그 서술이 노골적이지 않지만, 〈일선동조론〉에서 자유롭지는 않다고 평가할 수 있겠다. 미와의 후대설화에의 영향과 그 변용에 대한 검토는 앞으로의 과제다.

문헌설화는 일본에서 출판되었기 때문에 일본인 독자를 대상으로 추가되었을 가능성이 있으며, 미와 설화집의 주요 내용은 구전설화로, 1910년대 평양을 중심으로 채집한 설화를 바탕으로 간행된 설화집으로 주목된다. 특히, 분단 상황에서 그 채록에 한계가 있는 이북 설화가 많이 수록되었다는 점에서 중요한 자료집으로 평가된다.

참고문헌

三輪環(1919), 『傳説の朝鮮』, 博文館.
近藤時司(1924), 「朝鮮の傳説について」, 『東洋』27-8, 東洋協會.
梶井陟(1980), 「朝鮮文學の翻訳足跡(三)—神話, 民話, 傳説など—」, 『季刊三千里』24号, 三千里社.
高木敏雄(1977), 『童話の硏究』, 講談社.
増尾伸一郎(2010), 「孫晋泰『朝鮮民譚集』の方法」, 『韓国と日本をむすぶ昔話』, 東京學芸大學報告書.
崔仁鶴編(1974), 「韓國昔話資料文獻」, 『朝鮮昔話百選』, 日本放送出版協會.
朝鮮総督府(2009), 『朝鮮総督府及所属官署 職員録』1910年~1943年, 復刻版全33巻, ゆ

まに書房.

『太陽』25-13, 1919.11.

『東京朝日新聞』, 1919.11.2.

李市埈・金廣植(2012), 「日帝强占期における日本語朝鮮説話集の刊行とその書誌」, 『日本言語文化』第21輯, 韓国日本言語文化學會.

金廣植・李市埈(2012), 「植民地期日本語朝鮮説話採集に関する基礎的考察」, 『日語日文學研究』第81輯, 韓国日本言語文化學會.

金廣植(2014), 『植民地期における日本語朝鮮説話集の研究─帝国日本の「學知」と朝鮮民俗學─』, 勉誠出版.

김광식(2011), 「근대 일본의 신라 담론과 일본어 조선설화집에 실린 경주 신화·전설 고찰」, 『연민학지』 16집, 연민학회.

김환희(2007), 「〈나무꾼과 선녀〉와 일본〈날개옷〉 설화의 비교연구가 안고 있는 문제점과 가능성」, 『열상고전연구』 26, 열상고전연구회.

신정호·이등연·송진한(2003), 「'조선작가' 소설과 중국 현대문단의 시각」, 『중국소설논총』 18집, 한국중국소설학회.

안용식편(2002), 『조선총독부하 일본인관료연구』 I (인명별), 연세대학사회과학연구소.

염희경(2003), 「〈해와 달이 된 오누이〉에 나타난 호랑이상」, 『동화와 번역』 5, 동화와 번역 연구소.

조희웅(2005), 「일본어로 쓰여진 한국설화/한국설화론1」, 『어문학논총』 24집, 국민대학교 어문학연구소.

박미경(2009), 「일본인의 조선민담 연구고찰」, 『일본학연구』 28집, 단국대학교 일본학연구소

다카하시 도루 저, 이시준·장경남·김광식 편(2012), 『조선이야기집과 속담』, J&C.

이시이 마사미 편, 최인학 역(2010), 『1923년 조선설화집』, 민속원.

식민지 시기 일본어

조선설화집 기초적 연구

다나카 우메키치(田中梅吉)와 조선총독부편 『조선동화집(朝鮮童話集)』고찰

식민지 시기 일본어

조선설화집 기초적 연구

다나카 우메키치(田中梅吉)와 조선총독부편 『조선동화집(朝鮮童話集)』고찰

1. 서론

1908년 우스다 잔운(薄田斬雲)의『암흑의 조선(暗黒なる朝鮮)』을 시작으로 1910년대부터 일본어로 간행된 조선설화집(이하, 일본어 조선설화집)이 본격적으로 간행되었다. 대표적인 작품으로 1910년 에는 다카하시 도루(高橋亨)의『조선이야기집과 속담(朝鮮の物語集 附俚諺)』, 1912년에는 아오야기 쓰나타로(青柳綱太郎)의『조선야담 집』, 1913년에는 나라키 스에자네(楢木末実)의『조선의 미신과 속 전(朝鮮の迷信と俗傳)』, 1919년에는 미와 다마키(三輪環)의『전설의 조선(傳説の朝鮮)』등이 계속해서 간행되었다. 이들 작품집은 개인 적인 관심에서 설화를 채집한 데 반해, 본고에서 다루는 1924년 조 선총독부에서 발간된『조선동화집(朝鮮童話集)』은 설화를 개작한 동화집이다.

최초의 동화집인『조선동화집』에는 서문도 편자의 이름도 명기되어 있지 않아 선행연구에서는 조선총독부의 이데올로기를 반영하는 왜곡된 전래동화집으로 비난 받는 한편, 식민시기 '3대 전래동화집'의 하나로 자리매김 되며 후대에 미친 그 영향력에 관심을 보이는 연구가 진행되었다. 하지만, 실제 편자가 누구이며 어떤 과정을 거쳐『조선동화집』이 간행되었는지에 대한 규명은 소홀히 되었음을 부정할 수 없다.

본고에서는 우선 선행연구를 개괄하고, 새롭게 발굴한 자료를 검토하여『조선동화집』의 간행과정, 그리고 각 설화의 개작과정을 중심으로『조선동화집』의 연구에 대한 새로운 실마리를 풀어보고자 한다. 텍스트 분석을 중심으로 한 선행연구의 한계를 극복하고, 그 편찬자 및 개작 과정을 살핌으로써, 우리 설화가 식민지 시기에 어떻게 채집되어 동화로 재화되었고, 어떤 의도로 아동 교육에 활용되었는지에 대해 논하고자 한다.

2. 조선총독부 편『조선동화집』선행연구 검토

1924년 조선총독부 학무국 편집과는 조선민속자료 제1편『조선의 수수께끼(朝鮮の謎)』(1919)에 이어서, 조선민속자료 제2편『조선동화집』(1924)을 간행했다. 제2편은 서문도 간행경위도 편자도 적혀 있지 않아, 선행연구에서는 텍스트 분석을 바탕으로 총독부

의 이데올로기를 검토하는 연구가 주류를 이루어 왔다.

최인학은 "1920년대는 조선총독부가 어느 정도 민간 문예자료를 수집해 두었고, 그 중에서 골라 쉬운 말로 개작한 것으로 보인다."고 지적하였다.[1] 조희웅은 "아마 순수한 민담집의 집성으로는 이 책이 최초의 저작이 아닌가 한다. 특히, 이 책(『조선동화집』-필자)은 후대의 많은 민담집(혹은 전래 동화집)의 藍本이 된다는 데서 중요시 된다"고 지적하였다.[2] 손동인은 "최초의 전래동화집인 〈조선동화집〉은 유감스럽게도 日語版이었고, 조선총독부에서 간행되었다. 일어판이었으나 이를 계기로 집대성된 전래동화집들이 그 이후 심심찮게 간행되어 와전인멸(訛傳煙滅)되어 가던 전래동화를 정착시키는데 기여한 공을 잊을 수 없다. (중략) 그 뒤 1926년에 심의린이 〈조선동화大集〉, 1940년에 박영만이 〈조선전래동화집〉을 발행했는데, 前記한 조선총독부 편 〈朝鮮童話集〉과 더불어, 이 시대(갑오경장부터 1945년까지의 한국 전래동화 정착기 -필자 주)의 삼대 전래동화집이며, 오늘날 간행되는 각종 전래동화집의 원전이라 해도 과언이 아니다."고 지적했다.[3]

이처럼, 1990년까지는 『조선동화집』에 대한 성급한 비판보다는

---

1 崔仁鶴(1974), 『朝鮮昔話百選』, 日本放送出版協會, p.310.

2 조희웅(1989), 『설화학綱要』, 새문사, p.20.

3 손동인(1990), 「한국 전래동화사 연구」, 『한국아동문학연구』 창간호, 한국아동문학학회, pp.25-26.
   심의린과 박영만의 동화집은 한국에서는 입수하기 어려운 희귀본이었는데, 최근 일본 도서관 소장본이 영인, 번안되었다. 沈宜麟, 신원기 역해(2009), 『조선동화대집』, 보고사; 심의린, 최인학 번안(2009), 『조선동화대집』, 민속원; 朴英晩, 권혁래 옮김(2006), 『화계 박영만의 조선 전래동화집』, 한국국학진흥원.

냉철하게 그 공과를 개괄하는 연구가 진행되었다. 이후의 연구의
방향은 비판의 강도는 다르지만 총독부의 이데올로기에 대한 비판
으로 이어졌다.

박혜숙은 "조선총독부가 펴냈던 조선 총서 가운데 하나인 『조선
동화집』이 1924년에 간행돼 나왔지만 일본어로 된 동화집이며, 발
행 목적도 일본인들의 조선 이해를 돕기 위한 총서 중의 하나였다.
그러므로 엄밀한 의미에서는 우리 동화의 보급과 발전을 위한 동
화집이었다고 볼 수는 없다."고 주장하였다.[4] 김경희는 "우리나라
최초의 전래동화집으로 알려진 『조선동화집』은 한국인의 손으로
만들어진 것이 아니라, 일본인에 의해서 그것도 조선총독부에서
출판되었다는 점 때문에 많은 한계를 지니고 있다"고 지적했다.[5]
서동수는 『조선동화집』이 식민지 국민 창출의 기획으로 발견되었
다고 보고 "『조선동화집』은 식민통치 정책의 일환으로 펴낸 정책
자료였다는 점, 그리고 일반인들에게도 적지 않게 읽혔다는 점, 그
리고 무엇보다 이후 조선인이 만든 전래동화집도 이 자장권에서
벗어나지 못하고 있다는 점"을 지적하였다.[6] 한편에서는 총독부가
일본어로 간행했다는 점에서 『조선동화집』의 의미를 애써 축소하
고, 한편에서는 조선인의 동화집마저도 그 자장권에 있다고 그 의

---

4 박혜숙(2005), 「서양동화의 유입과 1920년대 한국동화의 성립」, 『어문연구』
   33-1, 한국어문교육연구회, p.185.
5 김경희(2008), 「심의린의 『조선동화대집』의 성격과 의의」, 『겨레어문학』 41, 겨레
   어문학회, p.213.
6 서동수(2008), 「아동의 발견과 '식민지 국민'의 기획」, 『동화와 번역』 16, 한국현대
   문학회, p.255.

미를 확대해석하였으나 구체적인 내용 분석은 행해지지 않았다.

본격적인『조선동화집』에 관한 언급은 오타케에 의해 행해졌다. 오타케는 1920년대에 일본어로 간행된 여러 조선동화집의 서문과 목차, 내용을 소개하였다.[7] 박미경은 일본어 조선설화집의 형제담을 분석하며 "『조선동화집』은 1924년에 조선총독부가 간행한 일련의 총서 중 하나로, 조선의 민속 및 문화를 파악하여 식민통치를 공고히 하려는 조선총독부의 문화정책의 일환으로 출판되었다"고 주장하였다.[8]『조선동화집』에 대한 본격적인 연구는 권혁래에 의해 행해졌다. 권혁래는 작품을 한국어로 번역하고, 작품집의 내용과 특징, 1920년대의 동화집의 위상, 판본의 서지 및 발행경위를 개괄하고, 간행 당시에 학무국 편집과장을 역임한 오다 쇼고(小田省吾)를 주목하고 "당연히『조선동화집』의 발간에 이 오다 쇼고의 영향력이 적지 않았을 것이므로 오다 쇼고를『조선동화집』의 주 편저자로 볼 수 있다"고 주장하였다.[9] 설화집은 편자의 성향과 의도를 반영한다는 점에서 편자를 밝히는 일은 설화집의 내용과 성격을 규명하는데 있어 기본적인 작업이며, 이를 가정했다는 점에서 연구사적으로 의미를 지니지만, 여전히 추측의 영역을 벗어나지 못했다.

---

7 大竹聖美(2001), 「1920年代 日本의 児童叢書와 「朝鮮童話集」」, 『동화와 번역』 2, 동화와 번역 연구소.

8 박미경(2009), 「일본인의 조선민담 연구고찰」, 『일본학연구』 28, 단국대학교 일본학연구소, p.82.

9 권혁래(2003), 「조선총독부의 『朝鮮童話集』(1924)의 성격과 의의」, 『동화와 번역』 5, 동화와 번역 연구소, p.55.

문제는 권혁래의 연구 이후에 행해진『조선동화집』을 다룬 연구들이다. 이들 연구는 지난 10년간 권혁래의 연구를 심화시키지 못하고 동어 반복적으로 권혁래의 연구를 인용하며『조선동화집』의 작품 왜곡을 규명하는 데 초점이 이루어졌다. 교과서를 편찬한 조선총독부 학무국 편집과에서 발행된『조선동화집』이라는 점에서 이데올로기가 있음은 물론이며, 이에 대한 해명이 필요하지만, 더 큰 문제는 관련 사료를 제시하지 못하고 진행되었다는 점이다.[10]

권혁래는 "조심스럽지만 위 두 작품에서 '교활한 토끼'나 '어머니를 버린 남자'의 캐릭터를 변형시키는 데 총독부의 정치적 의도가 개입되었을 수도 있지 않을까 하는 점을 생각해 보고자 한다."고 완곡하게 개작 의도를 언급한 데 비해,[11] 이후의 연구에서는 검증 없이 작품 왜곡을 주장하고 있으며, 특히, '교활한 토끼'를 중심으로 왜곡 가능성을 상정하였다.[12]

최근에 권혁래는 2003년에 발표한 논문을 수정하고 이를 발전시

---

10 학무국 편집과의 설화조사와 수록에 대해서는 다음 논문을 참고. 김광식(2012), 「조선총독부 편찬 일본어교과서『국어독본』의 조선설화 수록 과정 고찰」,『淵民學志』18집, 연민학회, p.88.

11 권혁래(2003), 앞의 논문, p.72.

12 김경희는 '교활한 토끼'가 일본의 제국주의적 세계관을 반영한다고 주장했고, 백민정은 의도된 교육목적 속에서 조선의 설화를 취사 선택했다고 주장했고, 장수경은 토끼와 호랑이의 위치가 뒤바뀌어 묘사되고 있어 문제라고 주장했으며, 권순긍은 괴기스럽고 엽기적인 일본 민담의 화소가 끼어든 것이 아닌가 여겨진다고 주장했다(김경희(2008),「『조선동화집』에서 사라진 토끼의 웃음」,『아동청소년문학연구』12, 한국아동청소년문학학회, p.191; 백민정(2008),「『조선동화집』수록동화의 부정적 호랑이상 편재 상황과 원인」,『語文硏究』58, 어문연구학회, p.267; 장수경(2008),「식민지시대 '전래童話'와 '朝鮮的'인 것」,『한국어문학 국제학술포럼』, 第4次국제학술대회, p.541; 권순긍(2012),「『토끼전』의 동화화 과정」,『우리말교육현장연구』10, 우리말교육현장학회, p.38).

컸는데, 선행연구에 대해 다음처럼 지적하였다.

　　오타케 키요미는『조선동화집』등의 자료를 처음 소개하였고, (중략) 권혁래는『조선동화집』을 번역하고 이 동화집의 내용과 특질, 문학사적 위상 등을 자세히 언급하였다. 김광식은『조선동화집』의 실질적 편찬자가 다나카 우메키치(田中梅吉)임을 처음으로 밝히면서『조선동화집』이해의 새 지평을 열었고, 다나카가 조선 아동의 교화를 위해 이 작품집을 편찬한 것임을 간파하였다.[13]

　권혁래는 위와 같이 연구사를 정리하고, "앞으로 작품 내적으로 좀 더 세밀한 읽기와 분석이 필요하다"고 지적하며 편자 다나카의 동화관, 인물형상과 식민지 이데올로기를 규명하였다. 이에 다음 장에서는 다나카의 동화집 편찬 과정을 고찰하고 새롭게 발굴된 자료를 제시하여『조선동화집』의 개작 과정과 그 내용 및 의도를 실증하고자 한다.

3. 다나카와『조선동화집』의 수록과정

　독일문학가, 그림 연구자로 알려진 다나카 우메키치(1883~1975)는 1909년 7월, 동경제국대학 독문과를 졸업하고, 1911년 9월부터

13　권혁래(2012), 「『조선동화집』(1924)의 인물형상과 이데올로기」, 『퇴계학논총』 20, 사단법인 퇴계학부산연구원, p.253.

12월까지 동화연구가 아시다 로손(蘆谷蘆村, 본명은 重常, 1886~1946)과 함께『소년잡지(少年雑誌)』(増沢出版社)의 주간이 되어 아동문학에 본격적으로 관여하여, 잡지『제국교육(帝国教育)』에 아동과 유해문예에 관한 서양의 동향을 소개하는 한편, 일본민속학의 설립자로 유명한 야나기타 구니오(柳田国男, 1875~1962)와 신화학자 다카기 도시오(高木敏雄, 1876~1922)의 향토회에 참가했다. 초기 민속학, 특히 민간전승에 관심을 지니고 1914년에는『그림 동화(グリンムの童話)』(南山堂書店), 다음 해에는『하우프 동화』등을 번역 소개하여 아동문학 연구가로 그 이름을 알렸다.

일본의 중앙대학 독일학회(ドイツ學會)가 발행한『독일문화(ドイツ文化)』21호(1976)에는 그림 동화 연구가로 유명한 다카하시 겐지(高橋健二)의 '다나카 우메키치 선생님을 추모함(田中梅吉先生をしのぶ)'에 이어, 다나카의 연보와 저서·논문목록이 정리되어 있다. 저서목록에는『조선동화집』을 명기했고, 연보에는 다나카 자신의 이력서를 바탕으로 1916년부터 21년까지 '조선총독부 임시교과용도서 편집사무촉탁(朝鮮総督府臨時教科用図書編輯事務嘱託)'으로 근무했음을 밝히고 있다.

경성제국대학 동창회가 발간한 기념지에 다나카가 회고록을 남겼는데, 조선체류의 초기 시절, 즉 학무국 편집과 시절을 기록하고 있어 주목해야 할 문건이다. 이에 의하면, 1916년 6월, 동경제국대학 교수인 호시나 고이치(保科孝一)의 소개로 총독부 학무국 편집과장 오다 쇼고(小田省吾, 1871~1953; 1899년 동경제국대학 사학과 졸업)를 면회하고 조선행을 제안 받았다. 다나카는 10월 말에 조선으로 건너왔다. 처음에는 연구대상인 "아동 생활과 심리 세계에 한정된 연구를, 조선의 민속과 그 심리, 민간전승 설화, 가요 등에 이르기까지 확대하여 연구"하는 일이 '긴급과제'라고 여기게 되었다. 전술한 바와 같이 다나카는 그림 동화에 관심을 지니고 "야나기타 구니오의 동종(同種)의 운동에 참여하게 되어, 결국 이 방면의 연구가 항상 자신의 염두에서 떠나지 않았다."라고 회상하였다.[14] 실제로 다나카는 야나기타가 편집한『향토연구(鄕土硏究)』2권4호 (1914)에「가시마의 갑(鹿島の崎)」을 보고하였고, 야나기타가 펴낸 『향토회기록(鄕土會記錄)』(大岡山書店, 1925)에도 같은 보고가 수록되어 있다. 잡지『민족(民族)』2권 1호(1926)에도「조선완구목록(朝鮮玩具目錄)」을 보고하였다.[15]

다나카의 연구는 다방면에서 행해졌는데, 본래 목적인 총독부 미입학 아동용 독본『아해 그림책 소아화편(小兒畵篇)』(천지인, 1918~1920) 전3권[16]을 간행하고,『수수께끼의 연구(謎の硏究─歷史とその樣式)』(조선총독부, 1920) 등을 총독부에서 편찬하였다. 또한 고전소설에도 관심을 보여, 오구라 신페이(小倉進平), 김성률(金聲

---

14 田中梅吉(1974),「城大予科の生誕前の昔がたり」,『紺碧遙かに ─京城帝国大學創立五十周年記念誌』, 京城帝国大學同窓會, p.81.

15 이상 다나카에 대해서는 다음 논문을 참고. 金廣植(2010),「近代における 朝鮮説話集の刊行とその研究 ─田中梅吉の研究を手がかりにして─」, 徐禎完, 増尾伸一郎編『植民地朝鮮と 帝国日本』, 勉誠出版, pp.176~177.

16 『아해 그림책 소아화편』은 총독부가 편찬한 '미입학 아동용' 교과서로 자리매김되었다(朝鮮総督府學務局(1921),『現行教科書編纂の方針』). 일정한 반향이 있었는지, 국립 중앙도서관에 소장된 판본은 1923년 동경 精美堂에서 재출간된 것도 존재한다.

律)과 함께『흥부전』을 일본어로 번역했는데, 이 작업을 진행한 것은 1920년경이다.[17] 또한 1912년 총독부 학무국이 실시한 민간에서 유행하는 신구소설 보고서를 열람하는 등 '가능한 한 널리 수집하려고 노력했다.'[18]

그 후 다나카는 1921년에 총독부로부터 독일유학 명령을 받고, 11월 말에 베를린에 도착해, 1924년 5월 28일 요코하마로 돌아온다. 1924년 6월 초, 교토의 집에서 총독부가 보낸 '6월 19일부, 경성제국대학 예과교수 임명' 사령을 받고, '6월 중순 경' 청량리 예과에 등교했다고 다나카는 회고하였다.[19] 즉,『조선동화집』은 같은 해 9월 1일에 발행되었고 다나카는 불과 3개월 이내, 1917년에 학무국에 제출한 보고서를 바탕으로 설화를 동화로 재화했음을 확인할 수 있다.

이처럼 1916년 10월 말에 조선에 건너온 다나카는 조선 민간전승에 관심을 지니고 이를 수집했는데, 1917년 보고서는 발견되지 않았다. 하지만 다나카가 학무국내에서 발간된 교육잡지『조선교육연구회잡지』에 발표한 다음과 같은 일련의 글을 통하여, 그 내용의 일단을 확인할 수 있다.

「동화 이야기(童話の話 附朝鮮人教育所感)」 19호(1917년 4월)

---

17 田中梅吉·金聲律訳(1929),『興夫傳　朝鮮説話文學』, 大阪屋号書店, p.4.

18 田中梅吉(1934),「併合直後時代に流布していた朝鮮小説の書目」,『朝鮮之図書館』4巻3号, 朝鮮図書館研究會, p.13.

19 田中梅吉(1974), 위의 논문, p.85.

「조선동화·民謠竝俚諺·謎」20호(1917년 5월)

「조선동화·民謠·俚諺·謎」21호(1917년 6월)–28호(1918년 1월),

30호(1918년 3월)

먼저 다나카는「동화 이야기」에서「이야기(はなし)」라는 형식을
신화, 전설, 동화로 삼분하고, 동화를 '민간전승의 이야기'로 정의
하였다. 즉 동화란 오늘날의 민담임을 확인할 수 있다. 다나카는 동
화의 의의로서 '민족의 정신과 풍속 등을 연구'함과 동시에, '교육
상의 재료로써 깊은 의의'가 있다고 지적하였다. 또한 화자(話者)와
필기 및 채집자에게 다음처럼 주의시키고 있다. 화자에게는 '동화
는 결코 비천한 것이 아님을' 설득시키고, 결코 수식을 가하지 않을
것을, 필기자에게는 '화자가 말하는 대로 필기할 것'과 '국어(일본
어)로 번역하는 경우에는 가능한 한 원어의 느낌을 전할 수 있도록
노력하고, 수식을 가하지 말 것'을 다나카는 당부하고 있다.[20]

『조선교육연구회잡지』에는 8편의 동화가 게재되었는데, 이는 모
두『조선동화집』에 수록된 25화 안에 다소의 첨삭과 개작을 통해
수록되었다. 이를 정리하면 〈표 1〉과 같다.

---

20 田中梅吉(1917),「童話の話附朝鮮人教育所感」,『朝鮮教育研究會雜誌』19, 朝鮮教育
研究會, pp. 13-14.

〈표 1〉 자료 보고처와 개작 정도

『朝鮮敎育硏究會雜誌』1917	『朝鮮童話集』1924	보고처	개작 여부
20호 동화(제목 없음)	17 어머니를 버리는 사내	경성水下洞공립보통학교	대폭 개작
21호 은혜 모르는 호랑이	16 은혜 모르는 호랑이	全道중, 江原道 洪川공립보통학교	대폭 개작
22호 세개의 구슬	15 세 개의 구슬	경기도파주군 泉峴外牌面	대폭 개작
23호 두꺼비의 보은	12 두꺼비의 보은	평남 강동공립보통학교	일부 개작
24호 검은 것과 노란 것	6 검은 구슬과 노란 구슬	함북 회령군	다소 개작
25호 여우와 개 싸움	2 원숭이의 재판	충북 청풍군	대폭 개작
26호 불쌍한 아이	20 불쌍한 아이	강원도 원주군	일부 개작
27호 교활한 토끼	7 교활한 토끼	충남 한산공립보통학교	대폭 개작

　　다나카는 우선 1917년에 『조선교육연구회잡지』에 조선설화를 연재하고, 이를 1924년에 개작한 것으로 보이는데, 실제 그 변화 양상을 살펴볼 수 있다는 점에서 중요한 사료이다. 전술한 바와 같이, 다나카는 「동화 이야기」에서 필기자에게 '화자가 말하는 대로 필기할 것'을 당부했는데, 실제로 1924년본은 일부 혹은 대폭 개작을 행하였다. 문제는 『조선교육연구회잡지』에 실린 내용이 보통학교

의 보고 내용을 그대로 수록했는지를 검토하는 작업이다.

　그러나 다나카가 제출한 1917년 보고서가 발견되지 않았다. 필자들은 1913년에 조선총독부 학무국이 수집한『전설동화조사사항』(이하 1913년 보고서)을 발굴하여 이를 공개하였다. 위 1913년 보고서는 근대 초기의 방대한 설화 자료집으로 자료 그 자체만으로도 중요하지만, 총독부 교과서 편찬과 긴밀한 연관 관계가 있어 그 총체적 규명이 요청된다. 1913년 보고서가 전설 동화와 관련된 기록이었기에 다나카는 1913년 보고서도 참고했을 가능성이 있는데, 필자가 발굴한 1913년 보고서는 강원도, 함경북도, 경상북도, 경기도 4개도의 자료에 그쳤다.[21] 하지만,『전설동화조사사항』에 수록된「어머니를 버리는 사내」라는 설화(水下洞 공립 보통학교의 보고서)가 1917년 잡지본의 원 자료(출전)임을 확인할 수 있었다.

　1913년 보고서에 실린 원 자료와 이를 수록한 1917년 잡지본, 이를 다시 개작한 1924년 단행본을 제시하면 〈표 2〉와 같다.

21　1913년 보고서에 대해서는 다음 영인본과 논문을 참고. 조선총독부학무국, 이시준·장경남·김광식 편(2012),『전설동화조사사항』, J&C; 이시준·김광식(2012),「1910년대 조선총독부 학무국 편집과가 실시한 조선 민간전승 조사 고찰 −1913년 보고집『전설동화 조사사항』을 중심으로」,『일본문화연구』44집, 동아시아일본학회; 강재철(2012),「조선총독부의 1913년에 전국적으로 실시한 조선설화 조사 자료의 발굴과 그에 따른 해제 및 설화학적 검토」,『비교민속학』48, 비교민속학회.

〈표 2〉「어머니를 버리는 사내」비교(밑줄은 필자)

『傳説童話調査事項』 (1913)[22]	『朝鮮教育研究會雜誌』 (1917)[23]	『朝鮮童話集』(1924) 〈어머니를 버리는 사내〉 pp.110-6
옛날 나쁜 사람이 있어, 자신의 모친은 나이 들어 일을 못하고 먹기만 하니, 뭔가 해야 한다고 생각하여, 어느 날 아이를 불러 '지게'를 가져오라고 말했습니다. 아이가 말하길 무슨 일입니까 하니 부친이 말하길 할머니는 나이가 들어 아주 방해가 되니 어딘가 데려가 버리려고 생각하니 넌 할머니를 '지게'에 태워 나와 함께 가자고 말했습니다. 아이는 매우 나쁜 일로 생각했지만 부친이 하는 말이라서 말없이 할머니를 '지게'에 태워 짊어지고 부친을 따라 걸으면서 생각하고 있던 중에 어느새 산속에 도착했습니다. 그 곳에 버	옛날옛날 마음씨 좋지 않은 어떤 사내가 있었습니다. 이 사내는 모친과 아들 하나와 조용히 살고 있었는데, 자신의 모친이 점점 나이 들고, 이제 아무 일도 못하게 된 것을 보고 여태껏 오랫동안 키워준 모친 은혜를 잊고 이렇게 생각했습니다. '우리 어머니는 먹기만 하고 아무 도움이 안 되고 방해가 될뿐이다. 차라리 어딘가에 버리는 게 좋겠다.' 그래서 이 사내는 어느 날 자기 아들을 불러 지게를 가져오게 하고 말했습니다. "할머니는 이제 나이가 들어 아무 도움이 안 되니, 산에 버리고 오자. 넌 지게를 가지고 할머니를 짊어져라." 아이는 말없이 부친의 말대로, 할머니를 지게에 태워 아버지와 함께 산으로 갔는데, 아이는 계속 생각하면서 걷고, 도중에 한마디도 안했습니다. 부친은 산속 깊은 곳에 와서, 모친을 버리고 돌아가려 했는데, 아이는 지게를 짊어지고 부친 뒤를 따라 왔습니다. 부친은 아이가 짊어진 지게가 너무 더러움을 보고 "그런 더	옛날옛날 어느 시골에 심성이 좋지 않은 어떤 사내가 살고 있었습니다. 사내는 나이 들고, 쇠약해진 모친과 매우 마음씨 착한 아들이 있었습니다. 사내는 매우 게으른 사람이어서 집안은 항상 가난하고 곤궁했습니다. 그러나 원래 마음씨 좋지 않은 사람이라서, 이처럼 가난한 것은 자신이 게으르기 때문임을 깨닫지 못하고 '어머니가 먹기만 할뿐'이고 집안을 위해 일하지 않기 때문이다.'고 생각해 결국 '차라리 어딘가 사람 없는 산속에 버릴까.'하는 끔찍한 생각을 했습니다. 　어머니를 버린다……아, 매우 끔찍한 생각입니다. 그러나 사내는 이를 조금도 마음에 두지 않고, 바로 어머니를 버리려고 생각해, 자기 아들을 불러 지게를 가져오게 해 그리고 말했습니다. "집안이 이처럼 곤궁한데 할머니는 조금도 도움이 안 되니, 지금부터 산에라

리고 돌아가려 했습니다. 그 때에 아이는 '지게'를 가지고 돌아가려 했습니다. 부친이 말하길 그런 더러운 것은 가져가도 아무 도움이 안 된다고 말했습니다. 그러자 아이가 말하길 이 '지게'를 가져가 아버지가 나이가 들면 또 이 '지게'에 태워 산속에 버릴 거라 말했습니다. 그러자, 부친은 매우 놀라 잠시 생각하고 말하길 내가 실로 잘못했다. 이야말로 잘못했음을 깨달았다고 말하고 할머니를 조용히 '지게'에 태워 돌아와 효행을 다했다고 합니다. (水下洞 공립 보통학교)

러운 것은 가져갈 필요 없으니 버리고 가자"고 아이에게 말했습니다. 그러자 아이는 "아뇨 이 지게는 꼭 가져 가겠습니다."하고 말하니, 부친은 "왜 가져가야만 하겠니."하고 물었습니다. 그 때 아이는 두 눈에 눈물을 보이며 부친 얼굴을 잠시 응시하고 있었는데, 결국 부친에게 말했습니다.
"하지만 아버지가 할머니처럼 나이 들면, 내가 또 지게로 아버지를 버려야 되는 걸요." 부친은 이 한 마디를 듣고 천길 골짜기에 갑자기 떨어진 느낌을 받았습니다. 부친은 바로 아이를 껴안고 아이를 향해
"애비가 잘못했다. 잘못했다."
고 말하고, 이번에는 부친이 직접 할머니를 조용히 지게에 태워, 집에 돌아가 셋이서 화목하고 평화롭게 살았습니다. (경성 水下洞 공립 보통학교 보고에 의함)

도 버리고 올 생각이다. 넌 이 지게로 할머니를 짊어지고 와."
아이는 이 말을 듣고 너무도 한심한 부친의 마음에 놀라고 서글펐지만 그저 말없이 그 얼굴을 바라 볼 뿐이었습니다. (중략) 부친에게 꾸중 듣고 어쩔 수 없이 아이는 할머니를 지게에 태워 짊어지려 했습니다. 그러나 아직 어린 아이의 힘으로 어찌 이를 맬 수 있겠습니까. (중략) 아버지는 이를 보고 더욱 화내며 "한심한 놈이군."하고 군소리를 하며 자신이 지게를 짊어지고, (중략) 아이를 껴안고,
"용서해라, 애비가 잘못했다. 완전히 애비가 잘못했다. (중략)"
하고, 이번에는 부친이 직접 지게를 지고 할머니를 그 위에 소중히 태우고, 한 손으로는 다정하게 아이 손을 잡고 산을 내려왔다는 것입니다.

---

22 조선총독부학무국, 이시준·장경남·김광식 편(2012), 위의 책, p.311. 원문은 다음과 같다.
昔シ悪者ガ居マシテ自分ノ御母様ハ年ヲ取ツテ仕事ハ出来ズ食フバカリダカラ, ドウカシナケリヤイケナイト思ツテ或日子供ヲヨンデ「チゲ」ヲモツテコイト云ヒマシタ子供ガ云フノニ何カ御用デスカト云フト親ガ云フノニハ婆様ハ年ヲトツテドウモ邪魔ニナルカラ何処ヘカツレテ往ツテステヨウト思フカラオ前ハ婆様ヲ「チゲ」ニノ

1913년 자료와 1917년본에는 제목이 적혀 있지 않다. 중요한 사
실은 이 두 자료가 매우 유사하다는 점이다. 아쉽게도 1913년 보고
서와 1917년 자료 중 동일 기관에서 보고된 자료는〈어머니를 버리

セテ私ト一緒ニ往キマセウト云ヒマシタ子供ハドウモ悪イ事トハ思ヒマシタケレド
モ親ノ云フ話ダカラ何ト云フ事モ出来ス婆様ヲ「チゲ」ニノセテ背負ツテ親ニツレラ
レテ歩キナガラ一ツノ事ヲ考ヘ出シタノデアリマストコロガ何時ノ間ニカ山ノ奥ノ
方ニ参リマシタ其処ニステ, 阪ラウトシマシタ其ノ時ニ子供ハ「チゲ」ヲ持ツテ家ヘ
帰ラウトシマシタ, 親ガ云フノニハ, ソンナ, キタナイ「チゲ」ヲバステヨ, 持ツテ
帰ツテモナンノ役ニモ立ツモノカト云ヒマシタ, スルト, 子供ガ云フノニハ此ノ
「チゲ」ヲモツテ帰ツテ御父様ガ年ヲトレバ又コノ「チゲ」ニノセテ山ノ奥ニステルツ
モリデアルト云ヒマシタ, スルト, 親ハ喫驚シテ暫クノ間考ヘテ云フノニ私ガ実に
悪カツタ今コソ悪カツタノヲ悟ツタト云ツテ婆様ヲ静カニ「チゲ」ニノセテカヘツテ
孝行ヲ尽シタト云フコトデス(水下洞公立普通學校)

23 田中梅吉(1917),「朝鮮童話・民謠竝俚諺・謎」『朝鮮教育研究會雜誌』20호, 朝鮮教
育研究會, p.62. 원문은 다음과 같다.
むかしむかし心掛けの善くない或る男がありました. 此男は一人の母親と一人の男
の子と淋しく暮して居りましたが, 自分の母親が段々年寄つて, 最う何一つ仕事を仕
なく成つたのを見て, 之れまで永の年月自分を育てゝ呉れた母親の恩を忘れて, 斯
う思ひました.「うちのお母さんは食べてゐるばかりで, 何の役に立たず邪間にな
るばかりだ. これはいつその事とこかヘ捨てゝ了つた方が宜い」. そこで此男は或
日自分の子を呼んで支械を持つて来させ, そして言ひました.『家のお祖母さんは
最う年を取つて何の役にも立たないから, 山ヘ捨てゝ来る. お前は支械を持つて来
て, お祖母さんを負つて行きなさい」子供は黙つて父親の言付けの通り, お祖母さ
んを支械に載せてお父さんと一緒に山に出掛けましたが, 子供は行く行く一心に物
を考えながら歩いて, 途中では一事の口もきゝませんでした. 父親は山の奥の人里
遠い処に来て, 母親を捨ててから, いざ帰らうとしましたら, 子供は支械を背負ふ
て父の後からついて来ました. 父親は子供の背負ふた支械が余り穢いのを見て,「そ
んな穢い物は持つて帰るには及ばない, 捨てて帰れ」と子供に言ひました. すると
子供は「いゝえ此支械は是非持つて帰ります」と言ひましたから, 父親は「何故持つ
て帰らなければならんか」と尋ねました. 其時子供は両眼に涙を浮べて, 父親の顔
を暫く凝と見て居りましたが, 遂に父親に言ひました.『でもお父さんがお祖母さ
んの様に年寄りに成つた時, 私が又支械でお父さんを捨てなければなりませんも
の.』父親は此一言を聞いた時, 千丈の谿に不意に突落された様な感じに打たれまし
た. 父親は忽ち子供を抱寄せ子供に向つて『お父さんが悪かつた, 悪かつた.』と言つ
て, 今度は父親が自分でお祖母さんを静かに支械に載せ, 家ヘ帰つて三人睦しく平
和に暮しました.(京城水下洞公立普通學校報告に依る)

는 사내)뿐이다. 하지만, 이를 통해서 1917년 자료가 1913년 자료의 줄거리를 충실하게 반영한 것이리라 추측할 수 있다. 〈표2〉의 밑줄과 같이 1913년본과 1917년본의 줄거리는 거의 일치한다. 보통학교 교원이 다수 구독한 총독부 학무국 내에서 발간된『朝鮮敎育研究會雜誌』인 만큼, 보통학교를 중심으로 보고된 원전을 윤색하기 어려운 점도 작용했을 것이다. 이를 통해 다나카가 1917년도에 발표한 글은 표현을 일부 수정하기는 했지만, 기본 줄거리는 1913년 또는 1917년에 보고된 내용과 대동소이했음을 추정해 볼 수 있겠다.

한편, 1917년 잡지 자료와 1924년 단행본 자료를 비교하면, 〈표1〉에서 제시한 것처럼 대폭의 개작을 시도했는데, 다나카의 개작은 줄거리 및 이야기 형태를 그대로 유지하면서 감정적 표현을 삽입하고, 문장을 길게 꾸며 동화식으로 재화하는 형식으로 되었음을 확인할 수 있다. 1913년과 1917년 본에서는 사내를 나쁜 사람으로 서술할 뿐이고, 아들의 성격도 제시되지 않았다. 그러나 1924년 본에는 사내는 매우 게으른 사람이어서 집안이 항상 가난했다고 묘사하고, 아들을 '매우 마음씨 착한 아들'로 묘사하고 있다. '착한 어린이'는 바로 다나카가 요구한 어린이 상이요, 더 나아가 조선의 어린이 상이지 않았을까?

더불어 어머니를 버릴 생각을 한 사내에 대해서는 출전에는 없던 "'차라리 어딘가 사람 없는 산속에 버릴까'하는 끔찍한 생각을 했습니다. 어머니를 버린다. ……아, 매우 끔찍한 생각입니다."라는 구절을 삽입하여, 편자가 작품 내부에 개입해 심리묘사와 함께 자신의 비평을 드러내 보이고 있다.

이처럼, 다나카는 1910년대에 민속학적 방법에 기초해 채집자로서의 역할을 유지하면서 수집된 자료를 최소한의 형태로 수정하여 이를 잡지에 연재하였다. 그 후, 1920년대가 되어 아동 교육을 위한 동화의 중요성이 높아지면서, 본래의 내용을 2배 정도로 부풀리고 감정표현을 삽입하여 설화를 동화로 재화한 바, 그 의도는 식민지 아동들에게 천황제 근대국가에 어울리는 착한 어린이를 양성하기 위한 목적이었을 것으로 판단된다.

한 가지 유의할 점은 전술한 바와 같이 3개월이라는 단기간에 단행본이 완성되면서 논리적 모순이 동화 속에서 보인다는 점이다. 원래 설화의 내용은 산에 올라갈 때는 아이가 지게를 짊어지고 가나, 돌아올 때는 반대로 아버지가 짊어지는 것으로 되어 있다. 그러나 1924년 본에는 아이가 지게를 짊어지려고 했지만, 힘이 없어 이를 맬 수가 없어서, 아버지가 화를 내며 산을 오를 때도 내려올 때도 직접 지게를 짊어진 것으로 되어 있다. 하지만 1924년판 동화는 다음의 내용으로 마무리되고 있는 것이다.

"용서해라, 애비가 잘못했다. 완전히 애비가 잘못했다. (중략)"
하고, 이번에는 부친이 직접 지게를 지고 할머니를 그 위에 소중히 태우고, 한손으로는 다정하게 아이 손을 잡고 산을 내려왔다는 것입니다.

즉 산에 오를 때 아버지가 짊어진 것으로 개작했기 때문에, 후반
부의 "이번에는 부친이 직접 지게를 지고"라는 표현은 부적절하다
고 할 수 있다.

4. 「교활한 토끼」의 개작과 의도

전술한 바와 같이 선행연구에서는 조선총독부가 간행한 동화집
이라는 점에서 의도적인 왜곡의 가능성을 둘러싼 비판의 경향이
강했다. 특히, 「교활한 토끼」를 둘러싸고 왜곡 가능성을 시사한 바,
권혁래는 조심스럽게 개작 가능성을 시사하는 데 그쳤지만, 그 이
후의 연구에서는 그 비판의 수위가 높았음을 부인할 수 없다. 조선
총독부가 간행했다는 점에서 이데올로기를 염두에 두지 않을 수는
없다. 하지만, 추상적인 이데올로기 논쟁에 앞서, 필자는 가능한 한
실증적인 사례를 통해 개작의 문제를 묻고, 성찰하는 방법이 선행
되어야 한다고 판단한다. 이에 본 장에서는 「교활한 토끼」의 1917
년본과 1924년본을 대조 비교하여 그 개작 양상과 그 의미를 살펴
보고자 한다. 우선 두 텍스트를 비교하면 〈표 3〉과 같다.

〈표 3〉「교활한 토끼」의 텍스트 대조표(강조는 필자)

『朝鮮教育研究會雜誌』 27호 (1917, 86-7쪽)	『朝鮮童話集』(1924, 32-41쪽)
교활한 토끼 어느 날 호랑이가 두부 일곱 모를 들고 (중략) (토끼는) 그 중 한모 정도 줄래요. (중략) 이런 식으로 한모 한모 씩, **결국 한모만** (중략) (호랑이는 불평하지 않고) 두부 를 항아리 하나와 교환해 (중략) (토끼가 항아리를 깨고 달아남) 토끼는 계략 하나를 떠올려 (중략) 자기 꼬리를 물에 담그고 호랑이를 기다렸 습니다. 「**이렇게 하면 꼬리에 고기가 많이 걸려요. 호랑이님, 한 번 해 보실래요.** (중략) 호랑이를 이를 곧이듣고, 추운데 참았습니다. (중략) 호랑이 꼬리가 물에 얼어붙어 뺄 수 없게 되었습니다. 토끼는 이제 됐다고 생각하고, 호랑이 몸에 불을 붙여 태워 **죽였습니다. 태워 죽이고, 토기는 그 고기를 먹고** (중략) (토끼는) 토끼망에 걸렸습니다. (중략) 토끼는 파리에게 부탁해, 얼굴에 파리 알을 낳게 해, 자신은 죽은 듯이 있었습니다. 이윽고 토끼망을 친 사람이 와서 (중략) 버렸 습니다. (중략) 솔개에게 잡혔습니다. (중략) (토끼는)	7 교활한 토끼 **교활한 토끼, 나쁜 토끼. 그게 결국 어떤 운명을 맞이할까요. 이것을 알고 싶은 사람은 다음 이야기를 읽어 주세요.** 어느 날 호랑이 할아버지가 표주박에 두부 일곱 모를 넣고 (중략) (토끼는) 부탁인데 한모를 제게 주실래요. (중략) 이 얘기 저 얘기를 해 두부를 먹어 결국은 한모만 (중략) (호랑이는 화내지 않고) 다행히 항아리 하나와 바꿔 (중략) (토끼가 항아리를 깨고 달아남) 호랑이를 속일 방법이 없을까 생각한 끝에, (중략) 꼬리를 물에 담그고 가만히 기다렸습니다. 호랑이가 강가에 오자, 토끼는 조금도 도망치지 않고 보통 때처럼 (중략) 「**이렇게 하면 꼬리에 고기가 많이 붙거든 요. 호랑이님 한번 해보면 어때요** (중략) 정직한 호랑이는 추운데 참고, 물에 꼬리를 넣고 있어 견딜 수 없었습니다. 곧 호랑이 꼬리는 물에 얼어붙어, 빼려 해도 뺄 수 없습니다. 어디까지나 성질이 좋지 않은 토끼는 호랑이가 움직일 수 없음을 보고, 이번에는 몸에 불을 붙여 **태워 죽였습니다. 호랑이를 태워 죽인 다음에, 그 고기를 먹고** (중략) (토끼는) 토끼망이 쳐 있었기 에 거기에 걸렸습니다. (중략) 파리에게 부탁해, 얼굴에 파리 알을 많이 낳게 해, 자신은 죽은 듯이 있었습니다. 그 때 토끼망을 친 사람이 돌아왔습니다. (중략) 버렸습니 다. (중략) 토끼는 큰 솔개에게 잡힌 것입니 다. (중략) (토끼는) **나는 지금 옥황상제의 명을 받고 그곳에 가려는** 중요한 때였다. (중략) 이를

나는 지금 옥황상제의 명을 받고 그곳에 가려 하였다. (중략) 이를 들은 솔개는 놀라, 무심코 발톱의 힘을 빼자, 토끼는 높고 높은 공중에서 아래로 떨어졌습니다. **떨어진 토끼는 살았을까요.** (충청남도 한산 공립 보통학교 보고에 의함)	들은 놀라움이 커서, 옥황상제 의 벌을 받으면 큰일이라고 생각하며, 무심 코 토끼를 잡은 발톱이 느슨해졌습니다. 솔 개 발톱에서 빠진 토끼의 몸은 높고 높은 공중에서 둥글둥글 회전하며, 지면을 향해 곧장 떨어졌습니다. **떨어진 토끼는 또 다시 살아남았을까요.** 아니오. 이번에야말로 결국 천벌을 받아 그 몸은 티끌처럼 조각나 버렸습니다.

(강조는 필자)

　선행연구에서는 근거 없이 줄거리를 왜곡했다는 주장이 제기되었지만, 위의 〈표 3〉처럼 본래 줄거리에 대한 의도적인 왜곡은 최소한에 머물고 있었음을 확인할 수 있다. 「교활한 토끼」는 다소 과장되었지만, 충남 한산 공립 보통학교에서 보고된 우리나라 고유의 설화로 보인다. 한산 공립 보통학교에서 특정 의도를 가지고 설화를 보고했는지에 대한 보다 엄격한 검토는 앞으로의 과제라 할 수 있으나, 〈표 2〉와 〈표 3〉을 통해 본다면, 현 단계에서는 다나카는 본래 줄거리를 유지하면서 아동을 위한 교훈적인 동화로 재화하였다는 사실에는 큰 이견이 없으리라 판단된다.

　"교활한 토끼, 나쁜 토끼. 그게 결국 어떤 운명을 맞이할까요. 이것을 알고 싶은 사람은 다음 이야기를 읽어 주세요."로 시작되는 「교활한 토끼」는 토끼가 호랑이를 해치운다는 과장된 줄거리로, 호랑이가 선하고 토끼가 매우 악랄하게 그려지고 있다. 갖은 수법을 사용해 위기를 벗어나는 토끼도 "결국 천벌을 받아 그 몸은 티끌처럼 조각나 버렸습니다."로 끝난다. 다나카가 이 설화를 개작한 이유는 조선 아동들에게 정직하고 순종적인 삶을 요구하기 위해서였음이 분명하지만, 원래 존재하지 않는 설화를 날조, 왜곡한 수준은 아니었음을 확인할 수 있다.

그럼 왜 다나카는 착하고 순종적인 아동상을 강조한 것일까. 전술한 다나카의 「동화 이야기(童話の話 附朝鮮人敎育所感)」(1917)에는 다나카의 조선에 대한 인식이 극명하게 표출되었다. 다나카의 조선인관은 편견에 가득 찬 것으로, 조선인은 창조적 정신이 고갈되었고 대다수의 조선인은 어릴 적 지니고 있던 "아름다운 마음을 성장하면서 파괴시킨다."고 주장하였다. 계속해서 다나카는 "조선 아동에게 아동의 자연스러움에 가장 적당한 동화의 원시적이고, 순수하고 순박한 마음가짐을, 아동이 선천적으로 지닌 대로 포용해 주고자 한다. (중략) 동화는 민족의 정신과 풍속 등을 연구하는데 귀중한 자료일 뿐만 아니라, 교육상의 재료로도 깊은 의의를 지닌다."고 주장하였다.[24] 실제로 다나카는 첫 번째 작품으로 사이좋은 형제가 구슬을 얻어 부자가 되지만, 나눌 수가 없어 원래 장소에 두기로 하여, 다시 가보자 신기한 구슬이 하나 더 있었다는 〈물속의 구슬〉을 수록하여, 조선 아동에게 순박한 마음을 갖도록 훈화하고 있다.

이처럼 다나카는 동화의 연구와 교육상의 의의를 강조하며, 오리엔탈리즘에 입각해 조선의 아동을 신비적이고, 원시적, 순박한 자연 상태를 유지시키기 위해 설화를 수집, 이를 동화로 재화한 것

24 田中梅吉(1917), 위의 논문, pp.12.

이라 할 수 있다. 『조선동화집』의 개작은 식민지 조선 아동의 교화를 위해 행해졌고, 그 교화의 방향은 다분히 '제국일본의 식민지 신민으로서의 착하고 온순한 어린이 만들기'에 기반해 있음을 추정하게 한다. 더불어 전술한 바와 같이, 설화의 줄거리 자체에 대한 의도적 왜곡은 최소화되어 있지만, 수많은 설화 중 「교활한 토끼」와 같은 과장적인 설화를 선택, 개작하는 등의 설화의 취사선택을 둘러싼 작위성의 문제는 별고를 통해 따로 물어야 할 것이다.

5. 결론

지금까지 조선총독부가 편찬한 『조선동화집』의 실질적 편자인 다나카 우메키치와 그 동화집의 개작 양상 및 의미를 검토하였다. 근대 이후, 민간전승이 지니는 중요성이 부각되어 조선설화가 본격적으로 채집되었다. 1920년대에 접어들어 아동 교육을 위한 동화교육의 중요성이 인식되면서, 다나카가 조선총독부에서 편찬한 최초의 전래동화집이 바로 『조선동화집』이다. 조선총독부가 편찬했다는 점에서 후대에 적지 않은 영향을 끼쳤다.

다나카는 1910년대에 민속학적 방법에 기초해 채집자로서의 역할을 유지하면서 수집된 자료를 최소한의 형태로 수정하여 이를 잡지에 연재하였다. 그 후, 1920년대가 되어 아동 교육을 위한 동화의 중요성이 높아지면서 설화를 동화로 재화하였는데, 본래의 내용을 2배 전후로 늘려서 개작하고 감정표현을 삽입하여 식민지 아동들에게 천황제 근대국가에 어울리는 착한 어린이를 양성하기 위한 목적으로 재화되었음을 추측하게 한다.

　본고에서는 다나카의 행적을 추적하며 1917년 잡지 자료 등의 새롭게 발굴한 자료를 바탕으로, 다나카가 조선 설화를 채집하여 동화로 재화하는 과정을 명확히 했다. 선행연구에서는 다나카가 편찬했음을 인식하지 못하고, 텍스트에 의존한 연구가 지속되어 왔다. 이제 실질적인 편자가 밝혀진 만큼 다나카의 설화, 동화론을 검토하고, 그 개작양상에 대한 세분화된 논의와 더불어, 후대에 미친 영향을 포함한 구체적인 검토가 요구된다. 다나카의 구비문학론에 대한 전체적인 해명은 금후의 과제로 하고자 한다.

참고문헌

권혁래(2003), 「조선총독부의 『朝鮮童話集』(1924)의 성격과 의의」, 『동화와 번역』 5, 동화와 번역 연구소.
권혁래(2012), 「『조선동화집』(1924)의 인물형상과 이데올로기」, 『퇴계학논총』 20, 사단법인 퇴계학부산연구원.
김광식(2012). 「조선총독부 편찬 일본어교과서 『국어독본』의 조선설화 수록 과정 고찰」, 『연민학지』 18, 연민학회.
박미경(2009), 「일본인의 조선민담 연구고찰」, 『일본학연구』 28, 단국대학교 일본학연구소.
박혜숙(2005), 「서양동화의 유입과 1920년대 한국동화의 성립」, 『어문연구』 33-1, 한국어문교육연구회.
서동수(2008), 「아동의 발견과 '식민지 국민'의 기획」, 『동화와 번역』 16, 한국현대문학회.
손동인(1990), 「한국 전래동화사 연구」, 『한국아동문학연구』 창간호, 한국아동문학학회.
이시준·장경남·김광식 편(2012), 『전설동화조사사항』, J&C.
이시준·김광식(2012), 「1910년대 조선총독부 학무국 편집과가 실시한 조선 민간전승 조사 고찰—1913년 보고집 『전설동화 조사사항』을 중심으로」, 『일본문화연구』 44집, 동아시아일본학회.

조희웅(1989), 『설화학綱要』, 새문사.

田中梅吉(1974), 「城大予科の生誕前の昔がたり」, 『紺碧遙かに —京城帝国大學創立五十周年記念誌』, 京城帝国大學同窓會.

田中梅吉・金聲律訳(1929), 『興夫傳 朝鮮説話文學』, 大阪屋号書店.

田中梅吉(1934), 「併合直後時代に流布していた朝鮮小説の書目」, 『朝鮮之図書館』 4巻3号, 朝鮮図書館研究會.

田中梅吉(1917), 「童話の話 附朝鮮人敎育所感」, 『朝鮮敎育研究會雑誌』 19, 朝鮮敎育研究會.

崔仁鶴(1974), 『朝鮮昔話百選』, 日本放送出版協會.

金廣植(2010), 「近代における朝鮮説話集の刊行とその研究—田中梅吉の研究を手がかりにして—」, 徐禎完, 増尾伸一郎編 『植民地朝鮮と帝国日本』, 勉誠出版.

金廣植(2013), 「帝国日本における「日本」説話集の中の朝鮮と台湾の位置付け—田中梅吉と佐山融吉を中心に—」, 『日本植民地研究』 25, 日本植民地研究會.

金廣植(2013), 「グリム研究家田中梅吉と朝鮮民間伝承調査—朝鮮総督府編 『朝鮮童話集』 及び 『児童絵本 小児画篇』 を中心に—」, 『昔話伝説研究』 32, 昔話伝説研究會.

金廣植(2014), 『植民地期における日本語朝鮮説話集の研究—帝国日本の「學知」と朝鮮民俗學—』, 勉誠出版.

식민지 시기 일본어

조선설화집 기초적 연구

나카무라 료헤이(中村亮平)와
『조선동화집(朝鮮童話集)』고찰

식민지 시기 일본어
조선설화집 기초적 연구

나카무라 료헤이(中村亮平)와
『조선동화집(朝鮮童話集)』고찰

1. 서론

우스다 잔운(薄田斬雲)의 『암흑의 조선(暗黑なる朝鮮)』(1908)을
시작으로 1910년대부터 일본어로 간행된 조선설화집(이하, 일본어
조선설화집)이 본격적으로 간행되었다. 대표적인 작품으로 다카하
시 도루(高橋亨)의 『조선이야기집과 속담 (朝鮮の物語集附俚諺)』
(1910), 나라키 스에자네(楢木末実)의 『조선의 미신과 속전 (朝鮮の
迷信と俗傳)』(1913), 미와 다마키(三輪環)의 『전설의 조선(傳說の朝
鮮)』(1919), 야마자키 겐타로(山崎源太郎)의 『조선의 기담과 전설
(朝鮮の奇談と傳說)』(1920)등이 계속해서 간행되었다. 필자들은 근
대초기의 구비문학 자료가 적은 상황을 타개하고, 식민지 시기 조
설설화가 어떻게 수집, 유통, 수용되었는지에 대한 총체적 실상을

275

파악하기 위해 관련 자료를 새롭게 발굴하고, 그 내용을 연구하고 있다.[1]

1910년대에는 조선(인)을 이해하기 위한 목적으로 조선설화를 수집한데 비해, 1920년대는 아동교육을 위한 동화집의 중요성이 부각되어 설화를 개작한 동화집이 본격적으로 발간된 시기이다. 조선총독부편 『조선동화집(朝鮮童話集)』(1924)은 조선총독부에서 발간한 최초의 동화집이다. 총독부의 동화집이 식민지조선에서 발간된 이후, 1926년에는 나카무라 료헤이(中村亮平, 1887~1947)의 『조선동화집』(冨山房, 1926)이 제국일본의 도쿄에서 간행되었다. 본장에서는 내지에서 발간되어 일본인 아동에게 읽힌 나카무라의 『조선동화집』의 내용과 성격을 이전 자료집과의 관련을 중심으로 고찰하고자 한다.

2. 나카무라 료헤이(中村亮平)의 『조선동화집』 선행연구의 검토

조선총독부편 『조선동화집』이 총독부에 의해 발간되었다는 점에서 선행연구에서는 주로 총독부의 『조선동화집』에 대한 연구가 중심이었으며, 2년 후에 내지에서 간행된 나카무라의 『조선동화집』에 대해서는 상대적으로 연구가 미비하다. 그렇지만 주14, 15, 16에

[1] 공동연구에 의한 성과의 일부를 『숭실대학교 동아시아언어문화연구소 식민지 시기 일본어 조선설화집 자료총서』(J&C, 2012-)로 발간중이다.

서 지적했듯이, 그의 저작이 증쇄를 거듭했다는 점에서 그 영향은 지대하다고 판단된다.

나카무라의 『조선동화집』에 대한 본격적인 소개는 일본의 한국 문학 연구가 가지이 노보루(梶井陟)에 의해 시작되었다. 가지이는 총독부의 『조선동화집』을 소개한 후, "1926(大正15)년에는 개인의 편저로는 본격적인 첫 번째 동화집"으로 평가하고, "557쪽의 방대한 양과, 양질의 종이에 여백을 충분히 유지한 인쇄, 각 이야기마다 들어간 기무라 쇼하치(木村荘八, 1893~1958; 서양화가 -필자 주)의 멋진 삽화는 민화나 동화 등에 특별한 흥미를 지니지 않은 이라도 소중히 간직하고 싶어지는 호화판이었다."고 언급하였다.[2] 가지이는 서문의 '내선융화' 문제를 지적하면서도, "일본인이 펴낸 '조선동화집' 중에서는 역시 최고의 수준에 달하는 것으로 간주해도 좋을 것이다."라고 평가하였다.[3] 그러나 후술하듯이 필자는 그의 설화집이 '최고의 수준에 달하는 것'이라는 평가에는 유보적이다.

한편, 오타케는 일본 최초의 '세계 가정문학의 고전全書'를 목표로 '모범가정문고' 전 25권 중 하나로 간행된 나카무라의 『조선동화집』의 권말광고, 총서내용, 서문, 목차를 소개하고 서문의 '새로운 동포'라는 표현에서 '식민지 지배를 합리화하는' 주장을 비판하였다.[4] 염희경은 「해와 달이 된 오누이」의 호랑이상을 고찰하며 나

2 梶井陟(1980), 「朝鮮文學の翻訳足跡(三)―神話,民話,傳説など―」, 『季刊三千里』 24 号, 三千里社, pp.178-9.
3 梶井陟, 앞의 논문. p.179.
4 大竹聖美(2001), 「1920년대 일본의 아동총서와 「조선동화집」」, 『동화와 번역』 2, 동화와 번역 연구소, p.10.

카무라의 작품집에 실린 동일한 이야기는 어린이용 전래동화로 개작한 성격이 두드러진다고 지적했다.[5]

또한 박미경은 일본인의 조선민담집에 수록된 형제담을 비교 검토하며 "조선총독부가 발행한 『조선동화집』에 수록되어 있는 설화가 모두 재수록되어 있으며 형제간의 이야기도 여러 설화가 덧보태진 가운데 전혀 가감이 없이 6편 모두 조선총독부 편 『조선동화집』과 완전히 일치하고 있는 점에서 주목할 만하다. 최초의 설화집인 다카하시의 설화집 이후 일본인에 의해 쓰여진 조선설화집들은 일정하게 동일 설화를 조선 고유의 설화로 계속 반복해서 선택하고 있음을 알 수 있다. (중략) 공통으로 수록되어 있는 형제 이야기를 살펴보면 이야기의 전개나 등장인물의 성품을 묘사하는 표현도 「순수, 정직, 인정 많음, 부지런함, 무자비함, 욕심 많음, 게으름」 등으로 거의 서로 일치한다."라고 지적하였다.[6] 박미경은 "나카무라의 설화집에 나오는 주인공들은 다른 어떤 설화집의 주인공보다도 상대방의 어떠한 요구에도 오로지 순종적, 수동적 태도로만 일관하며 자신의 운명에 견뎌내는 것이다. 적극적으로 의지를 가지고 자신이 놓인 운명(현실)로부터의 진정한 탈각을 위해 노력하는 사람들의 모습은 어디에도 없다."라고 주장하였다.[7]

---

5   염희경(2003), 「〈해와 달이 된 오누이〉에 나타난 호랑이상」, 『동화와 번역』5, 동화와 번역 연구소, p.12.

6   박미경(2009), 「일본인의 조선민담 연구고찰」, 『일본학연구』 28집, 단국대학교 일본학연구소, p.86.

7   박미경, 위의 논문. p.88.

한편, 권태효는 신화적 관점에서 나카무라의 『조선동화집』에 수록된 신화에 주목하고, 동화집을 벗어나 "실상은 일반인들을 대상으로 한 설화 자료집에 가까운 것"이라고 지적하고, "내선일체의 의식이 전혀 배제된 것은 아니었"고, "우리 신화를 다소 낮추어 보려고 한 측면도 찾아볼 수 있다."라고 주장하였다.[8]

손태도·전신재는 손진태의 『조선민담집』이 설화에 충실해 이야기의 사건만 객관적으로 기술한데 반해, 나카무라의 동화집은 "배경으로서의 자연을 아름답게, 그리고 상세하게 묘사하며 서술자의 주관적 개입이 나타난다."라고 주장하고, 나카무라가 일선동조론을 수용했다고 지적했다.[9]

손진태의 『조선민담집』과의 대조를 통한 나카무라의 동화집에 대한 본격적인 연구는 김영남에 의해 이루어졌다. 김영남은 손진태의 설화가 들은 이야기를 문장화한 데 비해, 나카무라의 동화는 "주관적 인식의 개입이 두드러"짐을 텍스트 분석을 통해 밝히고, "나카무라의 『조선동화집』에서는 인간 상호의 관계와 인간과 자연의 관계에 있어서 '아름다운' 이상적인 관계를 중시했기 때문에 현실에 대한 애정이 드러나고 있다. 이 애정이 한편에서는 일상적인 것에 대한 가치를 발견하게 하며, 따라서 현실의 모순과도 타협을 가능하게 한다. 또한 한편에 있어서는 커다란 욕망을 억제하고 소

---

8 권태효(2006), 「개화기에서 일제강점기까지의 문헌신화 자료 수집 및 정리 현황과 문제점」, 『한국민속학』 44, 한국민속학회, pp.22-24.
9 손태도 · 전신재(2006), 「조선동화집」, 『구한말 · 일제강점기 민속 문헌 해제』, 국립문화재연구소, p.190.

박한 감정에 만족할 수 있는 자아의 세계를 만들어 낸다."라고 지적하였다.[10] 김영남은 나카무라의 〈새로운 마을(新しい村)〉 운동의 이상과 좌절, 조선 도항 후 집필한 동화집을 검토하고, 나카무라가 발견한 '아름다운 조선'의 "이상적인 조선상은 근대화가 이루어진 일본에서는 사라져버린 자연과의 '조화의 미'가 조선에는 그대로 남아있다고 하는 '발견'에서 비롯되었다. 그러나 그 '발견' 또한 타자에 대한 시선의 문제이며 조선 혹은 조선 문화의 '美'와는 이질적인 차원에서의 '발견'이었을 따름이었다."고 지적하고, "'착한 미개인'으로서의 조선인의 모습을 설화 텍스트 속에서 표상한 것으로 문명화한 자신들의 모습이 자연히 드러나게 된다. 나카무라에 있어서 '아름다운 조선'이라는 언설공간은 일본인의 공동주관을 확인하는 장소로서의 기능을 담당하였다. 그런 의미에서 타자의 설화인 조선설화는 일본인들의 아이덴티티를 형성하는 중요한 공간이 되는 셈이다."라고 주장하였다.[11]

이처럼 선행 연구에서는 나카무라의 『조선동화집』의 중요성을 지적하고, '일선동조론'에 기반한 내용, 손진태 설화집과의 상반성, 조선총독부 동화집의 영향을 언급하였지만 그 평가는 크게 엇갈린다. 선행연구에서 나카무라의 자료집 이전에 발간된 설화집과의 관련에 대한 구체적인 분석은 이루어지지 않았다. 또한 나카무라가 조선에 도항하게 된 시기 및 직접적인 계기 등에 대해서도 전혀

---

10 김영남(2005), 「『조선동화집』에 나타난 '美'의 '記述'에 관한 고찰」, 『민속학연구』 16, 국립민속박물관, p.58.
11 김영남, 위의 논문, p.70.

밝혀지지 않았다. 이에 본장에서는 나카무라의 경력을 바탕으로
하여, 선대 동화집과의 비교를 통한『조선동화집』의 개작양상 및
내용과 성격을 고찰하고자 한다.

3. 나카무라의 조선체류

『일본근대문학대사전』(일본근대문학관)과『일본아동문학대사
전』(대일본도서)에서는 나카무라를 다음처럼 소개했다.

> 명치20.6.19-소화22.7.7(1887-1947) 미술연구가. 나가노현 출신. 나
> 가노 사범학교를 졸업하고 향토에서 교편을 잡았는데, 1918년 무샤
> 노코지 사네아쓰(武者小路実篤)와 함께 휴가의 '새로운 마을'(日向 新
> しき村, 1918년 큐슈 미야자키현 기조초 이시카와우치 宮崎県木城町
> 石河內 에 무샤노코지가 신분과 계급을 초월한 유토피아를 실현하기
> 위해 만든 공동체 – 필자 주)의 토지를 찾아다니고, 이듬해 봄에 가
> 산을 정리해 가족과 함께 이주. 1920년 마을을 떠나고 대구사범학교
> (조선, 정확하게는 1925년부터 경북사범학교-필자 주)) 교사, 미술잡
> 지 편집 등을 거쳐, 태평양화학교(太平洋画學校)를 수료하고 도립고
> 등가정(家政) 학교(현 사키노미야鷺宮 고교) 교사가 된다. 저서로『芸
> 術家之生活 호랑가시나무꽃(柊の花)』(1921.5 洛陽堂), 자전소설『죽은
> 보리(死したる麦)』(1922.9 洛陽堂),『조선동화집』(1926.2 冨山房),『대조
> 세계미술 연표』(1938.6 芸艸堂) 외에 미술관계 계몽 해설서가 열 권

정도 있다.[12]

1887(명치20)년 6월 19일-1947(소화22)년 7월 7일. 미술연구가. 나가노현 출신. 나가노 사범학교 졸업. 한 때 무샤노코지 사네아쓰를 따라 새로운 마을 회원이 되었다. 아동용으로는 모범가정문고의 한권으로 조선민화 · 전설 62편을 모은『조선동화집』(1925 冨山房, 정확하게는 1926년 -필자 주)이 있다. 또한 잡지『오토기의 세계(おとぎの世界)』에 학력도 교양도 없이 성대에 장애를 지닌 外吉씨가 무언으로 마을 사람들의 모범이 되는〈唖の先生〉을 비롯해, 동화 · 동요 등 18편을 기고했다.[13]

위의 사전의 기술에서는 나카무라의『조선동화집』을 언급하며, 소설가, 미술연구가, 동화, 동요작가로서의 면모를 간단하게 언급하는 데 그치고 있다. 위의 사전에서는 언급되지 않았지만, 조선과 관련된 나카무라의 저서로는『조선동화집』[14]의 후편인『지나조선대만신화전설집(支那朝鮮台湾神話傳説集)』(근대사, 1929)[15]과『조선

12 今井信雄(1977),「中村亮平」, 日本近代文學館편,『日本近代文學大事典』2, 講談社, p.544.

13 紅野謙介(1993),「中村亮平」, 大阪国際児童文學館『日本児童文學大事典』2, 大日本図書, p.27-8.

14 나카무라의 조선 관련 저작이 중요한 이유 중 하나는 중판을 거듭했다는 점이다.『조선동화집』은 1926년 동경 冨山房에서 발행된 이후, 1938년 3월에는 제5판(동국대학교 중앙도서관 소장)을 발행했고, 1941년 11월에는 다시 재판(大阪府立중앙도서관 소장)을 발행했다. 적어도『조선동화집』은 6쇄를 찍었다.

15 1929년 동경에서 발행 후, 1934년 1월에 제목을 조금 수정해『朝鮮台湾支那 神話と傳説』(大洋社, 1939년 제6판 발행, 도야마 대학 가지이梶井문고), 1934년 4월 誠文

경주지미술(朝鮮慶州之美術)』(芸艸堂, 1929)[16] 등이 있으며, 3권의
저작 모두 적어도 6판을 거듭하며 내지인에게 많이 팔렸다는 점은
주목할 만하다. 우선 본고에서는 첫 번째 저작인『조선동화집』을
중심으로 고찰하고자 한다.

김영남은 다음처럼 나카무라의 조선에 대한 관심은 야나기 무네
요시(柳宗悦, 1889-1961)와의 만남이 계기가 되었을 것으로 추정하
였다.

　　나카무라가 조선의 예술에 끌리게 된 동기는 아마도 야나기 무네
요시와의 만남이었을 것이다. 나카무라와 야나기가 처음으로 대면한
것은 나카무라가 '새로운 마을'(新しき村)의 주민으로 그곳에서 생활
하고 있던 1920년 5월 24일의 일이다. 이 때, 야나기는 조선에 조선민
족미술관 설립자금을 모집을 위해 강연회와 음악회를 개최한 후, 돌
아가는 길에 '새로운 마을'에 들린 것이다. '새로운 마을'에서의 야나
기에 관해서는 당시 마을에서 발행된 신문 '뉴스'의 제15-16호에 실
려 있다.(중략) 야나기는 그날 밤 학대받고 있는 조선민족의 실정을
소상히 전하였으며, 마을 사람들에게 깊은 인상을 남겼다고 한다. 그
때, 자신이 흥미를 가지고 연구하고 있던 조선의 예술에 관해서도 언
급했음이 틀림없다. 나카무라는 야나기의 이야기를 듣고 조선의 예

堂판, 1935년 9월 大京堂에서 중판 『支那 · 朝鮮 · 台湾 神話と傳説』을 간행하여 10
판 전후로 증쇄되었다.
16　1929년 초판 발행 후, 1940년 2월에 개조사(改造社)에서 문고판 『증보 조선경주의
　　미술(增補 朝鮮慶州の美術)』이 간행되었고, 같은 해 10월 10일에는 제11판을 거듭
　　했다.

술에 흥미를 갖게 된 것은 아닐까?[17]

1920년 5월 야나기와의 만남이 조선에 대한 관심을 갖게 된 원인 (遠因)은 될 수 있겠지만, 과연 조선으로 간 직접적인 계기라 할 수 있을까? 실제로 나카무라가 조선 보통학교 교사로 부임한 것은 3년 이상이 지난 1923년 12월의 일이며, 나카무라는 『조선경주지미술』 (1929)에서 다음처럼 언급하고 있다.

나는 오랫동안 그 나라(조선 -필자)의 독특한 예술에 매료되어, 언젠가는 한번, 꼭 신라 구도(舊都)에 머물고 싶다는 염원을 지녀 왔다. **東都의 재화(災禍)를 당면해, 나로 하여금 선도(鮮渡)를 단행하도록 재촉했다.** 그 후 대정 15년(1926년 -필자)에 이르기까지 그 땅(조선 -필자)에 체류하였다.[18](강조 및 밑줄은 필자)

이마이(今井)는 일찍이 나카무라의 이력서와 주변 인물의 증언에 기초해 나카무라에 대한 정밀한 연구를 행했는데, 그의 연구에 의하면 나카무라는 1923년 12월 9일 울산보통학교 교사로 부임해, 1925년 3월 31일부터는 경북 공립 사범학교로 옮겼으며 1926년 2월에 『조선동화집』을 간행하고, 같은 해 8월 31일 사임한 것으로 되어 있다.[19] 이러한 나카무라의 이력은 조선총독부직원록을 통해

---

17 김영남, 앞의 논문. p.54.
18 中村亮平(1929), 『朝鮮慶州之美術』, 芸艸堂, p.1.
19 今井信雄(1968), 「新しき村余録(中)-中村亮平傳-」, 『成城文藝』 52, 成城大學, p.36.

서도 확인할 수 있다.[20]

문제는 "東都의 災禍를 당면해, 나로 하여금 선도(鮮渡)를 단행하도록 재촉했다."라는 언급을 둘러싼 해석이다. '東都의 災禍'란 1923년 9월의 관동대지진을 말하는데, 관동대지진과 조선행이 어떤 인과관계가 있었던 것인지 분명치 않다. 관동대지진 이후 유언비어를 통해 6천여 명의 조선인 학살과 나카무라의 심경의 변화와 어떤 관련이 있는 것인지, 앞으로 그 계기에 대한 구체적인 검토가 요구된다.

1923년 9월에 나카무라는 관동대지진으로 인한 어떤 심경의 변화가 있었고, 나가노 사범학교 출신인 호리우치 요시노부(堀內義信; 1923년부터 28년까지 경남의 보통학교 교사 역임)의 안내를 통해 조선에 부임하게 된다. 재학 시절부터 나카무라에 호의적이었던 호리우치는 나카무라에 앞서 조선에서 교편을 잡고 있었고, 안내역을 자임하였다.[21]

경북사범학교에서 나카무라의 담당과목은 전 학급의 도화(圖畵)와 국어과(일본어) 수업이었다. 1923년부터 26년까지 교장으로 근무한 와타나베(渡邊洞雲, 1890~?)[22]는 "당시, 경상북도(대구) 사범학교에서는 도화 교사를 찾고 있었다. 마침 내지의 文展(일본 문부성이 미술계를 통합할 목적으로 시행한 국가주도의 공모전, 문부

---

20 朝鮮総督府(2009), 『朝鮮総督府及所属官署 職員録』1910年~1943年, 復刻版全33巻, ゆまに書房.
21 今井信雄, 앞의 논문. p.36.
22 貴田忠衛編(1935), 『朝鮮人事興信録』, 朝鮮人事興信録編纂部. p.545.

성미술전람회의 약칭, 1907~1918년, 1919년부터는 제국미술원 전람회(帝展)로 개칭되었으므로, 제전(帝展)의 착각으로 판단됨 -필자)에 비견되는 선전(鮮展)에 나카무라 군이 입선하여 바로 당사자를 만나보니, 소위 사범학교 출신과는 달리 과묵 온화한 문화인이었다. 국어를 담당하게 된 것은 나카무라 군이 조선의 민화, 동화연구를 하고 있었기 때문이다."라고 증언했다.[23]

이처럼 1923년 12월 울산보통학교에 부임한 나카무라는 조선전람회에 입선하였고 이를 계기로 오늘날의 미술교사로 발탁되었다. 주목해야 할 점은 처음에는 미술교사였지만 나카무라가 조선의 민화, 동화 연구를 하고 있었기에 국어(일본어)도 담당하게 되었다는 대목이다.

일본어 조선설화집을 간행한 다카하시 도루, 곤도 도키지(近藤時司)[24], 나라키 스에자네, 미와 다마키, 데라카도 요시타카(寺門良隆)[25] 등이 국어 교사를 담당했고, 국어 작문 등을 통해 조선 설화를 채집했음을 확인할 수 있는데, 나카무라 또한 국어 수업을 통해 조선 설화를 수집했음을 확인할 수 있다.[26] 결국 나카무라는 1925년 3

---

23 今井信雄, 앞의 논문, p.36-7.

24 近藤時司(1929), 『史話傳說 朝鮮名勝紀行』, 博文館. p.1929.

25 데라카도는 평안북도 신의주 고등보통학교의 국어(일본어) 교사를 역임했고, 1923년 여름 방학 때 학생들에게 작문과제로 '전설·민담(昔話)'을 부여해, 이를 2권으로 엮었다. 아래의 논고를 참고. 石井正己(2007), 『植民地の昔話の採集と教育に関する基礎的研究』, 東京學芸大學報告書; 이시이 마사미편, 최인학 역(2010), 『1923년 조선설화집』, 민속원; 金廣植(2011), 「新義州 高等普通學校 作文集『大正十二年傳説集』に関する考察」, 石井正己編『南洋群島の 昔話と教育』, 東京學芸大學報告書.

26 이시준, 김광식(2012), 「미와 다마키(三輪環)와 조선설화집『전설의 조선』고」, 『日

월 이전에 동화집 발간을 목표로 자료를 정리하였음을 확인할 수 있는데, 다음 장에서는 구체적으로 선대 자료집과의 대조를 통해서 나카무라의 개작 양상을 살펴보고자 한다.

4. 나카무라 자료집의 내용과 기존 설화집과의 관련

나카무라가 『조선동화집』을 정확하게 언제부터 준비했는지는 현 시점에서 알 수 없지만, 1923년 12월에 조선에 와서 26년 2월 간행된 점을 미루어 볼 때, 1925년 단계에서는 초고가 완성되지 않았을까 판단된다. 나카무라가 조선에 오자마자 조선설화에 관심을 가졌다고 하더라도, 단신 부임으로 익숙하지 않은 조선 교원 생활 중에, 제1부 동화 43편', '제2부 물어(物語, 고전소설) 심청전과 흥부전(燕の脚)', '제3부 전설 17편'을 모두 직접 채집했는지는 의문이다. 조선어를 구사하지 못했던 나카무라는 사범학교 생도와 일본어 작문 수업, 총독부 교과서, 일본어 또는 한문 서적을 바탕으로 자료를 수집한 것으로 보인다.

전술한 바와 같이, 박미경과 권혁래는 조선총독부의 『조선동화집』의 영향을 언급했지만, 개별 설화와 개작양상에 대해서는 구체적으로 언급하지 않았다.[27] 필자의 분석에 따르면, 나카무라는 선대

本言語文化』 22, 한국일본언어문화학회를 참고.

27 박미경, 앞의 논문, p.86; 권혁래는 총독부 자료집은 나카무라 자료집의 '체제 및 성격에 절대적 영향'을 미쳤다고 지적했다(권혁래(2003), 『조선총독부의 『朝鮮童

자료집 중에서도 특히, 다카하시의 『조선이야기집과 속담』(1910), 미와의 『전설의 조선』(1919), 야마자키의 『조선의 기담과 전설』, 조선총독부의 『조선동화집』(1924), 제2기 일본어 교과서 『국어독본』(1923-4) 등에서 많은 자료를 취해, 이를 바탕으로 개작한 것으로 판단된다. 이하에서는 선행 설화집의 영향과 나카무라의 설화 개작의 양상을 살펴보고자 한다.

먼저 17편의 전설을 살펴보면, 〈표 1〉과 같이 나카무라는 미와의 『전설의 조선』및 야마자키의 『조선의 기담과 전설』, 그리고 당시에 배포된 총독부 국어독본, 『삼국사기』 등을 참고했음을 확인할 수 있다. 특히, 경주의 신라문화와 미술에 관심이 많았던 나카무라는 17편의 전설 중, 11편의 신라시대를 배경으로 한 전설을 수록했다.[28] 중요한 사실은 나카무라가 '내선융화'를 강조하기 위해 일본과 관련된 자료를 많이 수록하였다는 사실이다. 「5제주도의 삼성혈」, 「8신라의 석탈해왕 이야기」, 「6영일만의 연오와 세오」, 「10망부암과 만파정」 등은 일본과 밀접하게 관련된 설화들이다.[29] 더불어 총독부 교과서와 일치하는 전설이 수록되어 있어, 교과서 또한 참고했음을 확인할 수 있다.

話集』(1924)의 성격과 의의」, 『동화와 번역』 5, 동화와 번역 연구소, p.75).

28 김광식(2011), 「근대 일본의 신라 담론과 일본어 조선설화집에 실린 경주 신화・전설 고찰」, 『연민학지』16, 연민학회, p.178.

29 한편, 단군 이야기를 수록하였다는 점은 평가할 수 있으나 신화가 아닌 이야기로 기술했고, 기자 조선과 대등하게 다루었다는 문제점이 있다.

〈표 1〉『전설의 조선』, 총독부 교과서, 『조선동화집』에 수록된 전설 대응표(『전설의 조선』은 번호가 없지만, 편의상 번호를 붙였음)

미와 (1919)	야마자키 (1920)	제2기 총독부교과서 국어독본 (1923-4)	나카무라(1926)
35 단군(檀君) 36 삼주신 (三柱の神, 삼성혈) 37 박씨(朴氏, 혁거세) 39 금와(금와과 주몽) 41 사람의 알 (人の卵, 석탈해) 42 계림(鷄林, 김알지) 47 일월 정기 (日月の精, 연오랑 세오녀)	檀君 朴赫居世 朱蒙 箕子 昔脱解 鷄林 延烏と細烏	3 三姓穴(卷5) 5 昔脱解(卷6) 14 日の神と月の神(卷8) 10 花のにおい(卷3) 6 李坦之(卷7)	1 朝鮮の始祖壇君の話 5 濟州島の三姓穴 7 新羅の始祖朴赫居世の話 3 高句麗の始祖朱蒙の話 8 新羅の昔脱解王の話 9 鷄林の起り 6迎 日灣の延烏と細烏 2 箕子の話 4 百済の始祖仏流と温祚の話 10 望夫岩と萬波亭 11 徳曼の智慧 12 金大城の話 13 影池の無影塔 14奉徳寺の鐘 15 虎と若者 16 智慧者の贋廉 17 親孝行の李坦之

다음으로 나카무라의 자료집에 수록된 동화를 살펴보고자 한다. 선행연구에서 언급되었다시피, 나카무라의 자료집은 순수한 동화집이 아니라, 전설 및 고전소설을 포함한 설화집이다. 고전소설로는 심청전과 흥부전등이 수록되어 있으며, 동화와 이질적인 인물 중심의 전설 또한 다수 수록되어 있다.[30] 이는 나카무라가 설화 전문가가 아니기 때문에 생긴 문제이지만, 조선의 이야기를 폭넓게

내지의 아동에게 소개하려는 나카무라의 의도가 반영된 것으로도 해석된다.

서명이 『조선동화집』이다 보니, 전설 17편에 비해 동화를 43편 수록했으나, 43편의 동화 중 순수한 동화로 볼 수 없는 자료가 여러 개 존재한다. 먼저 형식상으로도 특정 지역을 명기한 작품이 여러 개 보인다. 「8젊은이와 깃옷(若者と羽衣)」과 「20곰에게 잡혀간 나무꾼(熊にさらはれて行つた木樵)」은 강원도라는 배경을 명기하였고, 다른 작품에서도 지명을 자주 언급하고 있다.[31]

문제는 1920년대 이른 시기에 60여 편의 전설 동화 등을 수록했다는 점에서 당대의 자료집과의 관계를 살펴볼 필요가 있다는 점이다. 나카무라가 수록한 동화와 유사한 모티프를 지니는 설화를 다수 수록한 다카하시, 미와, 조선총독부의 관련을 정리한 것이 〈표 2〉의 대응표이다.

---

30 단, 「10망부암과 만파정(望夫岩と萬波亭)」, 「13영지의 무영탑(影池の無影塔)」, 「14봉덕사 종(奉徳寺の鐘)」 등은 고적을 둘러싼 전설로서 신라 전설에 대한 편자의 관심의 정도를 엿볼 수 있다.

31 中村亮平(1926), 『朝鮮童話集』, 冨山房. p.68, p.198. 그 외에 「5거북이 사신(龜のお使)」은 조선반도 동쪽(p.35), 「22복숭아 열매(ももの實)」는 함경북도(p.213), 「26장님과 요마(盲者と妖魔)」은 경성(p.245), 「28한 농부와 그 아내(或お百姓さんとその妻)」는 경상북도(p.267), 「29거짓말 겨루기(嘘くらべ)」는 종로(p.280), 「33풍수선생의 삼형제(風水先生の三人兄弟)」는 경성(p.309), 「39장님 아저씨(盲目の小父さん)」은 개성(p.375)의 이야기로 기술되어 특정 지명을 언급하고 있다는 문제를 지니고 있다. 한편, 이러한 구체적인 서술을 참고로 나카무라의 채집 경로를 확정하는 작업이 요청되는데, 이 중, 「5거북이 사신」, 「22복숭아 열매」, 「39장님 아저씨」는 조선총독부의 동화집을 참고하면서 이를 그대로 표기했음을 확인할 수 있다.

〈표 2〉 『조선동화집』과 선행 설화집에 수록된 동화 대응표

나카무라 (1926)	다카하시 (1910)	미와(1919)	야마자키 (1920)	총독부 (1924)	2기 국어독본
1虎と干柿					とらよりこわいくしがき(卷1)
2水中の珠				1水中の珠	30なかのよい兄と弟(卷3)
3恩知らずの虎	23.人と虎との争い	123狐の裁判		16恩知らずの虎	26恩知らずの虎(卷6)
4萬壽の話				20哀れな兒	14萬壽(卷6)
5龜のお使		134龜と兎		11龜のお使	19かめのおつかい(卷3)
6お猿さんの裁判		124猿の裁判		2猿の裁判	
7占上手の石さん	10.贋名人		占ひの名人	10馬鹿の物しり	
8若者と羽衣	21.仙女の羽衣	138郭公	羽衣物語	9天女の羽衣	
9狡い兎				7狡い兎	
10瘤取爺さん	1.瘤取		瘤取物語	3瘤とられ瘤もらひ	조선어독본 수록
11自信のない虎		125虎に乗った泥棒		21臆病な虎	
12三つの瓶					3기 국어독본 (권4, 1931)
13小父さんと鏡	20.韓樣松山鏡		鏡のいたづら		
14龜の言葉	8.解語亀	119愚兄賢弟		8物いふ龜	조선어독본 수록

15狐と蛙の智慧くらべ			18蛙と狐の智慧くらべ	
16三つの寶			22三つの寶	30三ツノタカラ(卷2)
17虎と若者	24.神虎			
18二人の兄弟と虎		137太陽と月	24虎の天罰	
19二人の兄弟と鬼屋敷	9.鬼失金銀棒	115二人の兄弟	金銀の棒	19金棒銀棒
20熊にさらはれて行つた木樵			熊の穴に三年	
21兎と龜と蟾蜍		133蟾蜍の腹	4酒きらひの兎と龜と蟾	
22ももの實				26もものみ(卷4)
23鵲のかけ橋				26かさゝぎの橋(卷5)
24虎と龜		129狐と蟹の競走		
25鐘つき鵲			14鵲の鐘つき	
26盲者と妖魔	16.盲者逐妖魔			
27鯉の口から出た玉				
28或お百姓さんとその妻				
29嘘くらべ	4.嘘較べ		嘘の達人	

30黒い玉と黄色い玉				6黒い玉と黄い玉	
31科學に及第した二人の老人	22.富貴有命, 栄達有運				
32寒中のいちご				5寒中の覆盆子	
33風水先生の三人兄弟	5.風水先生				
34三つの珠				15三つの珠	
35貧しい男の幸福	6.巳時下午時発福				
36蟾蜍のご恩返し				12蟾の報恩	
37双兒を十度	19.双童十度				
38親捨男		116不孝息子		17親を捨てる男	
39盲目の小父さん				13物好きな盲者	
40大蟹退治				23大蟹退治	
41しくじりお聟さん					
42見知らぬ若者	2.城隍堂				
43不思議な臼					
2燕の脚(物語)	11.興夫傳	136足折燕	燕の恩返し	25놀부と興夫	

〈표 2〉와 같이, 나카무라가 수록한 동화 43편과 고전소설 「제비다리, 흥부전」을 살펴보면, 44편 중, 5편을 제외한 39편이 선행 설화집의 수록작품과 유사함을 확인할 수 있다.

　다카하시의 자료집에 수록된 28편 중 유사설화는 무려 과반수 16편에 이른다. 또한 미와의 설화집은 총 139편의 전설과 민담을 수록했고 그 중 민담은 25편에 해당되는데, 유사 설화가 12개 수록되어 있다. 한편, 야마자키의 자료집에서는 유사 설화가 8편 수록되었는데, 야마자키의 설화집은 '내선융화'에 기반해 작성된 설화집으로, 이로부터 영향을 받았다는 점도 중요하지만 설화로서는 「20곰에 잡혀 간 나무꾼 (熊にさらはれて行つた木樵)」을 야마자키의 설화집에서 참고했을 가능성이 높다.

　이처럼 나카무라의 동화집은 선행 설화집인 다카하시, 미와, 야마자키의 설화집으로부터 자료를 모아, 이를 재화했을 가능성이 높은데 각 설화의 구체적인 검토를 요하는 문제라 할 수 있다. 중요한 사실은 1920년대부터 동화(童話) 교육의 중요성이 부각되면서 본격적으로 설화를 동화로 재화하게 되는데, 그 대표적인 매체가 바로 조선총독부 교과서이다. 특히, 3.1독립운동 이후, 아시다 에노스케에 의해 편찬된 조선총독부의 2기 일본어 교과서 국어독본(1923-4)은 일본 동화 모모타로 대신에 조선설화를 다수 재화했다.[32] 나카무라는 조선에 부임해 이 교과서에 수록된 조선설화에 커다란 영향을 받은 것으로 판단된다. 특히, 아시다의 국어독본에는 총 13편의 조선설화가 수록되었는데, 〈표 1〉〈표 2〉와 같이 나카무라는 그 모두를 수록했다.[33]

32　김광식(2012), 「조선총독부 편찬 일본어교과서『국어독본』의 조선설화 수록 과정 고찰」, 『淵民學志』 18, 연민학회를 참고.

33　한편, 일방적으로 나카무라가 교과서의 영향을 받은 것이 아니라, 반대로 3기 일

결국, 전대의 설화집에 없는 새로운 설화는「12세 개의 항아리」,「27잉어 입에서 나온 구슬」,「28한 농부와 그 아내」,「41한번 실패한 신랑」,「43신기한 절구」5편에 불과하다.

「27잉어 입에서 나온 구슬」은「2물속의 구슬」과 유사설화로 보물을 얻어 부자가 되도 형제애를 잃지 않은 우애를 그리고 있으며,「43신기한 절구」는 그와는 반대로 형제가 절구를 둘러싸고 갈등하자 절구가 깨진다는 이야기다.「41한번 실패한 신랑」은 신부가 지은 한시에 대해 무지한 신랑이 응답을 못해 공부한다는 내용으로, 이들 동화는 아름다운 조선을 형상화하고 있다. 끝으로「28한 농부와 그 아내」는 농부가 부부 문제를 이퇴계에게 문의해 극복한다는 내용으로, '내선융화'를 위해 일본 성리학에 영향을 미친 이퇴계 이름을 직접 거명했을 가능성이 높다. 총독부 교과서 관계자는 이퇴계와 함께, 일본 신화와 유사한「세 개의 항아리」또한 '내선일체 교재'로 다루고 있다. [34]

나카무라가 가장 많은 참고를 한 자료는 역시 조선총독부의 동화집이다. 다음 장에서는 1920년대 중반에 간행된 두 개의『조선동화집』의 개작 양상을 검토하고자 한다.

본어 교과서에 영향을 주기도 하였다고 추측된다. 가령「세 개의 항아리」는 줄거리와 등장인물의 이름이 완전히 일치하는 점으로 판단컨대, 나카무라의 자료를 바탕으로 수록된 것으로 보인다.

34　필자불명(1939),「『国語読本』の内鮮一体教材に就いて」,『教科書編輯彙報』3. pp.34-5.

5. 조선총독부 동화집과의 비교 및 개작 양상

앞장에서 살펴본 바와 같이, 조선총독부의 동화집에는 25편의 대표적 조선동화가 수록되어 있는데, 나카무라는 이 모두를 자신의 동화집에 반영했다. 선행연구에서는 지적되지 않았지만, 조선총독부의 동화집은 독일문학가, 그림 연구자로 알려진 다나카 우메키치(田中梅吉, 1883~1975)가 1916년부터 이듬해에 걸쳐 보통학교를 중심으로 간접 수집한 자료를 바탕으로 재화한 동화집이다. 다나카는 1917년에 『조선교육연구회잡지』에 조선설화를 연재하고, 이를 1924년에 개작했는데, 조선총독부의 조선아동 교화사업의 일환으로 편찬된 만큼, 다나카의 개작은 식민지 조선 아동의 교화를 위해 행해졌고, 그 방향은 '제국일본의 식민지 신민으로서의 착한 어린이 만들기'에 기반하고 있다고 판단된다.[35] 총독부의 동화집이 조선아동의 교화를 위해 착한어린이 만들기용으로 편찬된데 반해, 나카무라의 동화집은 내지의 일본 아동을 주요 대상으로, 오리엔탈리즘적 관점에서 조선의 아름다움, 신비함을 그려, 당대의 식민지 현실을 포장하는 도구로 이용되었다고 보인다. 구체적으로 두 동화집의 개작양상을 살펴보고자 한다.

---

35 金廣植(2010), 「近代における朝鮮説話集の刊行とその研究—田中梅吉の研究を手がかりにして—」(徐禎完·増尾伸一郎編, 『植民地朝鮮と帝国日本』, 勉誠出版)를 참고.

〈표 3〉「어머니를 버리는 사내」의 내용 비교 (밑줄 및 강조는 필자)

『朝鮮教育研究會雜誌』20 (1917) p.62.	『朝鮮童話集』(1924) 「어머니를 버리는 사내」 pp.110-6.	『朝鮮童話集』(1926) 「어머니를 버리는 사내親捨男」 pp.367-74.
옛날옛날 마음씨 좋지 않은 어떤 사내가 있었습니다. 이 사내는 모친과 아들 하나와 조용히 살고 있었는데, 자신의 모친이 점점 나이 들고, 이제 아무 일도 못하게 된 것을 보고 여태껏 오랫동안 키워준 모친 은혜를 잊고 이렇게 생각했습니다. '우리 어머니는 먹기만 하고 아무 도움이 안 되고 방해가 될 뿐이다. 차라리 어딘가에 버리는 게 좋겠다.' (중략) "할머니는 이제 나이가 들어 아무 도움이 안 되니, 산에 버리고 오자, 넌 지게로 할머니를 짊어져라." 아이는 말 없이 부친의 말대로, 할머니를 지게에 태워 아버지와 함께 산으로 갔는데, 아이는 계속 생각하면서 걷고, 도중에 한마디도 안했습니다. 부친은 산속 깊은 곳에 와서, 모친을 버리고 돌아가려 했는데, 아이는 지게를 짊어지고 부친 뒤	옛날옛날 어느 시골에 마음 좋지 않은 어떤 사내가 살고 있었습니다. 사내는 나이 들고, 쇄약해진 모친과 매우 마음씨 착한 아들이 있었습니다. 사내는 매우 게으른 사람이어서 집안은 항상 가난하고 곤궁했습니다. 그러나 원래 마음 좋지 않은 사람이라서, 이처럼 가난한 것은 자신이 게으르기 때문임을 인식하지 못하고 '어머니가 먹기만 할뿐이고 집안을 위해 일하지 않기 때문이다'고 생각해 결국 '차라리 어딘가 사람 없는 산속에 버릴까' 하는 끔찍한 생각을 했습니다. 어머니를 버린다 …… 아, 매우 끔	옛날 어느 산골에 매우 마음 좋지 않은 사내가 살고 있었습니다. 이 사내는 일을 싫어하는 게으른 이였기에 집은 항상 가난하고 궁핍했습니다. 지나는 세월과 함께 나이 들고 매우 쇄약해진 어머니와 순진하고 마음씨 착한 아이가 있었습니다. 빈곤한데다가 그날그날 게으렀기에 생활은 나날이 어려워져 갔습니다. "이것은 어머니가 누워서 조금도 집을 위해 일하지 않기 때문이야." 그렇게 생각하니, 이미 어머니가 나이 들고 아무것도 못 하므로 일 안 하는 게 매우 신경이 쓰여 어쩔 수 없었습니다. '그래, 어머니를 산속에 버리고 오자.' 그런 생각을 하고 있었습니다. (중략) 어머니를 지게에 태우고, 여러 가지로 외출 준비를 했습니다. 과연 아이 앞에서는 어머니를 버린다고는 말 못하고 외출한다는 거짓말을 했습니다. 그러나 아이는 그것을 듣고 매우 이상하여 아버지 행동을 수상히 여겼습니다.

를 따라 왔습니다. 부친은 아이가 짊어진 지게가 너무 더러움을 보고 "그런 더러운 것은 가져 갈 필요 없으니 버리고 가자."고 아이에게 말했습니다. 그러자 아이는 "아뇨 이 지게는 꼭 가지고 가겠습니다."고 말하니, 부친은 "왜 가져가야만 되겠니."하고 물었습니다. 그 때 아이는 두 눈에 눈물을 보이며 부친 얼굴을 잠시 응시하고 있었는데, 결국 부친에게 말했습니다.
"하지만 아버지가 할머니처럼 나이 들면, 내가 또 지게로 아버지를 버려야 되는 걸요."
부친은 이 한 마디를 듣고 천길 골짜기에 갑자기 떨어진 느낌을 받았습니다. 부친은 바로 아이를 껴안고 아이를 향해 "애비가 잘못했다. 잘못했다."
고 말하고, 이번에는 부친이 직접 할머니를 조용히 지게에 태워, 집에 돌아가 셋이서 화목하고 평화롭게 살았습니다. (경성 水下洞 공립 보통학교 보고에 의함)

찍한 생각입니다. (중략) 아버지는 이를 보고 더욱 화내며 "한심한 놈이군"하고 군소리를 하며 자신이 지게를 짊어지고, (중략)
막았던 제방이 무너진 듯이 아이는 와하고 소리내며 울기 시작했습니다.(중략)
아이를 껴안고,
"용서해라, 애비가 잘못했다. 완전히 애비가 잘못했다 (중략)"
하고, 이번에는 부친이 직접 지게를 지고 할머니를 그 위에 소중히 태우고, 한손으로는 다정하게 아이 손을 잡고 산을 내려왔다는 것입니다.

"그래서 할머니를 어찌 하려고요."
그렇게 묻자,
"산에 가서 사시게 된다."
단지 그렇게 말하고, 얼버무렸습니다.(중략)
할머니가 든 지게를 짊어지고, 비탈길을 올랐습니다. 고개를 숙인 채 물어볼 용기가 없어 걷다보니, 깊은 산에 들어와 인적 없는 울적한 산속에 들어와 버렸습니다.
아까부터 미심쩍게 생각한 아이는 매우 이상했습니다. 이런 산속에는 집도 없고 사람도 살지 않습니다.(중략) 이를 어쩌면 좋을까 하고 생각하였습니다. 그러나 말없이 아버지를 따라 올랐습니다. (중략) 막았던 물고가 무너진 듯이 와하고 울고 말았습니다. 한때 화를 내며 다그쳤던 부친도 이제 그 이상 아무 말도 할 수 없었습니다.(중략)
이윽고 아버지는 살며시 아이의 손을 잡고,
"오, 용서해라, 아버지가 부끄럽다. 잘못했다. 자 할머니를 지게에 모시고 돌아가자."
이 한마디를 들었을 때 아이는 기뻐서 어찌할 바를 몰랐습니다. 매우 기뻐했습니다. 세 사람은 올 때와 달리, 기쁘게 돌아왔다고 합니다.

〈표 3〉과 같이, 다나카는 1917년에 잡지에 발표한 설화(수하동 보통학교 보고자료)를 바탕으로 1924년에 동화한 것을 확인할 수 있다. 다나카는 1924년의 동화집에서 설화의 줄거리 및 형태를 유지하면서, 문장을 꾸며 동화식으로 재화했음을 확인할 수 있다. 1917년본에서는 사내를 나쁜 사람으로 서술할 뿐이고, 아들의 성격도 제시되지 않았다. 그러나 1924년본에는 아들을 매우 착하게 묘사하였다. '착한 어린이'는 바로 다나카가 요구한 조선의 아동상이었다. 더불어 어머니를 버릴 생각을 한 사내에 대해서 원래 설화에는 없는 "어머니를 버린다…… 아, 매우 끔찍한 생각입니다." 등의 구절을 삽입하여 심리묘사를 강조하고 있다. 이처럼, 다나카는 본래의 내용을 풍부하게 윤색하고 감정표현을 삽입하여, 식민지 아동들에게 천황제 근대국가에 어울리는 착한 어린이를 양성하기 위한 목적으로 재화했음을 확인할 수 있다.

한편, 나카무라의 개작은 다나카와 달리, 상대적으로 개변(改變)의 정도가 크다는 사실을 확인할 수 있다. 가령 원래의 설화와 다나카의 개작 내용은 사내가 산에 오르기 전에 어머니를 버리겠다고 말했다. 아이의 심리와 긴장관계를 생각할 때 매우 중요한 대목으로, 나카무라는 이 부분을 차마 어머니를 버리겠다고 말하지 못하고 얼버무리는 형태로 개작했다. 나카무라의 개작 정도가 다나카보다 상대적으로 자유롭다는 점을 엿볼 수 있다 하겠다. 이러한 나카무라의 서술 방법은 다른 작품에서도 확인할 수 있는데, 이하의 「만수 이야기」를 살펴보고자 한다.

〈표4〉「만수 이야기」의 내용 비교 (밑줄 및 강조는 필자)

『朝鮮教育硏究會雜誌』 26 (1917) 「불쌍한 아이」 pp.66-7.	다나카『朝鮮童話集』 (1924) 「불쌍한 아이」 pp.129-134.	나카무라『朝鮮童話集』 (1926) 「만수 이야기」 pp.29-34.
옛날 어느 곳에 만수라는 불쌍한 아이가 있었습니다. 의지가 되는 부모님은 어릴 적에 사별하고, 게다가 집은 매우 가난했으므로 어릴 적부터 다른 집에 고용돼 지게를 지거나 물을 긷거나 여러 잡일을 하며 힘든 나날을 보냈습니다. 만수는 솔직한 데 반해, 주인은 매우 마음씨 나쁜 잔혹한 사람이었습니다. 그 때문에 만수는 아침부터 밤까지 이래 저래 부려져 조금도 쉴 수 없고 (중략) 그러나 만수는 이를 조금도 고통스럽게 생각치 않고 잘 참고 잘 견디며 항상 힘차고 충실히 일했습니다. (중략) (설날에) 부지런히 산에 올라 나무를 했습니다. (중략) 한마리 사슴이 급히 만수 앞으로	옛날 어느 곳에 만수라는 불쌍한 아이가 있었습니다. 의지가 되는 부모님은 어릴 적에 사별하고, 게다가 집은 매우 가난했으므로 어릴 적부터 다른 집에 고용돼 지게를 지거나 물을 긷거나 여러 잡일을 하며 힘든 나날을 보냈습니다. 만수는 솔직하고 온화한 아이였는데, 주인은 매우 무자비한 사람으로, 불쌍한 만수를 가련하게 여겨 감싸안지 않고, 아침부터 밤까지 부려먹고, 조금도 쉴 새를 주지 않고 (중략) 그러나 만수는 이를 조금도 고통스럽게 생각치 않고 잘 참고 잘 견디며 항상 힘차고 충실히 일했습니다. (중략) (설날에) 부지런히 산에 올라 나무를 했습니다. (중략) 한 마리 사슴이 급히 달려와 "제발 저를 숨겨 주세요. (중략)" (중략) 잠시 후 사냥꾼이 사슴을 좇아 와 (중략) 다른 쪽으로 달려갔습니다. (중략) 만수는 사슴이 말	어느 시골의 벽지 산골에 만수라는 매우 불쌍한 아이가 있었습니다. 집이 매우 가난한 데다 아버지도 어머니도 일찍 여의고, 주위 사람들 덕분에 자랐습니다. 점점 성장하면서 한 집에 고용되어 일하게 되었습니다. 매일 지게를 지거나 물을 긷고 매우 고생하며 성장했습니다. 그러나 만수는 매우 온화한 아이였기에, 아무리 주인이 혹사시켜도 결코 반항하지 않았습니다. 그러나 주인은 그 반대로 혹독하고도 혹독한 사람이었습니다. 아침부터 밤까지 부려먹었습니다. 하지만 만수는 항상 매우 온화하여, 주인이 말을 하나하나 지키며 충실히 일했습니다. (중략) (설날에) 만수는 힘을 내어 (중략) 나무를 모았습니다. (중략) 한 마리 사슴이 나타났습니다. (중략) "제발 저를! 제발 저를! 어딘가에 숨겨 주세요. (중략)" (중략) 그 때 사냥

달려와 "제발 도와 주세요.(중략)" (중략) 잠시 후 사냥꾼이 사슴을 좇아 와 (중략) 다른 쪽으로 달려 갔습니다. (중략) 만수는 사슴이 말하는 대로 그 뒤를 따라가자 (중략) 만수는 한 손으로 풀을 들고 산을 내려오자, 신기하게도 풀이 점점 무거워 졌습니다. 왜일까 하며 풀을 보자, 풀은 어느 사이에 세상에 진귀한 훌륭한 인삼으로 변해 있었고, 그 뒤 만수는 인삼 덕분에 대단한 부자가 되었다고 합니다.(강원도 원주군 보고에 의함)

하는 대로 그 뒤를 따라가자 (중략) 만수는 시험 삼아 풀을 조금만 뜯어 산을 내려왔습니다. 그런데 신기하게도 손에 든 풀은 점점 무거워졌습니다. 이것이 웬일일까 하며 손에 쥔 풀을 보니, 풀은 어느 사이에 세상에 진귀할 정도로 훌륭한 인삼으로 변해 있었습니다.
만수는 이 인삼을 매우 고가로 팔 수 있었습니다. 그 후 만수는 항상 이 풀을 산에서 캐어, 이를 시장에 팔아 결국 대단한 부자가 될 수 있었습니다. 만수는 이렇게 행복한 신분이 되었지만, 항상 불쌍한 사람을 돕는 일을 잊지 않았으므로, 결국 많은 사람들로부터 매우 존경을 받은 훌륭한 사람이 되었습니다.

꾼이 달려와 (중략) 골짜기 쪽으로 달려갔습니다. (중략) (만수는) 사슴이 인도하는 대로 따라 가 (중략) 풀을 조금만 베어 기뻐하며 산을 내려왔습니다. (중략) 풀이 모두 고가의 인삼으로 변해 있었습니다.
만수는 매우 기뻐하며 그대로 주인에게 가져가자, 주인도 매우 기뻐하며 많은 대가를 지불했습니다. 그 후에도 필요한 이가 있으면 기꺼이 산에 올라 그 풀을 취해 나눠주었습니다. 이를 받은 사람은 모두 기뻐하며 깊이 감사하며 여러 물건을 만수에게 주었습니다.
그리하여 만수는 점점 마을 사람들이나 주변 마을 사람들에게까지 존경받게 되었고, 자신도 아무 부족 없이 즐겁게 나날을 보낼 수 있게 되었습니다.

〈표 4〉와 같이 「만수 이야기」는 1917년 강원도 원주군 보고를 바탕으로 재화된 것이다. 1910년대에 원주군에서 보고된 우리 설화를 바탕으로 하여, 1920년대에 다나카와 나카무라는 이를 재화하여 동화로 개작하였다. 특히, 「만수 이야기」는 다나카와 나카무라가 어떤 의도로 조선설화를 개작했는지를 보여주는 단서를 제공하는 중요한 이야기로 판단된다.

원주군에서 보고된 설화는 만수가 인삼을 얻어 부자가 되었다는 설화 내용을 그대로 전하고 있는데, 다나카는 이를 바탕으로 개작하여 구체적으로 만수가 인삼을 시장에 팔아 부자가 되었고, 불쌍한 사람을 도와 존경받는 훌륭한 사람이 되었다고 끝맺고 있다. 이는 다나카가 조선인 아동의 교화를 위한 방향으로 설화를 개작했음을 보여준다. 한편, 나카무라는 다나카의 동화집을 대폭 개변하였다. 나카무라는 먼저, 만수와 주인의 반대적 성격을 극대화시키고 만수가 인삼을 얻어, 주인에게 가져갔다고 개작하였다. 원주군 보고와 다나카의 동화가 인삼을 얻어 부자가 된 것으로 끝맺은데 반해, 나카무라는 구체적인 후일담을 부가했다. 만수는 인삼으로 악독한 주인을 감화시키고, 인삼을 필요로 하는 주위 사람들을 돕고, 악독한 주인과 주위 사람들은 만수에게 고마워했다는 것이다. 상부상조하는 아름다운 조선에 대한 서술을 통해, 나카무라가 조선을 이상화하여 아름다운 조선으로 형상화하려고 했음을 확인할 수 있지만, 이는 식민지 조선의 현실과는 동떨어진 세계였음을 지적하지 않을 수 없다.

이처럼 「어머니를 버리는 사내」와 마찬가지로 「만수 이야기」에서도 다나카가 비교적 설화에 충실해 식민지 조선 아동 교화를 목적으로 개작한데 반해, 나카무라는 상대적으로 큰 폭으로 개변(改變)하고, 이를 통해 내지 일본인 아동에게 신비하고 순수한 조선의 동화를 전하고자 했음을 확인할 수 있었다. 본장에서는 일부 설화 내용에 그쳤으나, 나카무라의 다른 동화집을 포함한 그의 개작 양상과 성격에 대한 보다 상세한 검토는 앞으로의 과제이다.

6. 결론

나카무라의 동화집은 내지에서 발행된 558페이지에 달하는 방대한 분량의 본격적인 동화집으로 적어도 6쇄를 거듭했다. '동화집'이지만, 동화뿐만이 아니라 고소설 및 전설 등 다양한 내용을 수록하고 있다. 다나카가 집필한 조선총독부의 동화집이 삽화없이 신서판으로 180쪽에 이르는 분량이었음에 반해, 나카무라의 동화집은 각 62편의 각 이야기마다 기무라 쇼하치의 삽화를 넣어 간행한 호화판으로 내지의 일본아동에게 커다란 영향을 미친 동화집으로 판단된다.

조선에서 교사 생활을 하면서 2년도 채 안 되는 기간에 62편의 설화를 수집하여 방대한 동화집을 발간할 수 있었던 것은 본문에서 명확히 한 것처럼, 사범학생을 통한 수집과 함께 대부분의 수록 설화와 유사한 내용을 수록한 선행 설화집, 동화집, 조선총독부 교과서를 참고하지 않았으면 불가능했을 것이다.

본장에서는 나카무라의 동화집의 수록설화에 대해서 당대 설화집과의 관련설화를 대부분 찾을 수 있었다는 성과를 얻을 수 있었으며, 몇몇 사례를 통해 나카무라의 개작의 방법 및 태도를 추정할 수 있었다. 본격적인 설화 서술 연구를 위한 기초적인 작업을 행한 만큼, 삽화, 각각의 수록설화에 대한 출전(出典) 및 개작, 개변의 분석은 금후의 과제로 삼고자 한다.

참고문헌

권태효(2006),「개화기에서 일제강점기까지의 문헌신화 자료 수집 및 정리 현황과 문
　　　제점」,『한국민속학』44, 한국민속학회.
권혁래(2003),「조선총독부의『朝鮮童話集』(1924)의 성격과 의의」,『동화와 번역』5,
　　　동화와 번역 연구소, p.75.
김광식(2011),「근대 일본의 신라 담론과 일본어 조선설화집에 실린 경주 신화·전설
　　　고찰」,『연민학지』16, 연민학회.
김영남(2005),「『조선동화집』에 나타난 '美'의 '記述'에 관한 고찰」,『민속학연구』16,
　　　국립민속박물관.
다카하시 도루 저, 이시준·장경남·김광식 편(2012),『조선이야기집과 속담』, J&C.
박미경(2009),「일본인의 조선민담 연구고찰」,『일본학연구』28집, 단국대학교 일본
　　　학연구소.
손태도·전신재(2006),「조선동화집」,『구한말·일제강점기 민속 문헌 해제』, 국립문
　　　화재연구소.
염희경(2003),「〈해와 달이 된 오누이〉에 나타난 호랑이상」,『동화와 번역』5, 동화와
　　　번역 연구소.
이시이 마시미 편, 최인학 역(2010),『1923년 조선설화집』민속원.
今井信雄(1977),「中村亮平」, 日本近代文學館편,『日本近代文學大事典』2, 講談社.
大竹聖美(2001),「1920년대 일본의 아동총서와「조선동화집」」,『동화와 번역』2, 동화
　　　와 번역 연구소.
紅野謙介(1993),「中村亮平」, 大阪国際児童文學館『日本児童文學大事典』2, 大日本図書.
　　　p.27-8.
三輪環(1919),『傳説の朝鮮』, 博文館.
貴田忠衛編(1935),『朝鮮人事興信録』, 朝鮮人事興信録編纂部.
山崎日城(源太郎)(1920),『朝鮮の奇談と傳説』, ウツボヤ書籍店.
梶井陟(1980),「朝鮮文學の翻訳足跡(三)—神話,民話,傳説など—」,『季刊三千里』24, 三
　　　千里社.
崔仁鶴編(1974),「韓國昔話資料文獻」,『朝鮮昔話百選』, 日本放送出版協會.
朝鮮総督府(2009),『朝鮮総督府及所属官署 職員録』1910年～1943年, 復刻版全33卷, ゆ
　　　まに書房.
李市埈·金廣植(2012),「日帝强占期における日本語朝鮮説話集の刊行とその書誌」,『日
　　　本言語文化』第21輯, 한국일본언어문화학회.
金廣植·李市埈(2012),「植民地期日本語朝鮮説話採集に関する基礎的考察」,『日語日文
　　　學研究』第81輯, 한국일어일문학회.
田中梅吉·金聲律訳(1929),『興夫傳　朝鮮説話文學』, 大阪屋号書店.
今井信雄(1968),「新しき村余録(中)–中村亮平傳–」,『成城文藝』52, 成城大學.
金廣植(2010),「近代における朝鮮説話集の刊行とその研究—田中梅吉の研究を手がか

りにして―」(徐禎完・増尾伸一郎編, 『植民地朝鮮と帝国日本』, 勉誠出版).

金廣植(2014), 『植民地期における日本語朝鮮説話集の研究―帝国日本の『學知』と朝鮮
　　民俗學―』, 勉誠出版.

식민지 시기 일본어

조선설화집 기초적 연구

저자약력

▎김광식

한양대학교대학원 일어일문학과 석사졸업. 도쿄학예대학 대학원 사회과교육 박사(학술). 현 숭실대학교 동아시아언어문화연구소 전임연구원.

단독저서 : 『植民地期における日本語朝鮮説話集の研究 - 帝国日本の「学知」と朝鮮民俗学』(일본)

공저 : 『第二次大戦中および占領期の民族学·文化人類学』, 『現代リスク社会にどう向きあうか』, 『植民地朝鮮と帝国日本』(일본)

논문 : 「일본 문부성과 조선총독부 학무국의 구비문학 조사와 그 활용」(연민학지20), 「손진태의 비교설화론 고찰」(근대서지5), 「植民地期朝鮮における説話の再話」(昔話伝説研究33), 「1920年代前後における日韓比較説話学の展開」(比較民俗研究28), 「孫晋泰の東アジア民間説話論の可能性」(説話文学研究48), 「帝国日本における「日本」説話集の中の朝鮮と台湾の位置付け」(日本植民地研究25)(일본)

편저 : 『조선동화집』등 식민지시기 일본어 조선설화집자료 총서

▎이시준

한국외국어대학교 일본어과 및 동대학원 석사졸업. 도쿄대학 대학원 총합문화연구과 박사(일본설화문학). 현 숭실대학교 일어일본학과 교수. 숭실대학교 동아시아언어문화연구소 소장.

단독저서 : 『今昔物語集 本朝部の研究』(일본)

공저 : 『古代中世の資料と文学』(일본), 『漢文文化圏の説話世界』(일본), 『東アジアの今昔物語集』(일본), 『説話から世界をどう解き明すのか』(일본), 『모노가타리에서 하이쿠까지』『스모남편과 벤토부인』『일본문학속의 기독교』『일본문학속의 여성』『일본인의 삶과 종교』『세계속의 일본문학』『일본의 이해 - 체험과 분석』『슬픈 일본과 공생의 상상력』

번역 : 『일본불교사』『일본 설화문학의 세계』『아쿠타가와 류노스케 전집』(공역)

편저 : 『암흑의 조선』등 식민지시기 일본어 조선설화집자료 총서

숭실대학교 동아시아 언어문화연구소 **문화총서 3**

식민지 시기 일본어 조선설화집 기초적 연구

초 판 인 쇄	2014년 09월 19일
초 판 발 행	2014년 09월 30일
저 자	김 광 식 · 이 시 준
발 행 인	윤 석 현
발 행 처	제이앤씨
책 임 편 집	최인노 · 김선은 · 최현아
등 록 번 호	제7-220호
우 편 주 소	㉾ 132-702 서울시 도봉구 창동 624-1
	북한산 현대홈시티 102-1106
대 표 전 화	02) 992 / 3253
전 송	02) 991 / 1285
홈 페 이 지	http://www.jncbms.co.kr
전 자 우 편	jncbook@hanmail.net

ISBN 978-89-5668-402-4 94380   정가 22,000원
      978-89-5668-403-1 94380(세트)